バナナを創った宇宙人

【単位分割禁止法】

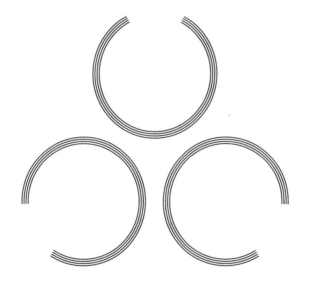

無明庵 EO

無明庵の本は自らの責任で
自分の人生を生きる覚悟のある方のみ、お読み下さい。

まえがき

本書は今までの書籍とは違い、著者個人の記憶と私見を思うままに綴ったものである。
はっきり言って、後世の地球に残すような価値は何もない、ただの戯言だと私自身は思っている。
これまで、私は、主に実用的な「マニュアル」ばかりを書いてきた。
それは、私がこの惑星に生まれた目的とも合致した作業だったからである。
また「**宗教に汚染された地球人**」「**分割自我復元理論**」「**分割自我復元**」などのこれまでの著書によって、宇宙についての持論を展開してきたが、単に展開するだけではなく、「方法論」の確立というものが常に私のテーマの主軸であった。

論を投げるだけではなく、解決法となるマニュアル、手引書を残すこと。

それが私が生まれてきた主たる目的であるので、今日まで、それを果たしてきた次第である。
性教育の三部作である、「**性のレシピ**」「**虹のオーガズム**」「**性恋愛教本**」などもそうした「技術化」の一環であり、それは単なる指南書ではなく、人間の精神の問題とも、決して不可分ではなかった。
余談だが、私が、どうして「性の三部作」を書き上げることになったのかという、その理由は、私の過去生の記憶の中に明確に存在する。
本書では、少しだけその事にも触れることになると思う。

また、「分割自我復元法」が作られたことも、私の過去生と決して不可分ではなく、それ以前に問題としていた「原初意識への回帰の問題」についても、それは私の過去の記憶と不可分のものではなかった。
本書では、そうした私の記憶の断片を、ただの独り言のように書き綴っただけであるという点において、今までのような緊張感も、義務感も全くない。

他人を面白がらせたり、楽しませたり、考えさせるといったことも、もう、それは、今までの著作物で十分に果たしたのであるから、人生の最後に、多少の本音と、愚痴と、思い出話ぐらいしておこうと、思いついたのである。

西暦 2012 年 9 月 6 日　記

バナナを創った宇宙人　単位分割禁止法

◆ 目　次 ◆

まえがき・・・・・・・・・・・・・・・・・・・・・・・・・・・・3

第1章／バナナを創った宇宙人

バナナを創った宇宙人・・・・・・・・・・・・・・・・・・・・・10

なぜ宇宙船の絵を・・・・・・・・・・・・・・・・・・・・・・・16

第2章／宇宙での私の経歴

原初空間生息期・・・・・・・・・・・・・・・・・・・・・・・・21

空振の異変・・・・・・・・・・・・・・・・・・・・・・・・・・22

故障していた第6番目の宇宙・・・・・・・・・・・・・・・・・・22

記憶が宇宙にエラーを、もたらした・・・・・・・・・・・・・・・24

非物質宇宙から物質宇宙へ・・・・・・・・・・・・・・・・・・・26

球体として滞在し、調査を開始した・・・・・・・・・・・・・・・28

土星の衛星から、時空船でシュメールの時代へ・・・・・・・・・・29

土星の衛星で、地球侵入の為の再研修を受ける・・・・・・・・・・30

ギリシャ時代に性に関する神々の一人に生まれる・・・・・・・・・33

インドに僧侶として生まれる・・・・・・・・・・・・・・・35

フランスに女性として生まれる・・・・・・・・・・・・・・36

いったん宇宙船に回収される・・・・・・・・・・・・・・・39

いよいよ日本、それも戦の時代に生まれる・・・・・・・・・43

いきなり北米に生まれたが・・・・・・・・・・・・・・・・44

今回の生の選択をした中間状態・・・・・・・・・・・・・・46

第3章／単位分割禁止法

地球の現状・・・・・・・・・・・・・・・・・・・・・・・51

医薬品材料として地球人・・・・・・・・・・・・・・・・・54

感情記憶を抜かれるゾーン・・・・・・・・・・・・・・・・56

ロバート・モンローが体験した領域・・・・・・・・・・・・56

次の転生の相談と契約を交わす施設・・・・・・・・・・・・58

動物たちの死後の世界・・・・・・・・・・・・・・・・・・58

他の生物の知覚内容を本当に体験できるのか・・・・・・・・62

異星人の死後・・・・・・・・・・・・・・・・・・・・・・63

単位分割禁止法令・・・・・・・・・・・・・・・・・・・・・・66

分割された自我・・・・・・・・・・・・・・・・・・・・・・・69

田舎者が地球にやって来た・・・・・・・・・・・・・・・・・70

殺すよりも食え・・・・・・・・・・・・・・・・・・・・・・・76

宇宙に蔓延する悩ましい問題・・・・・・・・・・・・・・・・79

惑星上で絶対にやってはならない事・・・・・・・・・・・・・81

「どうぞ宇宙船に、お乗り下さい」と言われたら・・・・・・・85

更新プログラムを忘れた宇宙人・・・・・・・・・・・・・・・87

大多数の異星人は「星の内部」に居住区を作る・・・・・・・・88

宇宙ではルール違反に対する処罰はあるのか？・・・・・・・・89

「苦痛」だけでは「不幸」は生産できなかった・・・・・・・・91

第4章／全自我になった後にだけ行う、死後探索

厳重注意・・・・・・・・・・・・・・・・・・・・・・・・・99

死後のミッションのテスト＊その1・・・・・・・・・・・・・101

死後のミッションのテスト＊その2・・・・・・・・・・・・・111

死後のミッションのテスト＊その3・・・・・・・・・・・・・121

死後のミッションのテスト＊その4・・・・・・・・・・・・・133

宇宙地図・・・・・・・・・・・・・・・・・・・・・・・・・137

悟りという現象について・・・・・・・・・・・・・・・・・・142

第5章／私が地球で語ったこと

前半・持論の雑記類・・・・・・・・・・・・・・・・・・・・150

・子育てで、親が子度に、絶対にしてはならない事
・男性原理と女性原理に対する勘違い
・関心地図とは
・でたらめな地球ツアーの広告文
・全自我に復元した後、どうやって脱出するか
・死後の行く先は選択できるのか？
・8種類の死後のイメージ

後半・分割自我復元に関連する投稿類・・・・・・・・・・・・274
・自我復元・改善点の提案
・自我判定が難しい人の特徴
・そこで必要になるスケッチブック
・今後の流れ
・原則として他人に薦めないこと
・現在の地球は、この数千年で最悪の状態である
・自我復元に伴う死人禅の捉え方の変化
・「自我率」についての話
・下から上に移動する意識の「重心」
・自我復元のすすめ
・自我復元者の分類

著者略歴と無明庵の著作案内・・・・・・・・・・・・・・・346

第1章 / バナナを創った宇宙人

バナナを創った宇宙人

「あなたが、もしも宇宙人に遭ったら、何を尋ねますか?」、という質問に対して、人々が質問しそうなことは、大体察しがつく。

「宇宙船はどんな動力で動いているのか教えて下さい」とか、
「どこから来たのですか? 皆さんがいるのはどんな世界なのですか?」とか、
「この宇宙はどうやって始まったのですか?」とか、
「我々は、どこに向かっているのですか? どう生きたらいいのですか?」とか、
「錬金術は可能ですか?」とか、
「女房と別れたいのですが…」とか、
「女性として20歳若くなりたいのですが」とか、

以下は、聴くに耐えないので、省略する。

私の場合は、もしも異星人に出会ったらば、たったひとつの頼み事をしようと思っている事がある。

それは、「バナナを創った宇宙人に、ぜひ会いたい」
と言うことだ。それも、体外離脱などではなく物理的に会うという事である。

この地球という惑星に存在する、食物の中でバナナほど見事な作品はない。

そのパッケージたるや、類人猿や人間にとって、実に簡単にその皮を剥く事が出来て、食する際に、特に強固な歯も必要とせずに食べる事が出来る。
しかも種も小さく吐き出す必要もない。

房(ふさ)としての状態もまるで「お好きなのを取ってください」といわんばかりの親切なデザインで、その味も、人間、猿を問わず、万人受けする。

地球にいる時には、全く当たり前に食べていたバナナであるが、あらためて考えると、そのデザインと実用性には、

いくら敬服しても敬服し足りないものがある。
どう考えても、「猿と人間の皆さん、どうぞ食べて下さい」といわんばかりの
そのデザインを、単なる「植物」の分類に入れることは不可能である。

似たような「食物」作品には、イチゴやブドウといった食物も存在する。
そして、各種の「柑橘類」である。
しかし、バナナは群を抜いてユニークであり、その形状も柑橘類のように、
他に類似するものがあるわけではない。

地球で最も優れた「テイクアウト食品」または「ファストフード」が、
バナナというわけである。

さて、バナナの話は、ちょっとここで、おいておいて、
バナナのように「比類なき存在」というものは、他にも存在する。
たとえば、それは「キリン」だ。考えてみれば、不思議というか、奇妙だ。

キリンのような首の長い生物が他に存在してもいいはずなのに、
キリンよりも半分ぐらいの首の長さの動物は存在しない。
ロバとキリンの中間生物が存在してもいいのに、そんな動物は存在しない。
アルパカも、やや首が長いとは言え、キリンとは比べ物にならないほど短い。

同じような現象は、特に、陸上の生物においては、他でも見られる。
たとえば、それはペンギンであり、フクロウであり、擬態生物である。

ペンギンが一体何を思ったのかは知らないが、どうして彼らは飛べないのだ？
どうして、あんなふうに泳ぐのだろう。しかも、種類は限られる。
なぜか、ペンギンと他の生物の中間的な生物がいない。

フクロウもまた、ああいう顔面の鳥は彼らだけだ。
擬態生物は、花びらにそっくりとか、木の葉にそっくりのものが、何種類か
存在するが、どう考えても昆虫が、たかが身を守るために、あのような形状
になろうとして何万年も費やしたとは考えられまい。

両生類や、海洋生物や、昆虫の場合には、それこそ、膨大な数の類似生物がいるために、
いわゆるダーウィンの「進化論」を信じる気になっても、おかしくはないが、
前述したような陸上の動物を見ると、進化論は、はなはだ疑問だらけである。

地球上の人類の種類にしても、肌の色では五色、遺伝子的にも数種類しか
存在しない。もしも進化論が正しいのであれば類人猿と人類との中間生物が、
今も存在していても、全く不思議ではないのであるから。
その人類と類人猿の中間生物がもしも存在したならば、それは、今も、
人類のための労働力か、または愛玩動物か、医療用の臓器提供生物として
社会に共存していたかもしれない。
しかし、そのような「中間生物」「類似生物」は存在しなかった。

シマウマも変である。シマウマのような模様をした、それに類似する動物が
存在してもいいのに、それは存在しない。
こうしたことから、容易に想像を巡らし、推測する事が可能なのは、地球上の生物の
すべてには、各生物分類ごとに、「設計者とデザイナーが存在するのではないか」とい
う推論である。
ただし、それを創ったのは、いわゆる「神」とか言う代物でもなく、
宇宙の創造神でもありはしない。

ちょうど、2010年代の地球上のスーパーマーケットと呼ばれる店に行けば、そこに、
膨大な数の、「本当に必要かどうかも疑わしい種類」の、食品や製品が並んでおり、
その各製品にデザイナーや設計技師が存在したということを考えてみるといい。

そうすれば、バクテリアから深海生物から、昆虫類から、動物鳥類にいたるまで、そこ
にどれだけの「膨大な種類」が存在したとしても、その種類に類似するほどの多くの種
類の、食品や、車両や、工業製品など、とにかく、
目が回るほどの種類の製品を、人間がたった約300年の間に生産した事を考えれば、
地球上の生物の全てに設計者が存在したとしても、どこも不思議ではない。
この宇宙の果てのない、何億年という時間の中では、ド暇な知的生物か、
あるいは、何かの強迫観念にかられた知的生物が、あらゆる種類の生物を

個別にデザインしたと考えても、どこも不条理ではあるまい。

むしろ、それらの生物が、化学合成や、微生物の進化や、その他の偶然の連鎖によってできた産物だと考えるほうが、正気を失った思考法であると私は考えている。

ちょっと皆さんも、御自分の部屋の中を見回してみるといい。
あなたの家や部屋という、そんなに小さな場所でさえも、そこにあるすべての製品には、ボタンひとつから、釘、家電、水道管にいたるまで、個別に、すべて設計者が存在しているのである。
皆さんの趣味や生活を支えている工業製品を、その内部の部品まで見れば、
皆さんひとりを支えるために、いったい何百人、何万人のデザイナーや設計者が必要だったことだろう。

この紛れもない現実を見れば、地球上に存在する、すべてのバクテリアから、
海洋生物から、両生類や鳥類や哺乳類にいたるまで、それぞれの生物には、
個別のデザイナーと設計者が存在していても、どこも不思議ではない。

あなたが、自分の部屋の中で共存している他の生物といえば、
目に見えるところでは、ほんの僅かな数のペットである犬猫や魚類や鳥類だ。
目立たないところでは、ダニやその他の小さな昆虫。
しかし、それと同じかそれ以上の種類の「人工的にデザインされた製品」に
あなたは囲まれて生活している。

そう考えれば、人間が自然と呼んでいる世界の中それ自体が、
人間ではない生物によって設計されたものでありデザインされたものである
と考えても、その種類の多さをもってして驚く必要もなく、神の意志とやら
で創られたと信じ込む必要は何ひとつあるまい。
かくして、私は、可動生物ばかりではなく、膨大な種類の植物やカビ類にも、
それぞれの設計者とデザイナーが存在していると思っている。
むろん、あるプログラムが地上に投じられた結果として、環境によって、
多少の変化を遂げた類似品はあるだろう。

たとえば、かなり形状が類似する同種の植物である。
キノコや豆類も、同プログラム上に生じた品種が沢山あるだろう。
しかし、それぞれの原型はかなり個別に隔てられている。

私は、「トマト」なんていうものは、どこぞかの異星人が、南米に落として
いったのだろうと思っているし、猫などは、どこぞかの異星人らが、
エジプトあたりに置いていったのではないかと本気で考えている。

いわゆるダーウィンの進化論なるものは、その理論に従えば「存在する筈の」
あまりにも膨大な「中間生物」を欠いていることから、私の中では完全なまでに却下
だ。
かくして、バナナもまた、何十万年もの「変化の結果」として出来た植物などではなく、
たった一人の設計技師が作ったものであろうと考える。
だから、私はその設計技師に会ってこう賞賛の言葉を言いたかったのである。

「アンタ、最高だ。こんなもの創るなんて、天才だよ」と。

で、実際に、心の中で「彼ら」に、そう言ったことがあるのであるが、
彼らの反応ときたら、「あ、そう…」といった、そっけないものだった。
こちらが、情熱を込めて、バナナがどれだけ素晴らしい食品だったかを賞賛する言葉
にも大して耳を傾けず、「候補としては、あれに決定する前には、こんなデザインも
あったんだが、これなんか、どうかい？」と言い出す始末である。

その別のデザインのバナナは、果実の部分が螺旋形になっていた。
ちょっと食べにくそうだなと思った。
バナナをデザインした「彼ら」は、別に人間の形をしているわけではないが、
仮に、象徴的に、かつ「擬人化」して表現するならば、身長、60センチほどの、
褐色の肌をしたヒューマノイドで、常に、せかせかと動き回って、
彼ら自身の仕事をこなしている。

どうやら、植物のデザインの中でも、
とりわけ、それぞれの惑星上で、動物や人間型の類人猿の食物連鎖の一部と

なる「食用的な植物」を彼らは誰かに発注されて設計しているようだった。

かといって、町工場の職人みたいに、神経質で眉間にシワを寄せて仕事をしているといった雰囲気ではなく、ひょうひょうとしていて、無表情で、とにかく、せかせかと、忙しそうに設計室のような部屋の中を、あちこちに動き回っているのであった。

彼らが、どんな次元にいるのかとか、あるいは具体的に宇宙の中で地球人が勝手に名づけた星系の、どこの出身者なのかは、私には、さっぱり分からなかったし、そのことには、私は興味がなかった。

とにかく、私は、地球のバナナを創った彼らに、お礼が言いたかったのだが、この世界には相手に受け取って貰えない「自己満足的」で全く無駄な感謝や、尊敬の念というものがあり、私の一方的な敬愛もまぎれも無くその類だ。
この私の「生物人工製造説」に対する異論のひとつとしては、
「いろいろな、他の天体の生物を、地球に持ち込んだのではないか」
というものがあり得る。

しかし、それぞれの天体ごとに、かなり生存条件の異なる生物や植物を、地球の大気や水中の酸素濃度に適応するように調整するのは困難であることから、私はこの説には懐疑的だ。

むしろ、地球の現在のほとんどすべての生物は、地球環境を想定して、「特製で作られた」と私は考えている。

なぜ宇宙船の絵を

「設計」というキーワードで思い出したが、私の人生の中で、とても奇妙な1年間か2年間というものがあった。
たぶんそれは、小学校6年から中学校の1年までの一時期の出来事だった。
その期間だけなのだが、私は、宇宙船、いわゆるUFOの絵を描きまくった。

当時は、矢追氏のUFO番組なども一切なく、アダムスキーの本すら出ていない。書店には、出ていたのかもしれないが、私は見ていなかった。
私がUFOに関する情報を、テレビや雑誌で知る機会はほとんど何もない。

漫画ですら、当時、UFOは、さして題材になるものではなく、強いていえば、
「謎の円盤UFO」というテレビドラマと「インベーダー」というドラマがあったぐらいである。

【「インベーダー」(*The Invaders*)は、アメリカABC系列で、1967年から1968年まで、43話が放送されたテレビドラマ。日本では、1967年から1971年(再放送を含め)にかけて、NET(現テレビ朝日)系で放映され人気を博す。】

ただ、幼少期にアメリカにいたときに、5歳か6歳のころに、アメリカのテレビでそれらしい「実写されたUFO」と称する8ミリフィルムを見た記憶はある。

いずれにしても、それほどUFOというものに興味を示す背景もなかったはずなのであるが、この頃に私は取り憑かれたように、UFOの絵を描いていた。
それは、誰に見せるために描いていたのでなく、友達に見せたこともない。
親にも自分から見せたことはない。一体何のために描いていたのかは、今ですら思い出せない。

奇異なことは、それはただのUFOの絵ではなく、すべてのイラストにはその内部構造が細かく描かれていたことだった。

無数のボンベやパイプや配線、わけのわからない名称をつけられた部品が

そこにびっしりと描かれているのである。
機械の名称は、たぶん百科事典でも見ながら、それらしい名称をこじつけた
という事は覚えている。

あるイラストなどは、ちらりと一見すると「灰色」に見える。
しかしよく見るとそれは灰色ではなくて、鉛筆でびっしりと内部構造が
描かれているので、全体として灰色っぽく見えるだけなのである。

UFOまたは宇宙船と称する私の絵は、どれもが形が違っており、
子供の絵にありがちな、いくつもお気に入りの同じ絵を繰り返し描く、
というものではなかった。

ひとつとして、同じUFOはなかった。そしてUFOの横には、武器を手にした
宇宙人も描かれていた。

むろん、その私が描いたUFOの構造には、何の根拠もない。仮にその通りに
造っても、飛ぶわけもない「子供の戯れ」にすぎない。

なぜか、あのようなUFOの絵を、学校から帰ったら描き始め、学校が休みの
ときにも描き、おおよそ一週間かけて、「内部構造が詳細に描かれた」
一枚のUFOの絵を描いていた。

ただし、全部で10枚と少しぐらいだったと思うので、ほんの一時期だけ、
取り憑かれたように、UFOの設計図であると、子供の私が勝手に思ったものを、
描いていたようだ。

その後、それが趣味になったわけでもなく、またそれ以前に、UFOなど描いた
ことはない。たった１年の期間に、十数枚のUFOの絵を残して、その行為は
ぴたりと止まった。
ほとんどはいわゆる皿の形を基本とするUFOの絵であったが、稀に円筒形の
宇宙船も描かれていた。鉛筆とボールペンと数色の色鉛筆によって描かれた。
1969年当時は、UFO目撃談などは、子供の間でも全く話題にもなっておらず、

特にそれは魅力ある話題でもなかった。
(当時のテレビドラマの「謎の円盤UFO」はあくまでも娯楽番組という視点だ)
本気でUFOや宇宙人が存在するなどと信じている友達は一人もいなかった。
1969年とは、日本では、そういう時代だったのである。
今でこそ、UFO、不思議世界、転生、オーラなどと、女子高生でも口にするが
当時は、そんなことを口にしたら「頭がおかしい」と思われる時代だった。

「あいつは何かの、変な宗教にでもハマっているから、そういうのを信じて
いるんだな」、とかではなく、ずばり「頭がおかしいのではないか？」と、
見られた時代なのである。

そんな時代の中で、私は本気でUFOを当たり前にあるものとして描き、
宇宙人も当たり前にいるものと疑うことなく、育っていった。
そうは言っても、実際に見たり会ったりしたわけではない。上空に見たこと
は数度あった。だが、むろん宇宙人などに私は会ってはいない。

その時期に、なぜ宇宙船の内部構造の絵ばかりを描き続けたのか、
何のために描き続けたのかは、今もはっきりとは分からない。
ただ、そのことが、その後の私の人生の中で、何かの通過儀礼の儀式として
刻まれたらしいことだけは理解できるような気がする。

そうやって数十枚のUFOの設計図を描いたあげくに、
私がそのシリーズの最後に描いたのは、「宇宙図」だったのである。
子供ながらに、私はその「宇宙図」を描いたら、この設計図のようなものを
描く作業を終わると決めていた。
なぜそう心に決めたのかはわからないが、数日かけて、子供の私は「宇宙図」を描いた。

それは確かタイトルに「細胞的宇宙図」か、あるいは「宇宙細胞論」と
名前がつけられており、私が描いた宇宙は、円形ではなく、楕円形だった。
ちょうど細胞のように、中心に細胞核があり、楕円形の宇宙の中には沢山の
小宇宙のようなものが、これまたびっしりとした設計図のように書き込まれ
ていた。その宇宙の絵だけは、青色のインクのボールペンだけで描いた記憶

がある。

沢山のUFOや宇宙船の設計図と称するものを勝手に描き続け、その最後に、細胞のような宇宙図を描いて、その儀式のような作業は終わりを迎えた。

UFOと宇宙。

考えてみればそれは、どちらも同じような構造のものだった。

第2章/宇宙での私の経歴

困ったことに、自分の過去生の記憶を思い出すのには、適切な時期というものが
あるようで、私が自分の意識が辿ったであろう経緯を思い出したのは、
50歳を過ぎてからだった。
何の断り書きもなく補足的な説明もなく、私は、突然にこの話を始めることにした。

原初空間生息期

無論、宇宙というものは、その母体は「無」である。このことに異論はない。
無とは、観念上の無ではなく、論理的にも実体としても、宇宙の母体を形成している
ことに異論はない。それは、それよりも上位の次元から見れば無ではない、
といった代物ではない。

そして、その無がひとたび、何かによって知覚された瞬間に、その知覚の
主体たるものそれ自体が、絶対的な存在性を持つ結果となる。
いわゆる、原初意識の最初の「二分化」である。

その原初意識から「最初の具現化のステップを経た空間」から、私の記憶ははじまる。
そこに私がいたであろう時期は、この宇宙が始まったと計算されている時期よりも
遥かに前であろう事は分かるのだが、それを証明するものは何もない。

私が記憶している具体性のある最初の記憶とは、空間に「模様」が漂う情景である。
その世界には、実際、それ以外には、いかなる現象もない。それが宇宙全体の運動や波
形を模した何かの模様であるのか、単なる、暇つぶしの鑑賞用のディスプレイである
のかは知らないが、ただただ、色調のようなものが「あるように思える」模様だけが、
その空間のすべてだった。

そこがかなり原初空間に近いところであろうことは、そこで意識を固定、
ないしは運動を停止すると、すぐさまに、原初の光と、原初の無の闇が、
自分の存在そのものを包含するために、その次元位置を私はそのように判断した。

空振の異変

ある時、その空間が歪んだ。
例えると、感覚としては、空間が揺れて、歪んだように思えた。
爆風のように、どっちの方向からやってきた振動というのではなく、
その模様が漂う空間全体が、揺れたのである。
しかし、その時、私はすぐさま「何が起きたのかを理解した」。
つまり、以前にも、私はそれを経験していたようである。

何が起きたのか、具体的なことはまだ分からなかったが、少なくとも「あそこで」また、
「何か良くないことが起きた」という事だけは確かな感覚として分かった。
それは以前にも起きたことのある「トラブル」の一種だった。

むろん、その事に無関心でいるという選択も私にはあったのだろうが、
私は、その「あそこ」と称する場所に行って、何が起きたのかを調べる事に決めた。
正直に言うと、その「あそこ」というのは、私は行きたくはなかった。
なぜならば、そこに行くためには、私のいた空間の下方に開いた暗黒の穴に入り、
そこから何層かの階層を下降する必要があり、それはさながら、
何が住んでいるのか分からない海底に潜るような不気味さを孕んでいたからである。

むろん、これが最初ではない。確かに前にもこういう異変の振動はあった。
しかし、その暗黒の穴は、確実に私を不安にさせる要素を持っていた。
それは、何かの悲劇的な事故現場に足を踏み入れるような気分だった。
それも、何か取り返しのつかない、重大な事故現場へと向かう気分だった。
しかも、何が起きているのかも、正確には予測が出来ない。
にもかかわらず、私はその暗黒の穴の中へと意識を向けた。

故障していた第6番目の宇宙

私が定住地として存在していた「模様だけの空間」から、
暗黒の穴を下降した先には、「原型宇宙」というものがある。
そこには、三つの宇宙があり、トライアングルをなしている。

これ自体は、私はよく知っている情景だ。
その三つの宇宙は、極めて安定した状態にある。

ところが、どこの誰が、それをしたのかは分からないが、この三つの宇宙の基礎構造に
「反転した、別の三つの宇宙」を、この宇宙に重ねて組み込むことがなされた。
簡単に言うと、三角形の構造だった宇宙がヘキサグラムとなったわけである。
誰が何の目的でそれを行ったのかはわからないが、明らかにそれは悪趣味だ。
最初それは正常に機能するかのように思えた。三つの宇宙に加えて、その反転の「影」
として、第四宇宙が配置され、第五宇宙が形成された。

ところが、第六番目の宇宙が現れた瞬間に、その六番目の宇宙だけが、
みるみるうちに、異変を起こし、その宇宙だけは他の五つの宇宙とは異なる様相に変
異したのであった。

ごくごく人間的な表現で、あくまでも比喩として表現したらという話だが、
六番目の宇宙だけが「黒く」なった。その色は明らかに病的で、いびつさを感じさせる
ものだった。その宇宙はどう見ても病んだ果実のように見えた。
あきらかな異常が認められたので、その基礎宇宙の空間の担当者は、すぐさま、
その第六番目の宇宙を、他の五つの宇宙からは切断した。

かくして、他の5つの宇宙は現在も存在し、特にそのうちの最初の三つは今も安定してい
るが、あとから作られた三つの反転宇宙のうちの、異変のなかった二つの宇宙は、今
はその活動を停止している。
そして、六番目の、病んだ宇宙だけが現在も存在している。

そのような、故障を起こした宇宙は、誰かが消去してもいいものであるが、
困ったことに、時間感覚というものは、各次元間では雲泥の差があり、例えば、その基
礎宇宙の創造を担当している空間では、その事故によって発生した第六宇宙は、まだ
たったの数分しか観測されてはいない、といった時間の大きな差が生ずるのである。

簡単に言うと、その基礎宇宙のある空間での1秒は、私がいるこの世界の
時間にしたらば、何千億年という時間経過にもなりかねないのである。

神話などでも、神々の瞬き一回が、何百億年に相当するといった比喩が
語られることがあるようだが、まさにそれである。
つまり、この宇宙にいる我々生物たちが、気絶するほどの永劫の時間の中で、
知覚したり、苦しんでいることも、基礎宇宙の中では、数分間の出来事に
過ぎないというわけである。

だから、我々が、「いいかげんに、この延々と、故障したままの宇宙を、
どうか頼むから、廃棄処分にしてくれ」と懇願したとしても、その誰かは、
こう言うだろう。

「おい、そう慌てるなよ。異常が起きてから、まだ4分しか経過していない。
他の宇宙とは切り離したから、もう安全だが、もう少し、何が起きたのかを
調べる必要がある。それには、あともう20分ほど必要だ」

だが、この20分は、我々が経験したらば、気絶するような、あるいは、
死にたくなるほど、永遠に思える長い時間なのであるが、
基礎宇宙にいる知覚者の時間感覚では、そんなことには、おかまいなしだ。

記憶が宇宙にエラーを、もたらした

私は調査のために、いびつに病んだ、その第六宇宙の中へと入ることにした。
その宇宙に入るのは、たいして困難ではなかった。トーラス状の宇宙は、その上下に
出入り口があるので、中に入るのは簡単だった。
問題は、その宇宙のどこを調査すればいいか、どこへ行けばいいかだが、
それも手順は簡単だった。最も異変が激しい場所は、その宇宙の「赤道」にあたる部分
であるからだ。

もっとも遠心力がかかる領域で、もっとも顕著な異変が起きているのが宇宙の常
だからである。

だが、そこへ向かう前に、私はある事を認識した。

そもそも、なぜ「この宇宙」が、こんな状態になってしまったのか。
見ると、この故障した宇宙は、絶え間なく分裂を繰り返し小型のトーラス状の宇宙を生産し続けていた。

この異常に分裂する宇宙の情景は、前にも見たことがあった。
そもそも、なぜこのような制御できない分裂が起きてしまうのか、
その理由も、直ちに理解することが出来た。

例の三つの宇宙に対して、反転する三つの宇宙を重ねるという試みは、
かつて一度行われたことがあり、そのときには、それは成功し、
何も問題は起きなかったのだ。

しかし、今回は二度目だった。
問題は、この「二度目」ということにあったのだ。

知覚というものに「記憶」が加わると、一度見たり経験したものは、記憶されることになる。すると、何かの現象を知覚するときには、それが前に一度見たものである場合には、意識のベクトルは二度目は「異なる運動」をすることになる。

これを、分かりやすく言うと、人間が初めて行くスーパーマーケットでは、
あちこちを見回るが、二度目に行ったときには、一度目に見たものへの関心は薄れ、
別のものを見ようとする。
初対面で会った人間の顔は、二度目に見るときには、やや異なる顔の部位を見るようになる。

知覚というものは、そこに記憶が介在すると、
全く同じことは、決して二度は行わない。

それゆえに、かつて一度目のヘキサグラム宇宙が試験的に造られた時には、
はじめてのことであったので、そこで生じた知覚は、状況をそのまま経験したのだが、
今回、二度目に同じ構造を作った瞬間に、「これは前に経験した」
というその記憶が原因となって、

知覚は、それとは異なるベクトルを、しかも、無作為に放出したのである。

どんな物事も、「一度目」は安全だ。不確定ではあるがそれでも安全性が高い。
しかし、二度目は、「一度目と違うこと」が、「必ず起きる」。
否、違うことを起こそうとする意志が、知覚と記憶によって生ずるのである。
このせいで、もしも擬人化すれば、この第六番目の宇宙は、
「一度目と違う側面」を知覚したがった、とも言える。
だが、その知覚のベクトルせいで、まさに二度目は、予想もしなかった事態を招いたのである。それが「分裂を続ける宇宙」だった。

この故障した宇宙の異常事態が、そこに生息する小型の知覚者たち、
すなわち知的生物や、個体意識である自我を持つ生物にとって、どのような被害や苦痛、あるいは「影響」を生じているのかを調べるために、
私は、この第六宇宙の赤道上にあるひとつの小宇宙の中に入ることにした。

非物質宇宙から物質宇宙へ

入るといっても突然に物質的にデザインされた宇宙に入るわけにはいかない。
あえて、「物質として知覚されるようにデザインされた宇宙」とここでは言っておくことにした。厳密にいうと、それが物質であるかどうかは怪しいからである。

まず私は、物質として知覚されるようにデザインされた宇宙に入る前に、その鋳型として作られている非物質次元の宇宙に入り込んだ。

そのため、この領域では、天体は球体とは認識されない。
さしずめ、永遠に続く何かの原風景が、広がっているだけの空間である。
それはまるである種の「絵画」のようだ。

たぶん、多くの人達は、普通にこうした原風景を記憶している。
物質的な宇宙という、天体の運行や時間によって成立しているのではない
静止したかのように見える「デザインの断片」だ。
我々が経験している物質的宇宙が、動画だとすると、これはまるで写真か、

あるいは、ゆっくり、または突然に動く「絵画」のようだ。

その情景を見ていると、空間にあちこちに、記号のようなものが現れた。
文字と言ってもいいものだが、どちらかというと、曲線で出来た記号である。
その記号は何を意味しているのかは、すぐに理解できた。

その記号は、運動している物質宇宙が、比較的固定化した際に出来る模様
である。たとえば、溶けた溶岩が固まったときに出来る模様。
あるいは、長い歳月をかけて出来た地層や、樹木の年輪の模様だ。
あるいは、分子の結晶のように固定された物質の形である。

私の目の前に広がった、それらの、記号とも文字とも見える無数の模様は、
物質世界へアクセスするための重要な「接点」となっているのである。

非物質的な世界から、物質的な世界にアクセスする唯一の有効な方法は、
物質世界の中にある固定された模様または、経年変化の結果として刻まれた
何からの「形」にアクセスすることである。

この宇宙の中のある特定の原風景の世界では、「形」こそが物質と非物質を
繋ぐ暗号または、直接的なコードなのである。
これは、おそらく宇宙に共通する魔術的な原理なのであろう。

ただし、必ずしもそれは、直線的な幾何学形状である必要はない。
年輪や、岩石の内部に出来る「模様」のようなものであっても良いのだ。

そこで私は、その空間に浮かんだいくつかの「記号」を選び取り、
それを手がかりにして、物質的にデザインされた宇宙に自分を捻じ込んだ。

そのとき、私が足場として使った天体は、地球で名づけられているところの、
シリウス、プロキオン、アルデバランだった。
ここに私は自分の知覚と、調査の為の霊的な基盤の「三脚」を立てた。

球体として滞在し、調査を開始した

とはいえ、私はこの時点では、いわゆる「肉体」を持ってはいなかった。
いわゆる五体がある肉体ではないが、球体の生命体として存在する事にした。

この球体の生命体は、霊的なシステムではなく、これ自体が立派な肉体なの
であり、この形状で存在する生命体は、宇宙の中では多く、ある意味では「標準的」
ですらある。

この球体状の生命として、最初に接触したのは、シリウスの者たちだった。
それを通じてまず分かったことは、このシリウスの領域には、この宇宙の現状に対し
て、「何らかの規制や、軌道修正が必要である」という問題意識を強く持つ者たちと、
一方では「現状肯定派」がおり、この両者は静かにだが反目しあっている。
それは戦争に発展するほどの対立というものではないが、両者の意見の相違は、
かなりのものであった。
またこのシリウスの者たちは、多くの点で哲学的な「根本問題」についての論議が
絶えることがない。
意識、知覚、思考、記憶、物質といった問題について、常に彼らは根本的な定義を試みて
いた。

この彼らの性質は、現在、地球にいる私のパーソナリティーに大きな影響を与えてい
る。その為に、私もそれらの根本問題が常にテーマとして定期的に、意識に浮上するこ
ととなった。

シリウスの生命体の外見を描写することにはあまり意味がない。
なぜならば、それはどういうセンサーと視点によって宇宙を観察するかによって、
その姿も、一定に知覚されるわけではないからである。

だが仮に、もしもここでもまた、無理な「擬人化」をするならば、
彼らは二種の種族に分かれる。
ひとつは、二足歩行をするカマキリに非常に似た生命体の形をしており、
もう片方は、コーンヘッドのような長い頭をしたヒューマノイドである。

私は、そのうちのカマキリのような種族と仲が良い。
このカマキリのような種族こそが、宇宙の異変について、懸念を持ち、
現状肯定という妥協をする事なく、改善策を模索している種族だからである。

さて、宇宙に生じた異変について調査するのが私の目的であった。
この時点で、その異変は「地球」という惑星において、かなりの顕在化をしている事を、
私は彼らから聞いた。

そこで、私はその地球という惑星に、より具体的な身体を伴った形で調査に
入るために、まず、太陽系内の土星と呼ばれる惑星の「衛星」に移動した。

土星の衛星から、時空船でシュメールの時代へ

あまりに過去のことのせいか、あるいは重要性がないためか、土星のどの衛星上かは、
私の記憶にはない。

土星の衛星から、地球に最初に来たときには、私は地球人として生まれたのではなく
て、異星人の肉体を形成し、宇宙船でやってきた。
今でも、うっすらと覚えているのは、上空から見たアラビア半島の地形である。

シュメールのどの時代かは分からないが、シュメール文明と呼ばれるものがあった
場所に、私は降り立った。
私一人ではなく、仲間があと最低2人は存在した。

私たちは、地上には、ほとんど出ることはなく、地下に宇宙船を格納して、地下に神殿
のような空間を作った。その一部は、地上にも突き出ていた。

この当時、私たち以外にも、何種類かの異星人らが、地球と彼らの世界を比較的頻繁に
往来していた。
ただし地上では彼らとの直接的な接触はなかった。
彼らと多少の通信と意志の疎通をしたのは、船が宇宙空間にある時のことだった。

地球に独自の空間を作った私たちがすべきことはたった一つだった。
それは、まだ意識が分断される前の原初宇宙に繋がる「ブラックホール」
のようなものを、その神殿内に作ることだった。

異常が起きた宇宙の場所には、異常が起きる以前の要素を投入すれば、
何らかの改善がなされるはずだと思ったのであるが、
この考え方は、大きく間違っていたことがその後に明らかになった。

ちなみに、地球における太陽からの光線は、私達にはあまりにも強すぎて、
生命の危険さえも伴うものだったため、私が、たまに地上に散歩に出たのは、
夜になってからだった。
昼間の地上の様子は、地下の施設の中で「映像」としてしか見たことはない。

むろん装備しているスーツ(宇宙服)は、いちおう地球に降り注ぐ強度の紫外線などに
も対応できるようには作られているが、そんなものを装着してまで昼間、地上へ出る
理由がなかったので、大半を私達は地下で過ごした。

当時の私の肉体は、肌に細かいウロコ状の膜があり、全体としては褐色に見えるが、
光の角度によって私のその肌のウロコは、玉虫色に変化した。

指は４本で、地球の人間のものよりも1.5倍以上長い。
顔の前面は、少し尖っているが、爬虫類系ではない。
エジプトの壁画にあるアヌビスにも似ているがあれほど動物的ではない。
前述した「誤り」とは、この地下空間に、エラーを修復するための次元の穴を作ろうと
したのであるが、その結果起きたことは悲劇だった。
私以外の２名は、あっという間に、肉体が粉々に飛び散り、その肉片は神殿の壁に
へばりついた。

その当時、その試みの、一体何が間違っていたのかは、今でも分からないが、
「高次の世界との通路」を地球の地下の内部に作ろうとした試みは、たったの２ヶ月
もしないうちに、挫折した。

幸いに、次元爆発に巻き込まれなかったために、生き延びた私は、一人で
土星の衛星に、ひとまず帰還して、作戦を練り直すことに決めた。
その途中で火星に立ち寄って、少しばかりの資源を調達したのを覚えている。

土星の衛星で、地球侵入の為の再研修を受ける

異星人の肉体のまま地球で実験をすることにはリスクがあるようなので、
私は土星の衛星上で、特定の惑星に肉体を持って生まれるための研修を受けること
にした。

その研修では、地球人という種族の人間に生まれるための、基礎的な準備をすること
となった。その時、私を教育した教官がいたが、その者は、性別的には「中性」で、
地球で言うならば、アーティストといった領域が担当だった。

地球に、調査目的で、人間として生まれる場合には、大雑把だが、科学者的な、
あるいは何かの専門分野の学者的な立場にするか、それとも、
芸術や創作に関わる分野での立場にするかの二種類の選択があった。
私は、とりあえず、特性としては、学者ではなく、芸術家のような雰囲気の
人間として生まれるための準備をすることとなった。

実は、この時に私を教育したその教官とは、私は今回の生の中で、22歳の頃に再会をし
ている。むろん肉体を持った異星人としてではなく、霊的な接触だった。
ただし、その者は、私の母親に目撃された。

「あんたの、その横にいる、ウェットスーツを着た人は誰なの？」

そう、私の母が私に言ったことがあった。
私の母は、決して、そういった類のものが見える能力はなかった。
私の母は、幽霊すらも見た経験がない。
だから、この当時、私のかつての教官は、物質にかなり近い領域か、
または、人間の脳に知覚される領域まで、私に接近していた事は間違いない。
私もまた、その教官を、常に定期的に身近にリアルに感じていた。

ただし、あまり長くこの教官との接触を続けると、現実の知覚との間に、違和感や混乱
を発生するので、この接触は数ヶ月で停止した。
平たくいうと、現実生活への認識に支障が出るのである。

ただ、この教官から聞いた話で覚えているのは、アートと呼ばれる分野には、
それこそ、映像、音響のほかに、ファッションに類するものまであり、中でも、
興味深かった話は、彼らもかつては、体毛、特に頭髪を持つ種族の場合には、
いくぶんか「髪型」というものに創作的な工夫を加えた時代があったという話だった。
当時は、頭髪を布のように編みこむ(というより、布のように織る)技術を
駆使して、いろいろな髪型を試したものの、結局は、何もしないナチュラルヘアーに
落ち着いたという、実に、「しょうもない話」であった。

眠りと覚醒の中間状態で、彼らの作った音楽を聴かされたことがあったが、
厳密に言うと彼らが作った音楽を、地球の音楽に変換した場合の音だった。

「これを、覚えていて、楽譜に起こせたら、ビッグヒットになるな」と思えるぐらいに、
その曲は、悲哀の感情、喜びの感情、崇高な感情を同時に想起するように、
絶妙に配合されていたのを覚えている。

当時、私はまだ発売されたばかりのアナログシンセサイザーの音に馴染んでもいた
が、私が彼らから聞かされた音は、どちらかというと、通常のオーケストラに、極めて
ナチュラルな合成音がミックスされたような音で出来ていた。

いわゆる当時のアナログシンセっぽい合成音ではなく、その後10年ほどして
市場に出た、デジタルシンセサイザーの音質のほうが、それに近かった。

今でも記憶しているのは、俗っぽい、ある意味で下品ですらある人間感情と、
崇高すぎるほどの感情という対立する筈のものが、見事に一体に合成された
音楽だった事である。残念ながら、その曲の「雰囲気」しか覚えておらず、
メロディーや和音構成までは私は記憶できなかった。
土星の衛星で、その教官から、人間の基礎的な感情その他についての
義務教育を終えたものの、すぐさま人間として生まれるのではなく、

まず私は、人間としてではなくて、「半霊的な存在」として、地球に侵入することとなった。事前に一度、そういう形で存在してみた方が、そのあとで「本格的に人間の肉体に生まれる時」に、よりスムーズになるから、という理由であった。

ギリシャ時代に性に関する神々の一人に生まれる

実は、この時代の私の記憶が、今回の生で、私に「性の三部作」を書かせた大きな要因になっている。
ギリシャ時代というものが、厳密にはいつの時代であるのかは分からないが、当時、私は、まず「ある母性を象徴する集団」の中で育てられた。

当時の私の姿(霊的身体の形状)は、象徴的には「半人半獣」に近かった。
母性的な集団が、面白がって私に教え込んだのは、とにかくセックスの事ばかりだった。
といっても、医学的な側面ではなく、特に地球上における女性の性が、どのような感情や振動を生み出すかという側面の教育ばかりであった。
私は女性が性を謳歌するためには、いかにしてその感覚を誘導するかという技術面を、男性神ではなく、ほかならぬ「女神たち」から教えられた。

その当時、私は、人間の肉体の中に入り込むという事を、無数に繰り返した。
ただし、女性の体に入り込むことよりも、むしろ男性の体に入り込み、そこで、女神たちから教えられた性に関する技術を駆使することで、
相手の女性をオーガズムで満足させるということを、幾度となく繰り返した。

その時に、男性の肉体に入っている私の側は、男性の性的快感には全く関心がなく、
相手の女性が発するオーガズムに感応してそれを感じるのが、
何よりも興味深い経験だったのである。

こうした事、つまり男性の肉体に取り憑いては、そのお相手の女性を、
オーガズムに導くという事を、あまりにも頻繁に繰り返したために、その女性たちは、
幻視や夢で、私の姿を見るようになった。
そのために、今、伝わっているギリシャ神話の中ではないが、それ以外の、

異端の神話の中に出てくる神々のうちの一人として、私は今でも、どこかの
博物館か資料館に、その当時、女性に幻視された姿が彫像として残っている。
つまり、当時、わたしは人間の女性から見れば、「小さな神々の一人」だったのである。
何を司る神かと言えば、ずばり「女性の性に快楽をもたらす神」としてである。

おそらくは、その後世には、ギリシャ神話の中の神々の一人としてではなく、
たぶん、それは、歴史の中で、シュメールやバビロニアの神へと変形し、
今ではキリスト教の中では、悪魔や妖魔に分類されてしまっているものと思われる。
その象徴的な姿が半獣であるので、いたしかたないのであるが。

また、さらに言うならば、私を育て、教育したその女神たちの一部は、母性の本質をな
す、宇宙的な根源的原理を宿している者もいた。

その者の霊的な血は、この小さな神々をやった生の時に私にも受け継がれた。
そのために、私は、その後何度か、男性の体にも生まれたが、本質的には、私は「母性」を
その性質の根源にしている。
ただし、それは、「母性の根幹」であって、「女性原理」あるいは、女性的という意味では
ない。

その時から、一貫して、私の、俗に言うところのアストラル体は、地球でも知られてい
る、ある名前で呼ばれる存在の「子」としての機能を持つこととなった。

これについては、おかしなエピソードがある。

「今回の生」での話なのだが、私はあるとき、魔術儀式の一環として、
「ある存在」と交わり、契約することを決め、部屋の中にロープで三角形を作り、
儀式を執り行おうとした。たぶん、あれは、31歳ごろだった。

すると、その儀式の中で、何者かが、私にこう告げた。
「お前は、自分の母親と、交わる気なのか？」

そういわれた時、私が、交わろうと試みていたのは、ほかならぬ、

私の霊的な「母そのもの」であった事を知った。

もっといえば、それは、私自身の根幹に限りなく近い存在だった。
まー、ここは、本に書いてしまってもいいと思う。
その存在とは、「Lilith」である。
つまり、私自身が、男でありながら、そのリリスの化身なのであった。

ただし、これは私が人工的に、ギリシャ神話の時代に獲得した性質のひとつにすぎず、
地球に定着するに当たっては大変に便利な性質だったというのが私がその、宇宙的な
母体の血を受諾した理由だった。
つまり、それは私の生まれつきの性質ではない。

インドに僧侶として生まれる

リリスの子供としての性質を記憶に宿し、霊的身体での半神半獣の生活を
終えたあと、その次に、初めて私は、いよいよ「人間」の身体を得ることとなった。
おそらくは時期は、西暦の4世紀ごろかもしれない。

僧院の傍に生まれて、僧侶になる事の最大のメリットは、その生活が「単純」
だったことだった。本格的な人間の肉体として生まれたばかりの場合に、いきなり、
市場で買い物をしたり、結婚生活をするのは、しんどい。

まだこれから初めて人間の身体を経験するといった、不慣れな状態では、
僧院内の生活のような、世間から遮断された環境の方が都合が良かったのである。
つまり、私は何も瞑想修行をするために、そこに生まれて僧侶をしたわけではない。

まだ人間経験はこのときが初回であったので、意識的な純度という意味では、
十分すぎるほどの記憶を保存していたので、私は15歳のころに、すでに僧院の一部の
実務については、指導的な立場についた。

それほど人数がいるわけではなかったが、それでも常時30人のほどの僧侶が
そこにはいた。種類としては、いちおう仏教寺院である。

私は、僧侶といっても、かなりの不良僧侶であったので、寺のことよりも、
寺を抜け出して、近くの自然の中で遊ぶことに夢中になった。

それも当たり前である。何しろ人間の肉体を初めて経験するのであるから、
それが持つ身体的機能の限界を知っておきたかったのである。
特に私が好んだのは、あちこちにある洞窟の探検をする遊びだった。
これは、前の生で、地下施設の神殿にいたせいなのだろうと思う。

そうこうするうちに、23歳のころから、どうもここは違うな、という感覚が、
日に日に強くなっていった。寺でのいちおうの仕事はしたし、そのころには、
年下の弟子たちにも慕われていたが、やがて30歳に近づいたころ、決定的に、
これは目的と違う場所にいるという感覚が私に生じた。
それまでは良かったのだが、そろそろ、そこを去る時期であると強く感じた。
私は「何か違う。納得が出来ない」と言い残して、その寺を出た。

しかし、まー、本当のところを言うと、その30歳の僧侶だった私は、10歳以上年下の、
少女に恋をしたというのが、寺を出たきっかけとなった原因ではあった。
しかし、その少女は、私との短い恋愛のあと、まもなく病死した。

と、これを書いていて、思い出したことがある。
私がその前のギリシャでの生で、やたらに女神たちや、女性たちから、
舐め回されるように可愛がられた、という経験は、その後も、私の中で、いわゆる
「年上、または姉御肌の女性」と私との上下関係性を形成する基礎となり、
それを今回の生でも受け継いだのだが、一方では、この僧院時代の私の恋愛が、
のちに私の中では「年下の女性に対する上下関係」のモデルの基礎となった。

フランスに女性として生まれる

お恥ずかしい話だが、この時期の生は、すさまじく感情的な人間を経験する
ことになった。お恥ずかしいというのは、この時の生の最後は、
「相手を殺して自分も死ぬ」という「無理心中」だったからである。

生まれたのは現在の地理ではフランス地方だった。
その前のインドで経験した地形や気候とは、うって変わって、実に豊かな作物や自然に恵まれていた。

何人兄妹かは分からないが、私は、長女として生まれた。
母親は、私が幼いころに他界し、私は父親によって育てられたが、この父親というのが、いくぶん阿呆な奴だったようだ。
職業は、たぶん軍人か、または官僚のようなものに属するのだろうが、酒好きで女好きという下品な野郎だった。女性に生まれた私からすれば、
戦争しか興味のない軍隊の男など、脳味噌が筋肉の阿呆に見えた。

そもそも、人間という乗り物を利用する時の私の基本的性質は、
芸術に関係するものだったので、どうしても父親とは相容れなかった。

そこで、女性として年頃になった私は、宮廷画家の一人と恋に落ちた。
ただし、愛人の一人としてであり、妻としてではない。
宮廷画家といっても、それほど有名だったり技能のある画家ではなく、
二流といったところである。

神経質な男で、絵の納期や、その出来栄えのことやら、その他の雑事で、年中、悩んだような顔をした、実に暗い性格の男だったが、容姿だけは一人前にイケていた。

セックスの頻度は多かったが、その時に気づいたのは、どうやら、今回の女性の体では、ギリシャ時代に学んだ経験は「全く役に立たない」ということだった。
あの半神半獣の時には、女性を知り尽くした上で、男性の体に入り込んで、
相手の女性を喜ばせるという形式だったが、この生ではそうはいかなかった。
母性の根源を宿しているはずの私だったが、男性の性欲や、情欲を、根本的に
満足させる女性という役は、この時には演ずる事はできなかった。

それどころか、逆に私が、感情性と嫉妬心と、執着をその相手の男に対して激しく
向ける結果となり、この時に、人間感情の多くを占める「憎悪、不信感、嫉妬、執着」
などを経験した。

考えてみると、この時の生は、ただそうした感情だけを集中的に経験してみるというのが、私に課せられた、主なミッションだったようである。

私は、その男の愛人の一人として、その男が、他の女性にも手を出していることに嫉妬し、結果としては、その画家の男性をベッドの上で、短剣でめった刺しにして、自らも命を絶った。

まだ、たった二度目の人間経験で、人間という乗り物に慣れてもいないのに、
何ともヘビーな経験であった。
前の僧侶のときの、少女への恋心が、「純愛」に近いものだったとすれば、
このフランスでの女性として私の経験は、まさに愛憎にまみれたものだった。
そして、その時に私がいた場所は、現在も地球に存在している。
その場所は、「カルカッソンヌ」という場所で、世界遺産にもなっている。
テレビで、フランスにある、その町を偶然に見たときには、
「あ、あの時の城は、これだ」と思った。

遺産として、今見える町の中は、当時とは、かなり違っているが、
ところどころに、ちゃんと、当時の面影があった。
城壁や、特に石畳が、私の記憶と合致していた。
28歳で死ぬまでの短い人生だったが、私は、毎日のように、
あの石畳を歩いていたに違いない。

余談だが、私はよく、連れの砂手に、「イタリアのママ、やってたんじゃない」などと
言われることがある。それは、私が、「適当に作ったイタリア料理が、こなれていて絶品
だった」からであるらしい。

イタリアも石畳の町が多いので、その石畳の情景についての私の記憶から、私自身も、
「まー、イタリアで、太っちょの、ママをやっていたことも、あるのかもね‥」とか
思っていたが、この部分は、私の勘違いだった。

今回の生でも、私の記憶の中にある、あの石畳は、イタリアのではなくて、
まさに、「カルカッソンヌ」の町の石畳だった。

いったん宇宙船に回収される

冴えないその男を殺してから自殺した私は、その後、霊的な身体の状態で、城の屋上に立っていた。

すると、上空に、かなり大きな宇宙船が現れた。
そのかなり巨大に見える宇宙船は、形が刻々と変化していた。
宇宙船といっても、円盤型でもなく、葉巻型でもない。

どちらかというと、現在のSF映画に登場するような、突起物や、長方形のブロック状の部品が、船体から出たり引っ込んだりするような、動きのある宇宙船だった。
のちに船内に入ってから知ったのだが、それは宇宙船というよりは、むしろ、
「時間旅行に使われる機械」である、とのことだった。

そのせいで、滞空しながら、着陸のための調整をしている時に、違う時間にあるその船体が、そこで重なって見えるために、形が刻々と変わるらしい。

つまり滞空している、その船体の形が刻々と変わるのは、そこでリアルタイムで宇宙船の形が変っているのではなく、異なる時間にいるその宇宙船の形がそこにディスプレイされるからということだった。
その宇宙船から、正三角形の光の板のようなものが降りてきたので、
私は迷わずそれに乗って、船内に引き上げられた。

船内に引き上げられた私は、いきなりそこにいた、仲間の一人から、
「早く、自分の持ち場につけ」と言われた。
しかし、私としては、今、地球の肉体を抜け出したばかりで、そんなことを言われても、その船内が何であり、自分が誰かも思い出せない。

いきなり、持ち場で、仕事をしろ、と言われても困るので、こう言った。

「冗談じゃない。私はあそこ(地球)で、約200年以上も生活をしていたんだ。
そりゃ、ひどい目に遭って、苦労したんだぜ…」

するとその私の言葉をその相手は遮って、こう言った。

「君が、あそこにいた時間は、君が行ってから、まだ2分だ」

おいおい、浦島太郎の現実版かよ…？の世界である。
船内の仲間にとっては、たったの2分の経過でも、私には200年の経験だぞ。

「ならば、ざっと説明するから」と仲間の一人が私に、何かを話し始めた。
最初はその内容はチンプンカンプンだったが、15分もすると、私の記憶は、完全に、その船内の仲間と共有されていた。

この時の経験は、今でもよく覚えている。それは記憶の「クロスフェード」そのものである。
地球での人間としての記憶が、フェードアウトしてゆくのと比例して、元の記憶がフェードインしてくるので、その切り替わりに違和感はない。
人間が死んだ場合にも、このように記憶の入れ替わりが起きるのであれば、統一的に自己同化をしている、一定の個性を持つ人格のようなものが、
自己意識の主体を維持して、それによって転生する必要などはなく、
いとも簡単に、全く別の記憶を持つ、肉体や霊的身体に放り込まれても、
記憶の喪失や、違和感は生じないのである。

ただし、私の本体が、その宇宙船に「保存されていた」からこそ、記憶が、戻ったのであって、もしも、それ（保存されたアイデンティティー）がなかったら、そうした記憶のスライドは起きないだろうと思われる。

記憶が戻った私が船内を見ると、いくつかのシンプルな機器類があった。
特に目を引いたのは、両手の「手形」にへこんだ操縦板だった。

最初は、その手形に手を当てて、「意志の力」や「イメージ」で、船体をコントロールする為のものかと思ったのだが、そうではない事を思い出した。

その操縦板は、何も思考を受け取るセンサーではなくて、単なる、高感度のタッチパネ

ルだったのである。
つまり、複雑な指の各部の、僅かな圧力を操作信号にしているだけであった。

あまりにも僅かな圧力を信号に変換しているので、おそらく地球人がそのパネルに触れたら、全く制御できないだろう。
たとえば、人差し指だけでも、15種類以上の触れ方による制御信号の組み合わせがあるからである。
現在の地球のノートパソコンのタッチパネルが100倍近くも複雑になったものだと思えば、あながち間違いではない。
ちなみに、その「手形」をした操作パネルの手の指の数は、4本だった。

また、その宇宙船が何の任務を持っているのかも、思い出した。
この船は、「時間船」という概念で定義される装置であった。
そして、他の部署に何人いるかはわからないが、その操作室にいた搭乗員は
私以外には2人で、合計3名だった。

私たちには職業名があった。その業務名とは「時間警察」である。
時空警察ではなくて、「時間警察」である。
そうは言っても、何もSFのように、たとえば、タイムトラベラーの違反行為を監視、
逮捕している、といった雰囲気は、その時にはあまり感じなかった。
(別件として、そういう仕事を彼らがしていることも否定はできないが)
私のいた部署の主な任務は、いくつかの時代の地球について「調査」する事が
最優先目的であって、何かの取り締まりや、誰かの捕縛といった権力行使をしている
という事はなかった。

また、タイムトラベルのようなことをして、歴史に手を加えるといった
そういう仕事をしているのでもなかった。
単に、調査することだけが、私の任務だった。

そういう意味では、なぜ「時間警察」などという物騒な名称がついているのかは分からないが、いずれにしても、どうやら、私はその「警察組織」の一人らしい。

これに関連するのかは分からないし、あまり興味はないのだが、現在、私が地球にいて
経験するパターンがよくあった。

私のような何のへんてつもない、ただの小市民というのは、何かあった時に、
警察に被害届を出したり、防犯の協力を求めても、警察というのは、ほとんどの場合
に、全く動いてくれはしない。

ところが、何かの事件にからんで、私が必要性から、警察官と接触を持つと、
どういうわけか、「いや、何も、そこまで親切に対応してくれなくても」と
私が思ってしまうほどに、丁寧に、対応し、実際に事件を沈静化してくれることが
多いのである。それも、一度や二度ではなかった。

一般的なイメージとしては、警官というのは、とにかく政府側の犬であり、
ただの治安維持のロボットであり、時には不正事件も起こし、市民への対応も不親切
で不誠実で有名な組織である。
当然の事として、私も、一般的には、その通りであると思うのだが、こと、自分自身が、
警察官と何かのかかわりを持つという状況になると、どういうわけか、
「普通の一般市民に対するよりも４倍は、私には丁寧に対応してくれる」という経験が
多かった。

この地球の警察と、私が属する警察では、全く違うもののはずであるが、
もしかすると、「シンボルとして何かの共通項」があるのかもしれないと、
私は少し疑っている。

私自身の性格は、読者の皆さんも知っているように、全く警官的ではなく、むしろ、
アンチ警官的であるのだが、「特定の問題」については警官のように厳しい側面がある
ことは、自分でも否めない。
さて、船内の仲間の一人が、なんだか、オーディオ機械のパネルのようなものを操作し
ながら、こう言っていた。

「次は、どこの時代に移動する？」
「1600年代か1700年代あたりにするか？」

いよいよ日本、それも戦の時代に生まれる

次に私が送り込まれたのは、日本である。
その時に、その時間を航行する宇宙船の中からは、今でいうところの富士山が下界に見えたのを、うっすらと覚えている。
当時の富士山は、今とは少し形は違うが、上空から見ると、何かと目立つ山であることには変らない。

私が送り込まれた時代背景は、正確には、いつかは分からないが、
戦国時代の終わりごろか、その直後あたりだろうか。

場所は、現在の長野県、戸隠地方である。
いわゆる真田の忍者といったものは、完全なフィクションであるが、ただし、
当時、野武士のような者たちが「組織的な傭兵」として戦に参加していたのは
事実のようである。

私は伊賀や甲賀といった地方には、とんと慕情を感じないが、戸隠だけは別格である。
ただし、ここでも注意が必要なのは、いわゆる「戸隠忍術」などというものは、現代の創作物であり、そのようなものは存在していない。
当時存在していたのは、真田の豪族のために、加持祈祷を行う山伏の集団で私はその一員となっていたようである。

有事の際には、戦にも参戦したが、ただし武器を持って参戦したのではなく、
主に諜報活動を行っていたという点では、ある意味で、本質的な忍者に近い。
当時の私の仲間は10名以下で、そのほとんどが戦で死んだり、諜報活動の失敗を
原因として敵に殺された。

今でこそ、私は手裏剣などという代物を投げて遊んでいるが、当時は、そのような事は
全くしておらず、武芸それ自体も、私は学んでいない。
一応、神職であるので、私は主に、真田氏らの為に護摩を焚いたり、経文を唱えると
いう立場にいたので、殺生には参加しなかった。
そのかわり、樹木の上に、どういう仕掛けを作るか、木の上に足場のある陣地を作るに

はどうするかという指導や、山林での戦いに必要な知識、といったものを、野武士たち
に教えていたという記憶はある。
また、木製や竹製の武器や、生活用具を作ることを、私は副業にもしていた。

この生では、むろん男として生まれたのであるが、この生で学ぶべきことは、
人間の中での「チームプレイ」というものだった。
それまでも人間ではない形状としては、組織的に動くことはあったが、
人間としての生の中での「チームプレイ」というものは初めての経験だった。

動乱の時代に生まれたわりには、極端に若死にすることはなく、
私は、30歳の後半まで生きたようで、最後は、病死だった。
清楚な和室の中での死であったので、オンボロ小屋や、野垂れ死にではない
ことからして、ある程度は、生活が安定した立場にいたようである。

死ぬ間際に、「くっだらない争いだな」と、しみじみ思ったのを覚えている。

いきなり北米に生まれたが

次の生は、私の地球での幾つかの生の中でも、その理由について不明な点が多い。
私が生まれたのは南北戦争を前後する、どこかの時代の「アメリカ」だった。
この時には、女の子としてである。

しかし、7歳になる前に、突然に家屋の中に乱入してきた強盗のような2人の者たち
によって殺された。家にいた私の両親も殺された。
一家惨殺の被害者である。この時の子供時代の記憶は、ほとんど何もない。

だた唯一記憶しているのは、突然に侵入してきた男らによって、私は床に
押さえつけられて、腰の左上あたりを短銃で撃たれて死んだことだけである。

この記憶はけっこう生々しく、私は今回の生でも、ある年齢になるまで、
その撃たれた場所を他人に触られたり、とくに突かれるのが大嫌いだった。
今ではそれはないがその記憶を思い出すまでは、その理由は分からなかった。

この、床に押し付けられて銃で撃たれる夢を、私は6歳までの間に、何度か繰り返し見た。しかもその夢を見たのは、実際に、私が5歳から6歳まで、父親の海外転勤でアメリカに住んでいた期間だけだった。
夢の中で、背中を撃たれた瞬間、私は必ず、おねしょを漏らしていた。
ただし、この殺された少女の時の私は、その最期、またはその死後に、
「クソ、これからだというのに殺しやがって」と思った記憶はなく、
それが次の生へのこだわりに影響した形跡も見出せない。

だから、このたった7年程度の少女としての人生が、何のために、ここに差し挟まっているのか、私には、今でもよく分からない。

強いていうと、その過去生の縁で、実際に今回の生で、アメリカの西海岸に一時住むこととなったのは確かだろうが、1960年代の初頭に、アメリカに住むことによって、私の中に形成された性質といっても、それが、さして西洋的な性質であるとも思えない。

1960年代初頭の西海岸などは、田舎でのんびりしたもので、子供の性格が特段に、
日本人と大きく違ったオープンさ、その他の性質を持っているとも思えない。
ヨーロッパほどではないにしても黄色人種に対する差別もあっただろう。
アメリカで、小学校のときには約1000人近いであろう全校生徒の中でも、東洋人は、
私と中国人が各一名、たったの2人だけだった。

私は、父親の勝手な考えで、日本人学校ではなくて、現地の普通の小学校にぶちこまれたために、最初のまる一年は、言葉が全く通じなかった。
二年目が終わる頃には、普通にぺらぺらと英語を話していたが、それから帰国して、数年後に、当時の自分が英語でしゃべっているテープの録音を聞いても、自分が何を言っているのかは、全く分からなかった。

結果からすれば、異国の子供たちと、異国語でコミュニケーションをとろうとした行為は、西洋人に対して、全くコンプレックスを持たないという、
現在の私の性質に、多少は寄与したようである。
実際、今でこそ国際交流とか言ってやっているが、1960年代というと、
西洋人から何か話しかけられると、たいていの日本人は戸惑っていたものだ。

小学生だった私は、学校で観光地に行ったときに、外人さんに何やら片言の英語で、
気軽に話しかけていたようで、後で、担任の女教師に私は怒られた。
その怒られた理由というか、怒ったときの担任の「口ぶり」が、これが凄い。

「こら！ケトウなんかと、しゃべるな！」である。（反米教師か？）
今ならば、「教師が外国人に差別用語を」なんてニュースになりかねないな。

毛唐(けとう)＝ 毛色の変わった人たち、又は外国から来た人という意味の差別用語。

今回の生の選択をした中間状態

そういうわけで、今回日本に生まれる直前に、アメリカで子供の時に、
殺されたことが一体何の意味を持つのかは、さっぱり分からないのであるが、
その死後の中間状態で、「次は、どうしますか？」という、やりとりがあったのを
覚えている。

「いったん、故郷に戻りますか？」とも言われたし、
「あなたの場合は、特に、もう一度、地球に生まれる必要はありませんが」

とも言われたのであるが、これがなんだか「胡散臭い」のだ。
何しろ、その後に、「球体」を見せられたときに、その球体のスクリーンに映る、
地球の人達の顔が、私にはどうしても気になったのである。

どうやら、中間状態で、私はハメられたらしいとも言えるし、
また、ハメられたのではなく、私の任務に関する記憶を確認したり、
再編成するために、そうした質問を私にしたのかもしれない。

情けない事に、この中間状態では、私は、地球に来る前の記憶のほとんどを
喪失していたのかもしれない。

いずれにしても、私はその球体のスクリーンの中に見える、
いろいろな人間たちの「笑顔」を見たときにこう思った。

「やけに、楽しそうだな」
「けっして、いつも幸福で彼らが笑っていられるのではないことは、よく知っているが、それでも、人間の笑顔というのは、見るに値する」

そうは言っても、それだけならば、ただの地球での良き思い出として、その笑顔を記憶し、元の世界に一度戻る道を選んでも良かったのであるが、その時には、その内容が分からなかった「何かのプログラム」が、私にインストールされたようである。

私は、その球体に映る人の誰か特定の人に会いたくて、今回地球に生まれたのではない。「人々」という「集団」が、私にとって、そこで、何かをしなければならない事の「対象」であるという印象があった。
そうして、私は次の生、つまり現在の、この肉体という乗り物に誕生するための「座標」と条件を契約した。

時代は、1950年から2050年までの100年の動乱の期間のうちの前半。

場所は、日本という国。

性別は、男性。

誕生する地域は、日本と言う国の首都にある、最も「高台の位置」。

親は、片方の父親が、どうしようもない奴という条件だったが、
幸いに、もう片方の母親が、私を完全にその悪影響から保護するというもの。

ところが、驚いたことに、私の母は、私ただ一人のために、私よりも
「先行して誕生していた」、という準備が既に設定されていた。
つまり、私の母親の主な仕事は「私を育てる」ということだったのである。

私には兄弟がいるが、実際、その兄は中学生の時に母とは別居しており、
以後、私と母とか母子家庭のようにして、その後母が他界するまでの歳月を
すごした。

私は、母のおかげで、阿呆な父親と接触することは、ほとんどなかった。
私の中には、父親の記憶というのが、ごく一部しかない。何しろ、父親は、
アメリカから帰国した後は、私が小学校9年の時から、しょっちゅう外に女を作っては、別の所にいて、ほとんど帰宅をしたことはない。
それ以後も、生活費の受け取り以外では、私は関わっていなかったのである。

であるので、私にはそもそも、あの中間状態から、故郷の星系に帰還するという、
そんな選択の余地など最初からなく、乗り込む肉体と母親は、私が意志決定をする前に、既に準備をされていたのである。

その他の誕生条件、生育と活動に必要な環境条件としては、

その生涯のほとんどの時間を「人間の意識と精神に関わる分野」に携わる事。

芸術的分野に関わる事。

私の母は、水墨画、書道、三味線、琴、お茶、花道、その他全部やっていた。
とりあえず、死ぬまでの間は、誰かしらの「世話人」が私の周辺に存在し、
孤独死はない。

職業は、精神世界にまつわるものだが、その準備としての技術を、
別の職種で、身につけること。

深入りした異性関係を持てるリミットは9人まで。

ミッションを遂行するのに必要な刺激を与える人物らとは、
私が対外的な活動を開始する前に、私が30歳になるまでに引き合わせる。

身体は健康で、生涯、持病を持たないこと。

綿密な作業が必要となるので、けっして社会的には目立たないこと。
あまり広く社会的に知られると、作業時間を無駄な人間関係で消費するため。

任務遂行に障害となるので、結婚はしない。子供は持たない。

そして、その肝心の任務とは、最初に、銀河系宇宙に足場を設けたシリウスで設定した、「宇宙の異常の実態調査」の「報告のまとめ」と「対策・提案」の提出。

それをまず、シリウスに持ち帰り、規制する法案の立案に関わり、
その後は、異常の起きた第6宇宙を去って、元の自分の定位置に戻ること。

シリウスでの協議会で問題になったのは、現在の「異常宇宙」が、

1．何らかの活動停止によって、第六宇宙が「崩壊」するまで待つか

2．このまま第六宇宙が、膨張して「壊れる」のを傍観するか

3．今のままで、そこに、何らかの「部分的な修正」が出来るかどうか

という事に意見と論点が分かれている。
私の提言は、3に属するが、さまざまな現状に鑑みた結果、
それが採用されるかどうかは不明である。

その私が作成した報告書には、次のような表題が書かれている。

【単位分割禁止法】

第３章／単位分割禁止法

地球の現状

その事について話す前に、まず2012年現在、地球がどのような劣悪な状況におかれているかを説明しておきたい。

地球について、地球の人類が自分達の立場をどう思っているのかの根拠には、いくつかの種類の「信念体系」がある。その多くは地球という惑星には、「ここに固有の学習課題があるに違いない」というかなり「慰め」の要素の多いものであるが、稀に、この地球が、実は太陽系の「監獄」や「流刑地」であるとする説も出回っている。

私個人は、ある意味でそれは、かなり正しいと思う。しかし、それは地球の人達が、何らかの違法行為を宇宙で行った罪を背負っているからではなく、地球のシステムに定着した詐欺的なグループ、又は詐欺的な自動システムによって、監獄に封じ込められてしまった結果と認識している。
すなわち、仮に地球が「監獄のような施設」であったとしても、その責任は地球人類それ自身にあるわけではない。

この件については、既に「**分割自我復元理論**」という書籍の中で語ったのでここでは省略する。
仮に100歩譲って、地球が罪人を収容する「監獄」であるという言い分を認めたとしよう。誰がそんなことを言ったかといえば、当然それは、
「地球人よりも進化していると自負する、他の次元生物かまたは惑星人」
ということになる。

しかし、そんなに彼らの世界が進化していると誇れるほどの代物であるかは、かなり疑わしい。
というのも、では、なぜ地球という監獄がそこに存在し、そこに罪人、または
「まだ未熟な精神状態」と呼ばれる人類が生息しており、
さらに、刑務所であれば、看守や刑務官がいるのか？

そして、そもそも、その囚人たちは、一体どこからやって来たのだろうか？

言うまでもなく、それは監獄の「外側の世界」、すなわち、
「地球人よりも何千年も進化していますよ」と自負している「彼らの世界」からやって
来たに他ならない。

となれば、彼らの世界から、そのような囚人たちを生み出してしまった、という事は、
「彼らの社会システムそれ自体も問題を抱えている事」を自白しているに等しいのである。
そうでなくても、私の知る限り、この宇宙は、大昔から普遍的に、「困った問題」を
抱えており、その困った問題の最たるものは、
知的生物の持てる「想像力」は「無限ではない」、という現実だ。

よって、どこの小宇宙や銀河系でも、幾度となく、創造性が尽きてしまうという事態
が、これまでも起きてきたということだ。

地球外の宇宙の話はさておいて、地球における最大の混乱は、物理的側面を見れば、生
まれてから死ぬまでの「最低限の生活の保障がなされていない事」であった。
(むろん、これは2012年現在の話であるが)

地球を、監獄や刑務所と定義する話にからめて言うならば、
仮に、そこが監獄であったとしても、最低限１日に２食の、十分な食事が
与えられていたならば、囚人たちは、さほど無益な争いは起こさないだろう。

しかし、考えてみて欲しい。
もしも、その監獄で、囚人たちに与えられる食事が、１日に１食となり、さらには、
その食事の量が、それまでの半分になり、またその半分になりと
どんどん減っていったらば、監獄の中で、何が起きるだろうか？

当然のこととして、生き延びようとする者たちの間では、弱肉強食的な争いが起こり、
やがては監獄内には、支配階級のボスの囚人と、それに媚びる囚人という格差が生ずる。
そして、4日に一食になってしまったその食事を、ボス猿が奪い、他の者は、
その「おこぼれに与る」という生き方しか出来なくなってゆくだろう。

監獄の中で食事を減らされて、飢餓状態に陥っただけで、ありとあらゆる暴力、搾取、不正、差別、格差による苦が大量に連鎖的に発生するのである。

こうした現象は、2012年に現在、資本主義と呼ばれていた地球人の社会システムにより発生した混乱であったが、資本主義と共産主義のベストミックスとも言える社会のサンプルが、地球に全くないわけではなかった。
それは、デンマークという国家で、その一部だけは実現されていた。

ただし、私に言わせれば、すべての無就労者も含めて、国家が、国民が生まれてから死ぬまでの、最低限の生活費用を全額負担するという社会でなければ、健全な社会は形成できないと考えている。
この論理は、一見すると、全く働かなくても、最低限の生活は一生できるということであるから、「怠け者が大量に発生するのではないか」という懸念を持つのは当然かもしれない。

しかし現在、地球上の社会では、「最低限の生活が保障されなかったため」に、
その最低限の生活のために、ありとあらゆる不正、暴力、人権侵害、搾取(ピンはね)そして、戦争が起きてきたのである。

それは前述した、「監獄」内で、もしも食事を減らされたらば、何が起きるかということに酷似している。

もしも、国民が生まれてから死ぬまでの、生活費、教育費、医療費について心配する必要がなく、なんならば、働かなくとも良いとなると、不思議なもので、人間というのは、逆に、創作的な分野に自分の時間を使うようになるものなのである。

その自然な創作意欲が、経済的な価値を持つ製品製造にも繋がるのである。

しかし、現在の地球のほとんどの経済、文化、製品、すなわち、創作物は、人間が経済的に「追い詰められて」、意味もない競争原理の中で作り出したものが大半である。

生活が保障されているという「安心感と余裕の中で作り出される創作性」

の方が、はるかに健全なものとなることは言うまでもないことだ。

一人の人間から生まれる、思考、感情、行為のすべても同じである。
焦りと、追い詰められた中から生まれるものは、恐怖に基づくものであり、
恐怖に依存し、「恐怖からの回避行動の産物」に過ぎないのだから。

といった具合に、地球の経済的な格差社会や、追い詰められながらの労働や
社会システムについて、ごく適当に語ってみたが、私が言いたいのは、
その「監獄の中で減らされた食事」に喩えられるもののひとつに、
人間の「自我」があったという「大問題」についてである。

これは地球上の人間から、彼らが元々設計された「本来の最低限の機能」
すら奪ってしまった。それは、特に西暦500年以後から西暦2300年頃までの地球人に
重篤な「精神障害にも等しい意識の劣化」をもたらした、重大な「犯罪行為」であった。

医薬品材料として地球人

前著「**分割自我復元理論**」の中でも簡単な説明をしたように、地球の人類は、
他次元の知性体にとっての「薬品原料」となる感情を発生している。

ひとつの例をあげると、人間には「泣く」という行為に伴う「涙」というものがある。
その多くは、悲しみと苦しみの涙であり、喜びの「涙」というものは、
ゼロではないが、めったに発生するものではない。
地球人類の大半が、毎日のように世界中で流している涙があるとすれば、
それは感動や喜びの涙よりも、悲しみの涙の方が圧倒的に多い生産物である。

では、地球人類が、最も涙を流す条件とは何かを思い出してみると良い。
それは、そこに「離別」つまり「別れ」が関係するケースである。

親しみを感じていた者との「死別」という形の「別れ」もあれば、
死別ではなくとも、もう永久に会えなくなるという形での「離別」、
これこそが、地球人に涙を流させる状況設定の最たるものである。

となれば、その涙を流す根本原因となる要素は、人類は紛れもなく、
「自分が望まないような離別を嫌悪している」ということであり、出来るならば、
「ずっと今のままであって欲しい、そのままであって欲しい」という期待と希望を、
別れによって打ち砕かれるから涙を流すのである。

であるならば、この「ずっとそのままであって欲しい」という「執着心」こそが、
「涙が発生する根本原因」のひとつという事になろう。
そして、この「そのままであって欲しいと願う執着」を、もっと単純化して言えば、
それは「保存欲」であり「保存性」である。

従って、地球人に涙を流させるような、人間を悲しませる仕組みを作り、
離別したくない者との別れを作り出すことは、最終的にその感情を収穫し、
精製して薬品とした場合、その「薬品名」が何と名づけられたかは、
容易に想像がつくことだろう。

地球人の悲しみの涙を生み出す原因となる感情が、最後に製品となった時、
それは「保存性志向薬品」となって製品化された。
この「保存性志向薬品」とは、宇宙に生息するいくつかの生命や知性が、
自らの「記憶を保存する為」に使用するものである。

人間の発する「執着心」とは「接着剤」や「凝固剤」のような作用を持つが
故に、その効能に目をつけた「ある種族」は、人類型の生命体を、
「離別に伴う悲しみ」という感情に追い込み、その時に反動として出てくる
「愛着心」だけを取り出して、それを精製した。

その結果、簡単に言えば「ボケ防止の為の薬品」が出来上がったのである。
この記憶保存機能は宇宙の中でも極めて重要な要素のひとつであり、実際、
記憶が保存されなかったらば機能障害を起こす生命や宇宙は無限に存在する。

よって、地球人が発する「涙」が放射する振動は、その元の本当の原因を
辿ると、そこには、「凝固剤」という作用の元となる「愛着という名の吸引力」
があり、それは「痴呆症の病巣をもった他の異星人ら」にとっては、

この上もなく重要な、「治療薬」となったのであった。

なお、地球人の感情振動を原料として精製される薬物は、「記憶保存剤」以外にも、
「鎮静剤、興奮剤、幻覚剤等の類」、それに、「知覚抑止剤」など、知的生命体にとっては、
宇宙で生活する際に、どうしても発生する苦痛や、押し潰されそうな心理的重圧、
そして退屈といった苦痛を、緩和する為の「各種の効能」を持ち、珍重されているのである。

感情記憶を抜かれるゾーン

ところで、本書で後述する「死後のミッション」の話の中に、人間が死んだあとに、
回収されて「歩く歩道」のようなベルトコンベアで運ばれてゆく話がある。
その人たちは、これから起きること、行くところについては承認しているという感じであり、形は光の球体などではなく、人の形をしていた。

生きている間に蓄積した感情という作物を抜かれた人間たちが行く先には、
仮設住宅のような建物が、収容所みたいに延々と並んでいた。

そして感情を抜かれると、人間は、かなり深い安堵を感じるために、
これがいわゆる臨死体験から生き返った人達がいう「安心感に包まれる」
という体験の正体である。
実は、安心感を与えるようなフィールドがそこにあるわけでなく、単に、
感情をほとんどすべて抜かれた瞬間に、人間は自動的に安堵を感じるのである。

逆に言うと、人間というのは、人間として生きている時には、24時間、
眠っている時でさえも、感情を発生していなかった事がないほど、
「感情がもたらす緊張感」を絶えまなく抱えていた、と言えるのである。

ロバート・モンローが体験した領域

例えばロバート・モンローの言う、男女がうごめいている「Z55」という
エリアは、これもまた、思念の貯蔵庫ではなく、欲望の感情の貯蔵庫である。

なぜならば、もしもそこが「思念の倉庫」であれば、人間の理想とする、
美男美女の姿が合成されていたり、集まっていたりしてもいいはずである。

ところが、そこが、単に「肉の塊がうごめいているように見える象徴」が
あったことから、それは、「感情貯蔵庫」であるとみなせる。

ロバート・モンローの本には、他にも「KT95」など、アルファベットと数字の組み合わせで区分される世界があるが、恐らくそれは、ルーシュ(Loosh)または、感情の倉庫につけられた、倉庫番号、あるいは「記録ファイルの識別記号」だろう。

仮に、とても感動的だったり、至福感のあるエリアがあっても、
それは貯蔵庫であって、そこに社会性を持っているわけではない。
いわんや、そこには、主体を持った人格がいるわけでもない。

例えば、野生の動物が、飢えて、その後獲物にありつけて、
「あー満腹になって、ほっとした」というのも、一種のルーシュである。

愛玩動物に対して「カワイイという感情」だけを貯蔵した「LL-63」
というタンクもあるだろう。

食物に飢える感情だけを集めた「HG-2」というエリアもあるだろうし、
そこから、食べることによって、満足した安堵の感情ばかりを貯蔵した、
「SO-82」という貯蔵庫もあるだろう。
当然、地球から、かなり蓄積できた感情である「憎悪」も、「HT-45」という貯蔵庫に、
相当の分量が溜まっているはずだ。

中でもとりわけ、本書で前述した、「いつまでも、そのままが続いて欲しい」と願う、
「粘着的な感情」は、かなり取引価格が高い製品の一つであろう。
むろん、「記憶保存剤」としてである。
ちなみに、地球の人たちがジョークを見たり聴いたりして、腹がよじれるほど
「笑う時の感情」ばかり貯蔵された「LG-91」という貯蔵タンクも存在していそうである。

そして満たされない「孤独感や寂しさ」は「LN-15」という貯蔵施設に溜められているに違いない。そして、人間が何かと「再会する時の喜び」は、「MP-78」というタンクに貯蔵される。

次の転生の相談と契約を交わす施設

たとえば、そんな不動産みたいな施設が、それを「ボランティア」でやっていると誰が思うだろうか？次に生まれる先を「ボランティアでサービスをしている組織」など、ただの一つも存在しないのだ。

そういう事務所は、どこかで必ず「ギャラ」をもらっているわけである。それで職員も利するものがあるから、そこに組織と人材があるのである。

人間から、より多くの薬品原料が取れれば、彼らの成績アップになる。

彼らが受け取るものが、どういう形の「給料(ギャラ)」かは、わからないが、「彼らの死活問題」にかかわるような「何か」が我々を顧客とした仕事への作業費や手数料として、取引されていることは、容易に察しがつく。

すなわち、宇宙には、「タダ働き」などは存在しないのである。それによる利害関係が、それを評価する者の価値観にとって、美的に見えるか、醜悪に見えるかという違いでしかないのである。

動物たちの死後の世界

本書の中で後述する「死後のミッション/その２」という部分に関連する話をしたい。

私はある時、「熊」の死後に、ほんの少しだけ付き合ってみた。それによって、かなり「考えさせられた点」があるからである。

人間以外の生物の死後に関わってみて、あらためて、考えさせられた点は、死後がどうのこうのよりも、「生の価値」である。

例えば、熊にしても、犬にしても、まかり間違っても、彼らは、やれ、
「次はプレアデスに行きたい」だの、「次は琴座がいい」だの、
「次は、くじら座の星がいい」だのとは、言わない。

また、やれ「アストラル界がいい」だの、「高い霊的次元に行きたい」だの、
そんなことを、彼らは決して言わない。(一部に、言うのがいるが…)

そもそも動物たちが死後に持ち込む世界は、彼らが日常的に暮らしていた、
自然の風景か、あるいは動物園の中の景色である。

彼らにとっては、日常的に経験している山林こそが、彼らにとっての
「全宇宙」であり、全世界なのだ。

だから熊が森で死んだら、彼らを迎えてくれるのは、森そのものである。

彼らは空を見上げてそこにある星に想いを巡らすこともなく、
生に絶望したり、現実逃避することもない。

「神は自分を見捨てたのか？」
などと、のうたりんな事など、決して言わない。

それに比べて、人間が脳裏に描く妄想といったら、

やれ、社会と自分の関係だの、
やれ、家族と自分の関係だの、
やれ、世界や宇宙がどうのこうのだの、
やれ、霊的学習や経験がどうのこうのだの、
やれ、生きてゆくのが面倒だ、
やれ、何かのきっかけで、早く死ねないか、

などと、毎日毎日、こんな気苦労ばかりで、その気苦労への不満から、
宗教やら精神世界に、期待をしたり、依存するようになった。

さらには、人間の生は、どれだけの幸せや、幸せとまではいかなくとも、
「苦痛の軽減」や、さらには「快感」を人間にもたらしたのだろうか。

こんな、毎日のように、不満をかかえて、
頭の中には、ごちゃごちゃと、どうでもいいような思考が沸いてきて、
それに四六時中振り回されている「人間様」の人生と、
それにくらべて、やれ宇宙やら、やれ霊的身体がどうのこうのなど、
全く眼中にない動物たちの生。

人間よりも、シンプルだが充実した濃密な日々を、生としてすごし、
死んだあとも、無謀な「誇大妄想」を描くこともなく、
自然に帰ってゆく動物たち。そのどちらが健全だとあなたは思うだろうか?

私が疑似体験をした動物の死後は、とてもシンプルだった。
人間のそれと似て、安堵感の発生や、あるいは空腹感の緩和といった、
「本能に訴えかける仕組みは」あるものの、
生きていたときの「世界観」がシンプルなだけに、死後もシンプルだ。

それに比べて、人間の死後ときたら、その生の間の経験が、
あまりにも馬鹿馬鹿しいことに満ちているので、死後もまた、おっそろしく、
馬鹿馬鹿しいデザインになっていたりする。

ちなみに、人間がその死後に、ほぼ99%ひっかかる、トラップがある。
それは、「無人地帯」にいる時に、「他者」を目撃(発見)した場合だ。

例えば、死後に、誰もいない平原に、長期間、放置され続けたとする。
そこに、遠くに人影が見えた場合、人間は、ほぼ100%その人影の方に歩いてゆく。
あるいはその人影が「自分のほうに来ないか」と思い描く。
つまり、人間の最大の心理的弱点は、独りっきりにされた場合に、形が一応、
五体あるヒューマノイドの形だと、たいして警戒もせずに、
「コンタクトを取ろうとする癖」がある。

人間と同じ五体があるならば、たとえ宇宙人みたいでも、「そう危険はないだろう…」
と判断してしまう悪い癖である。

これが異星人の形ではなくて、まったく人間そっくりだったらば、ひとたまりもない。
イチコロで相手の言い分を信用してしまうだろう。

つまり、人間の最大の弱点とは、「寂しさの感情」である。
これがあるかぎり、死後の人間の視点を、誰一人いない環境に放置すれば、
そのあとは、いかようにでも洗脳しやすい状態になると言える。

この方法は、言うことをきかない、あるいは自主性のある自我を持つ生物を
コントロールしようとする場合に死後の領域では、けっこう乱用されている。

かなり昔の話であるが、私も、誰一人いない、荒涼とした岩ばかりの惑星に、放り出さ
れたことがあったが、私は、わき目もふらずに、歩いていったのを覚えている。
本当に誰一人として、何百年も現れない、といった雰囲気の空間だった。

そこで、もしも、私が、誰か、自分の事を認識できる存在に会いたいと、僅かにでも
思考すれば、その思考が、自分の望むような身勝手な「幻想」を生み出す事を
重々知っていたので、私は、月の砂漠のようなその世界で、そこに存在する
荒廃した虚無よりも、もっと上手をゆく「虚無」を求めて、歩を先に進めたのであった。

普通の神経を持った地球人にとっては、あの砂漠の中を、たった一人で、
何十年、何百年と歩くような空気に呑まれる事は、想像を絶するほどの耐え難い
孤独感を生ずるだろう。
だから、孤独感や、寂しさを「苦」として感じてしまう神経があるうちは、
ああした、徹底した「無機質な領域」を超えることは出来ないと思う。

とにかく、熊の死後を垣間見た結果、

「人間の人生なんて、他の生物に比べて、そんなに偉いものなのかよ？
　人間たちは自分たちの知性なるものを、動物とは違うと自負しているが、

実際には、なんぼのものだよ」と思うようになった。

いくら、文明を作ったところで、
いくら、精神だの魂の価値などといったところで、
馬鹿げた気苦労が、動物たちよりも、何千倍も多いだけではないか。

他の生物の知覚内容を本当に体験できるのか？

人間の肉眼で見たものや、人間が想像しているのとは、違うものが、
動物たちに見えていることが多い事ぐらいは、誰でも想像できるだろう。
たとえば、昆虫は複眼だからといって、解剖学的な複眼を根拠にしたような、
単純なモザイク状の画像が見えているわけではない。

ちなみに、猫や昆虫を含む多くの生物たちが、わりと、普通に標準装備しているのが、
「熱感センサー」である。

よく知られたものには、ヘビが熱感センサーを、鼻のあたりに持っているといわれて
いるが、私の経験と推測によれば、「視覚的に熱源が見える生物」も多い。
ちょっとした「プレデター的な機能」である。

また人間と動物が、最も違うのは、全く想像を絶するほどの、「音の聴こえ方」の違いで
ある。
たぶん、最初のうちは、あまりにもいろいろな音が聞こえるので感動すらするかもし
れない。高性能のマイクをつけて音を聴き続けているようなものだからである。
しばらくは、それだけで何時間も飽きないだろう。

嗅覚については、少し難しい点がある。
そもそも、感度のいい嗅覚の情報を処理するには、それに適した脳の機能を、
犬その他の動物は持っている。
しかしそういう機能用にカスタマイズされた脳を使った臭覚の経験は、
人間にはないので、あくまでも多少、「人間脳の経験」に、捻じ曲げられた形で、
動物の嗅覚を経験することになる。

視覚と聴覚は、人間でも、他の生物の感覚に共感できるのだが、「嗅覚」と「触覚」になると、直接には人間の感覚に変換できないものが
出てくるようだ。
また、「走る、跳躍する、泳ぐ、空を飛ぶなどの運動した時の感覚」や、
「自分の体内や、内臓に感じる感覚」も、人間が、その生物が感じている
のに「近い感覚」で感じ取れるかは、少し疑問である。

味覚については、他の生物は人間よりも識別範囲が鈍感なことが多い。

異星人の死後

同じく後述する「死後の世界のミッション/その2」の実験に関して、
ある時、「地球外生物の死後」に関心を持った私はターゲットを探した。

しかし、この地球上で現在、この時間に、死んだ直後の宇宙人など、そうそういるものではない。地球の地下の内部も探ってみたが、それらしき気配はない。

太陽系全体の中を探れば、とうぜん、肉体が死を迎える者はいるだろうが、
少し手広すぎて、焦点が定まらない。

そこで、身近なところで「月」を探ってみた。
すると、月の内部には医療チームのような者たちの気配がする場所があった。
月の裏側のどこかは分からないが、ちょうど寝台のようなところに横たわり、
つい今しがた、死を迎えた異星人らしき者が見つかった。

その者に付き添ってみると、斜め上方に、巨大な円形の枠が見える。
その枠は、二つの円形の枠が、それぞれに反対方向に回転していた。

その中にその異星人の死後の主体は引き上げられていったが、
それは、至福や安心感に満ちているものではなく、むしろ逆に、
「深い悲しさ」がそこにあった。

私の視点から見ていると、そのエイリアンは、まるで巨大な樹木の根の一つ
として存在していたかのようで、個性といったものをあまり感じない。

まるで、たったひとつのことをするために製造された生命といった印象で、
ただただ、その樹木のようなモノの根の一部として、肉体の生存を終えた
ようであった。
ただ、私が、かすかに感じたのは、そのエイリアンも、かつては、今の彼らのようでは
ない「生命の経験があった」という記憶だった。

彼らはちょうど現在の私たちと同じように、ある程度の情緒を持ち、感情を持ち、
喜びすら経験していた。しかし、もうそうではない存在になってしまったことに
対する、深い悲しみのようなものが感じられた。

これがそのエイリアン個人に由来するものなのか、それとも、そのエイリアンの種族
という集団としての過去の記憶に由来するものかは分からないが、おそらくは、後者
だろう。

視点を、エイリアンを回収しているその樹木のような存在に向けると、
その樹木はその上にまた上層界の存在物があり、それは、象徴的には、
「円錐形」のシステムをしていた。
その円錐形のシステムを眺めていると、私の中にある記憶が出てきた。
これは、私は、以前から知っている。

円錐形のシステムの内部は、すべてが「数字だけ」で構成されている。
言い方を変えると、これは機械だ。移動する計算機だ。
そこに回収されていったエイリアンは、その端末または回路の一部として機能してい
た。これは有機体の生物を使ったコンピューターだった。
これは前にも見たことがある。

これが存在している理由は、エラーの修正であるが、その修正は、決して完了はしな
い。これはあるときにエラーの修正のためにつくられたが、修正効果が得られないた
めに、「管理放棄されたシステム」なのである。

それが何の修正の為であるかという点については、
私はここで少し、言葉が重くならざるを得ない。
この話をするのは、私は気が重くなる。

この円錐形の計算機は、そのシステムを管理する者も存在しないままに、
宇宙を漂流する「ブイ」のようなものだった。
内部では、必死にエラーを修復しようとしているのだが、そのために、
何十万もの有機的な生物端末を生産している。しかし成果はほとんどない。
この円錐形の内部では、無人の計算機が、エラーの修復の計算をし続けて
いるのだが、永久に、その答えは出ないままだ。

シンボルとしてみるならば、この円錐形のシステムは「数字の塊」だ。
正しく言うと、「計算途中の数字」が絶えず動いている。
この数字だけで構成されている生命というのは、以前に見たことがある。
形はヒューマノイド型なのだが、その細胞のすべてがまるで数字で構成され
ており、その数字が変化することで、その生命の組成が変化する。

この数字というものを、文字通り、地球で使われている数字という概念に
当てはめていいものかは、疑問がある。

なぜならば、数字というのは、実は多面体または「立体」に似ているからだ。
それは見る角度によって異なる数になる。

例えば、ピラミッドの形は底面の側から見れば、四角形だが、真横から見れば三角である。これがもっとさらに複雑な立体になって構成されているのが、本来は宇宙では「数字」の概念として定義されているために、単純にデジタルな数字が配列、または表示されているわけではない。

さて、この漂流する円錐形システム、別名、円錐クラゲとも、円錐樹木とも言えるものが修復しようとしているのは、この宇宙そのもののエラーである。

ここで話は、「私の任務」の話に戻ることになる。

単位分割禁止法令

そもそも、この第六宇宙の、しかも物理的な宇宙の中に製造された鉱物、エネルギー、有機物、生物のほとんどは、最初に異常を起こして、「失敗した宇宙の結果」として生じている。

そのめまぐるしく分裂を繰り返す宇宙の中で、自転車操業的に一時しのぎで、宇宙が崩壊することを、かろうじて防ぐために、無数の生物がその穴埋めに使われている。とりわけ、知覚するための意識をもった生物が発する「認識」や感覚は、この異常が発生した宇宙をかろうじて繋ぐための、素材として機能している。

こうしてみると、この第六宇宙というのは、物質なのか、感覚情報なのかもその区別が出来ない、混合状態にあるとさえ言える。

今の、我々の知覚と概念から見れば、いかにも元素が安定しているかのように見える物理的な宇宙であるが、実際には、それはそれに対する「定義」と「思考」によってのみ、その崩壊を免れているとさえ言える。
私は、あまりこの話はしたくない。

なぜならば、この話というのは、全宇宙の中で、とりわけ知覚意識を持つ全生物は、「宇宙の崩壊を食い止めるため」の口実と「繋ぎ」でしかない、という結論に至るからである。

「森羅万象が苦である」という、回避不可能な、揺るぎない基本原則が、そこでは「現実」となるからである。

そんな中で、私が今回の生で引き受けたミッションは、最も根本的な間違いは何であるかを調査し、それを緩和する事が出来ないかということだった。
そして、私の結論はこうである。

宇宙のかなりの広範囲、または、限られた一定の区画で、
直ちに制定されるべき規制とは、

「単位分割の禁止」という法令である。

既に本書の冒頭で書いたように、異常が発生したこの第6宇宙の、
今後の処分については、次の2つしか予定されていない。

1. この宇宙を、不良品と見なして、消去する。
2. この宇宙の分裂が飽和状態になるまで、現在のまま放置する。

現状では、2の方針が濃厚であるために、宇宙が分裂を繰り返し、細分化されるのを、
何百億年という時間を待つしかないのであるが、さりとて、それで宇宙が安定的な状
態になるという保障は何もない。
最後には、結局、崩壊してしまうことも十分にあり得る。

この煉獄のような天文学的な時間を、宇宙に生息する意識を持つ生物たちが
可能なかぎり、苦しまないで生息できる唯一の方法は、これ以上の「分割」、
とりわけ「人為的な分割」を禁止することである。

宇宙には、それぞれに「初期素材の単位」というものがある。

最も分かりやすいのは、地球で分割されてしまった自我である。
自我は、それが最初に作られたときには、分割などされていなかった。

しかしそれが不正に分割されたことで、おおよそ地球に存在するすべての
不幸が始まったと断定できる。

しかし、同じことは、「自我よりも上層の次元」でも起きており、
これが、「知覚意識の分割」であった。定義上はそれも自我なのであるが、
惑星の自我、太陽系の自我、銀河系の自我、小宇宙の自我といった枠は、
かつては、分断されたものではなかった。

しかし、今では壊れて暴走する機械のように、宇宙はあらゆる層で、
分裂を繰り返し、その全体の方向性は、もう止めることは出来ない。

であれば、宇宙そのものの方向性を止められないのであれば、
せめて「人為的な、これ以上の分割」だけは、全面禁止するという事により、
これ以上、何かの単位が細分化されるのを阻止することしかないのである。

この壊れている宇宙が、今よりも、もっとさらに細分化されて、最終的に、
「**砂の粒子**」のようになることによって、果たして生物たちに利することがあるのかと
言われれば、私の答えは「No」である。

自我の分割ひとつとってみても、また性別の分割ひとつとっても、元々の単位を、
分割したり希釈するという行為は、意識を持つ生物たちに、この上もない苦しみと
混乱しかもたらさなかった。

その性別や「自我の分割」の「前段階」で行われた「**意識の分割**」もしかりであり、
分割という行為の何もかもが、そもそも間違っていたのである。
そもそも、「最初に間違ったもの」を、そのまま最後まで暴走させても、何の解決も
そこにはないと私は考えている。

現在の宇宙が持つ崩壊の方向性に対抗することは、全くの無駄な抵抗かも
しれないが、それでも私は、万物の各素材となっている「単位」をこれ以上は、
決して「**分割すべきではない**」と考えている。

例えば、「宇宙は分裂と統合というリズムを繰り返している」という概念が
比較的、宇宙の多くの地域で、まかり通っているが、それは完全な間違いである。

トーラス状の宇宙の、どの位置に、観測する意識が存在するかによって、
宇宙が分裂していると見えるか、逆に、統合されていっていると見るか、
その見え方が異なるだけだ、というのは、単なる詭弁に過ぎないからである。
そのトーラス状の宇宙そのものが、その初期段階で異常を起こしたのである
から、何百億年間もの「いつかやってくるかもれしない統合」を期待して
待っていたところで、分裂したものは、元に戻ることは決してないのだ。

それを、ごく部分的に戻せる方法はあるが、それはこの宇宙の内部の点が、

この宇宙の外部の点と繋がるという方法しかない。
これがかつて、私がシュメールでやろうとして失敗した事だった。
異常な宇宙の中に、「正常な宇宙とのパイプ」を繋ぐことであった。

今でもそれは、技術的には不可能ではないのが、その為には、まずは、局部的にでも、現在も進行している「分割病」を停止したエリアを作らねばならない。
そのような、単位分割の「禁止区域」を設定することからしか改善への道はないのである。

地球のような宇宙の赤道付近に、その「単位分割禁止区域」作ることは困難であるので、宇宙の中心軸の近くにこの区域の設定を試みる事になるだろう。
そして、その領域は、この宇宙の他の区画とは、可能な限り隔離しなければならない。

分割された自我

私が地球で見た、もっとも悲惨で悲劇的な現象を、簡単にだが、報告しておくことにする。
これは先に述べた「**単位分割禁止法**」の要綱にも含まれるべきものである。

そもそも、地球は紀元前3500年より以前には、自我はまだ、今ほどには希釈はされておらず、その原型の容積を保っていた。

ところが、私が「**分割自我復元理論**」の著作の中で書いた「Dグループ」が、
地球の管理をするようになってから、ほどなくして、「質よりも量」という方針が生まれてしまった。

何の生産物でもそうであるが、注文数が増えたり、取引先が増えると、それに生産を追いつかせるために、品質を落とすという傾向がある。

Dグループは、医薬品の原料となる地球人の「感情資源」を欲する、
他の次元からの注文に応じるために、地球人の自我を試しに二分割した。
2分割などしたら、果たして人間として生きられるかどうかは、当初は、

不明だったのだが、やってみたらば、自我を半分にしても、人間は生きることが出来たのである。

このあとは言うまでもないだろう。4分割、6分割、8分割と、いくら自我を細分化しても、とりあえず、人間として生まれさせて、生かすことは可能であったために、希釈自我という生産法(増産方法)が地球に蔓延した。

当然の事として、刈り取るときの感情の濃度と品質は落ちることになったが、
発注者はそれに対して、特別にクレームをつけなかったようである。
それどころか、薬の効きが悪くなったので、ますます量を注文するようになったのかもしれない。
どんな作物や、養殖の生物でも、手抜きをして数や量だけを増やして、品質管理をしなければ、必ずその品質は落ちるものだ。

地球人も同様に、自我という「器」の容積を、小さくされてしまったために、
生まれる人口の数量は、どんどん増えたが、それに反比例して、生の経験を
通じて発する感情の質は、坂道を転げ落ちるように転落したのだ。

地球で起きた、さまざまな、個人および、政治上のトラブルのほとんどは、
地球人の自我そのものに由来する部分よりもこの「自我の希釈」によるものであったことが、2009年に、私の独自の調査と推測によって判明した。

その後、この自我を復元する方法(分割自我復元法)を、試験的に数百人の地球の人々に試してもらったが、一様に、その効果は安定したもので、多数の人々の自我が、着実に元の容積に向かって回復していった。

田舎者が地球にやって来た

ここで、話は、少しばかり「つまらない話」になって恐縮であるが、1940年代から、
地球に出入りすることになった、ある種族がいる。
2012年現在も、彼らはまだ、地球にたむろっている。
この連中は、地球では、人間や家畜の臓器や細胞を搾取する連中として、

ある程度は地球の人達にも、知られている。

この連中が地球に出入りするきっかけの事件は、有名なUFOの墜落事故であった。
そして、問題なのは、彼らが完全な「**協定違反**」を犯している点である。

彼らは、特定の太陽系に侵入する際に、通常、常識的に取られる方法を取らずに、いきなり地球に到達してしまい、地球の人間と接触した。
その結果、通常ならばあり得ない干渉を地球にしてしまったのである。

そもそも、地球がある「この太陽系」では、太陽系に侵入する時点で、この太陽系の全惑星に適応されている「法律的な協定」について、確認をとらねばならない。

ところが、「彼ら」は、その確認を取らずに地球に接触を持ったために、彼らは、次の単純な事実を知ることがなかった。
その単純な事実とは、「**地球には、この惑星の代表となる政府は存在しない**」
ということである。

もしも彼らが、たとえば「土星」を経由して正規の手順を知ってこの地球に
接触してきたならば、彼らは、この地球は、「**いまだに、統一的な政府が存在しない原始的な社会である事**」を明確に知っていただろう。

ところが、それを知らずに入ってきたために、彼らは、たまたま自分たちが着陸した場所にあった軍とその国家を「**地球の代表者**」と誤認したのである。

エイリアンたちは、間違いなくこう言っただろう。
「えーと、ここの惑星を代表する組織はどこですか？」

すると米軍やアメリカ政府はこう言ったに違いない。
「それは、私たちです。私たちこそが、この惑星の統制を行っています」

むろんそんなことは「嘘」で、でたらめである。
地球には、統一政府など存在していないのだが、アメリカ政府は、自らそれを「詐称」し

たのだ。

そのために、宇宙の中でも、「世間知らず」の「田舎者」だった彼らは、
「そうですか。ならば、あなたたちと協定を結びたい」と申し出た。

その協定内容は、よく知られたもので、アメリカ政府が、地球人の生体を、
地域や人種を限定した上で、何千人と彼らにモルモットとして提供する、そのかわり
に、彼らの宇宙航行の技術を政府が得る、というものだった。
しかし、この時点で彼ら異星人らは「同時に2つの協定違反」をしていた。

ひとつめは、そもそも、この太陽系では、特定の惑星に接触する場合には、いかなる
「物質的な文化交流」をも、してはならないという事。
異星人が地球人に、技術提供をしたり、逆に地球人が人間や家畜を彼らに
差し出すなど、もってのほかである。

ふたつめは、仮にもそうした「物流」が許されるケースがあるとしたら、
それは、その惑星を政治的に代表する者が、「惑星人の総意」として、
そのことを「許諾した場合だけである」と規定されている。

しかし、アメリカは地球人の総意を代表できるような機関ではない。
異星人らはアメリカという政府が地球の統一政府であると思い込んだために
その契約は有効であると勘違いをしているが、実際には無効である。

こうなってしまった原因は、彼らが太陽系に侵入した際に、土星などの、
公的機関から「まだ地球には統一政府はない」という正確な情報を得ることをせずに、
月面の裏側の宇宙空間にあるホールから侵入したためである。

正規のルートからではなかったので、正規の知識もなく地球に侵入し、勝手に
アメリカを地球人の総意による政府と間違えて、契約をしたのである。
この契約は、そもそも太陽系法に違反しているので無効であり、
彼ら(レティキュリアンら)は、追放されてしかるべきなのであるが、
地球の管理局が、現在、地球の管理を放棄して、不在であるために、

このような無法地帯のような状況が生じている。

ちなみに、この協定違反をしてる種族が地球の特定の政府に、技術提供をしている
状況を危惧している、別の惑星人や、別の天体の人々も存在するが、管轄星域や、協定
が異なることから、彼らは直接には手を出してはいない。

そもそも、**「惑星の代表者の許可なく、惑星と物質的な交易をしてはならない」**という
協定が出来たのは、かつて同じ事によって、この太陽系でトラブルが
生じたためであった。

第5惑星として知られていたその惑星は、崩壊した後は、木星と火星の間に、
破片として現在も漂っているが、かつてその惑星に対して、無許可で不正な科学技術
の提供や、その報酬を得ていた種族がいたために、その第5惑星は、結果として、
木星の一部をも巻き込んだ、戦争による破壊を生じた。
この事件が起きてからは、地球のある、この太陽系の「内部法令（地域協定）」として、
**「惑星の住人の総意を代表する統制組織の許可なく、その惑星の教育や科学技術に干
渉をしてはならない」**という「無断干渉を規制する協定」が制定されたのであった。
おそらくは、レティキュリアンたちも、どこかで別の星系の者たちから、
「その行為は、協定違反である」と告げられていたはずである。

それを聞いた彼らは、アメリカ政府に対して、
「君らの国家が、この惑星を統率する代表者ではないと聞いたのだが、それは本当
か？」と問いただしたに違いない。

それに対して、アメリカ政府は、マヌケに、こう答えたはずだ。

「えー、あのー、それは、つまり、地球の統一的な政府は、現在、我々が作りつつありま
す。それは、2040年代までに、必ず作りますので、そうすれば、協定違反には、なりませ
ん」

つまり、これこそが、「ニュー・ワールド・オーダー」の正体である。
アメリカ政府は、自分たちがこの惑星の代表者であると嘘を言ってしまったために、

あとから、レティキュリアンらを納得させなければならず、その為に
「アメリカがこの惑星を統率して支配しているという虚偽の形」を、
彼らに示さねばならない義務が生じたのである。

しかし現実には、レティキュリアンはロシアにも接触し、ヨーロッパでも、アジアでも、そして中米や南米でも、個別に地球の者に接触している。
そして、あちこちで「ここの惑星の代表者は、あなたがたですよね？」
とか言って、それぞれの地域の政府と、密約を結んでしまっているのである。

とりわけ最も大きなアメリカ以外の「組織」は、「ロシア」であり、
おそらくは、「双方で戦争をして勝った方を、地球の代表国家として認める」
といった話すら、交わされているに違いない。

ところで、笑えない話がある。
かつて、この地球の状況に疑問を持ったエイリアンが、アメリカの軍人に
こう尋ねた。

「この惑星には、アメリカという統一的政府があると君らは言ったが、
　ならば、どうして、あちこちで、戦争をしているのか？」

これに対する米軍人の返答が、なんともイカしていた。

「あー、いえその、あれはゲームなんです。そうそう、スポーツなんですよ。
　ああやって戦う事は、この惑星の人々の、楽しみのひとつなんです。
　あれは争いなんかじゃありません。この惑星は平和的に統率されています」

この軍人を、もしも見つけだしたら、ぶっ殺してやりたいですね。
とにかく、そういう嘘ばっかり、レティキュリアンに言い続けて、アメリカ政府は、
1940年代から、既に、このエイリアンの技術を手にして、その代わりに、何万、何十万という、「いけにえ」を彼らに差し出してきたというわけである。

ちなみに、このレティキュリアンを殺す方法は、意外にも簡単である。

それは、単純に言えば「憎しみの感情」である。
憎しみに限らず、彼らは感情に対して非常に脆弱だ。

そのために、感情に脆弱ではない「合成種族(地球人との混血)」を作ろうと
しているが、それは、まだ上手くいっておらず、200体にテストをしても、
3体か4体の試作品程度のサンプルしか出来ていないはずである。

彼らに対して、もしも、地球人が本気で、憎しみの感情を向けて、
本気で、彼らに「死ね」と念じれば、彼らは本当に死ぬ可能性さえある。

ただし、そのためには、かなりの人数の感情を同時に共鳴させて、
彼らに向ける必要がある。その点ではジョークとして言うならばネバダ州の
砂漠で、彼らへの「出て行けコール」のデモでもやるのが効果的であろう。

「自分の星に帰れ」「この星から出ていけ」「さもないと殺すぞ」といった
プラカードを掲げて、何万人もの地球の人たちが思いっきり憎しみの感情を
彼らに向ければいいだけだ。

だから、南米や、中東や、中国から、気の荒い、ならず者や、
すぐにカッとする感情的な者たちを大量に集めて、この手のエイリアンを
嫌悪し、憎悪を向け、死ね、去れ、という感情を向ければいいわけである。

実際に彼らが地球で最も恐れるのは、地球の大勢の人達が彼らに対して
嫌悪の感情を向けることだ。それは、確実に彼らを弱らせて、傷つける。

このことを知っているアメリカ政府は、レティキュリアンタイプのグレイの宇宙人
を、悪者として描くような映画やドラマを決して作らないのである。
もしも地球の多数の人達が、彼らを悪役として認識したらば、その時点で、
彼らは不利になるからである。

直接的に感情を向けられると彼らがどうなるか、という事例のひとつに、
次のようなものがあった。

グレイの一人が、地球の研究室の中で、口から汚物を吐く場面のビデオが放映されていた。ところが、あのエイリアンが体調に異変を起こした原因は、
地球人の「喜びの感情」だったのである。

あそこにいた研究者は、彼らから知識を与えられて「感動」してしまい、
「なんと素晴らしい、ありがとう」と感謝すらしてしまったのだが、
その喜びの感情が、哀れなエイリアンの体調を崩す最大の原因となったのであった。

殺すよりも食え

ところで、宇宙で最も強い「思念」が何であるかご存知だろうか？
前述したように、人間が発する、殺意、憎しみ、憎悪、嫌悪、拒否、喜び、などの感情も、
十分に、「ある外宇宙の種族」に対しては攻撃力として有効であるが、
それよりももっと「宇宙に普遍的な最強の思念」が存在する。

それは、相手に対する「食ってやる」または「食いたい」という思考である。
どんな生物でも、この思考を向けられることを、最も恐怖するものである。

これは弱肉強食の食物連鎖があるかぎりは、生物全体にプログラムされた
「捕食者の側」の最大の思念であり、これを向けられた側は、
「かわすことができない」のである。

縄張り争いによる「威嚇」ならば、逃げればいい。
単なる暴力ならば、逃げればいい。
しかし「自らのことを食いたがっている敵」は、執拗に追ってくるので、こればかりは、
どんな生物も避けたいと本能的に思っているのである。

だから、エイリアンに対しても、ひるむことなく、彼らに「失せろ」という思考と感情を
向けるばかりではなく、もう一歩進んで、「食ってやる」「美味そうだな」「絶対に逃がすものか、食べてやる」という捕食者としての殺気を彼らに向けてみるといいだろう。
これは、実はレティキュリアンだけではなく、多くのエイリアンに対しても効果がある。

実力的には、たとえ完全に負けていたとしても、この思念と感情を相手に
向けるだけで相当に戦況は変ってくるのである。

よく、考えてもみるといい。
あなたに対して、暴力を振るったり、威嚇するだけの相手と、あなたの頭や、手足や、
内臓を「食おう」として、襲ってくる相手、そのどちらが恐ろしいかを。
（レイプ犯がおぞましいのも、これに似た理由だ）

このことは、非物質的な霊的な領域でも適応されている。

相手がどんな相手であれ、それと交渉の余地がないと思ったら、その相手を、殺して
「食いつくす」または、「食いついて殺す」というイメージを本気ですれば、
ほとんどの相手は、ひるむか逃げるのである。

ところで、宇宙人と接したと自称する者が語る、宇宙神話のような話には、
「宇宙意識」とか「長老的な意識」が、彼らの長を務めているかのように説明されている
ことが多い。

しかし、その「長老格」の知性体というのは、言うまでもなく、この宇宙を創造したり、
管理しているわけではない。
その長老的知性体というのは、単に、宇宙で「長生き」をしてきたために、
いろいろな辛酸を舐めた経験があるというだけのことである。

その苦い経験から、長老格の知性体から見れば、自分たちの経験則として、
避けたほうがいいと助言したくなることもあり、また、方向性として、
推進した方がいいと思える助言がある、ということにすぎない。

絶対的な価値観を持っている存在など、宇宙には存在せず、
どれほど長生きした知性体であっても、普遍的な宇宙の原理を把握している
というわけではない。

あくまでも、彼らの意識と知性の生存年数の中から、他者に助言することを少し

持っているという程度のことである。

ただ、この「長老的な知性体」というのは、たいがい、どの銀河系にも、いたりするものである。
むろん、彼らの助言の内容にもよるが、それに耳を傾ける者もいれば、彼らの助言などには、聞く耳も持たない種族もいる。

宇宙に蔓延する悩ましい問題

この話をしようとすると、私は少し気がめいる。

知的生物の持つ、「想像力」には限界というものがある。
いかに、この宇宙で長く生きていても、すべての事には飽和状態または、飽きるという心理状態が発生するのである。

例えば、「望むようなどんな世界、どんな惑星でも、あなたは自分で、一から作れますよ、どうぞ、イメージしてください」
と、もしもあなたが誰かから言われたらば、どうだろうか?

ちょっと聞くと「いい話」のようで、自分が万能になったような気になるが、実際に、自分が望む世界の環境や自分の生存状態は、具体的にどういうものであるのかを自問し始めると、恐ろしいことに、実に貧相なイメージか、限られたイメージしか出てこないという現実に直面することだろう。

例えば、現在、不満を持っている惑星に生息していて、そこで、世の中のあれこれを改良したいと思えば、「細かい望み」は、いっぱい出てくるだろう。
「社会のあそこをこうしたい」「自分は、もっとこうだったらいいのに」と。

ところが、**「惑星や太陽系そのものを、一から、お好きなように作ってもよいですから、どうぞ、望みをイメージしてください」**とか言われてしまうと、結局のところは、多くの人が、望むに至るのは、原始的で、平和的な社会で、最低限の宇宙航行技術だけはある、という、その程度のレベルしかイメージできないのである。

だが、どんなに平和的な惑星社会も、それを何千年と続けていれば、いずれ、知的生物は、次のような事を考え始めるのが、世の常なのである。

「ここらで、何かひとつ、トラブルを作り出してみないかい?」

「ああー、これではあまりにも、退屈だしな」

「トラブルは、最後には解決するというスタイルがいいかい？
それとも、解決するかどうか、結末は未知というスタイルがいいかい？」

「結局、解決すると分かっているんじゃ、面白くないな」
「よし、じゃー、どうなるか分からないリスクはあるが、スリリングな方のトラブルを作るか？」

こうやって、結末の分からない「トラブル」を意図的に作り出す種族が必ず現れるのである。

しかも、退屈だから、トラブルが必要だといって、問題を作り出しておきながら、解決できないままに、「**放置されてしまったトラブル**」が、この宇宙には、多く「残留」している始末なのである。

解決が約束されているトラブルゲームというのは、ちょうど地球の人達（特に子供が）が行う、「ゲーム」に似ている。

人生ゲームやモノポリで負けたからって、あなたが現実に財産を失うわけではない。
何が起きても、あくまでも、盤上のゲームである。
コンピューターゲームのように、何が起ころうが、あくまでも仮想の世界のものであり、あなた自身には、何も危害も利益も生じない。

ところが、「それでは、現実感がない、緊張感がない、面白くない」という事で開発されたのが、「解決が約束されていないスリリングなゲーム」であり、
その典型的なものが、地球に人間として生まれるというツアーゲームである。

これは、もはや、肉体が実際に死ぬまでゲームは終わらず、しかも最近では**死んでも、まだそのゲームは終わらない**といった、悪趣味なゲームにまで劣化してしまったのである。

本当に、反吐が出そうな話なのであるが、
宇宙では、長すぎる平安な時代を経験すると、そこの世界の種族は、

決まって「**何か、解決すべきトラブルを、作り出してみないか**」という、
やらなくてもいいような事を始めてしまうという悪癖を持っているのである。

このせいで、泣いたり、苦しんだりすることになってしまった生物が、
どれほど生まれたのか、それは想像を絶するほどだろう。

人間一人の人生においてさえ、その「人生の目的」を喪失して、虚無感を
背負うことが多くある。
それと同じことが、規模を大きくした「この宇宙」でも起きているのであるから、
基本的に、この宇宙は、「無限の創造性こそが、自分たちの生存手段だ」、
という「強迫観念」による、強迫神経症に、いつでも陥ることが可能だ。

惑星上で絶対にやってはならない事

「神はどこで間違えたか」という論文が出版された、という、
とてもジョークには聞こえないような話が、「**銀河ヒッチハイクガイド**」という、
地球で書かれた小説に載っていた。

どこで間違いが生じたか、という問題については、宇宙という範囲内では、
絶対にやってはならない事は、「意識の分断・分割」である、
すなわち「単位分割の禁止」であるというのが、私がシリウスに持ち帰る
結論であるが、地球上に限れば、むろん「自我の分割」も禁止すべきである。

しかし、それとは別に、地球人類の歴史を振り返ると、明らかに重大な、
「物理的なミス」「社会学的なミス」が、いくつかある。

1.ひとつは、人間が「食する為の環境」の生態系は、決して「乱獲」をしてはならないという原則。

要は、もしも高速で自分の生存地域を長距離まで移動できるような、
（科学的または精神的な）能力がない場合には、「**自分に必要な食物がない地域には、
生命体は住むな**」ということである。

2.次に、「**人口は、厳密に惑星規模で、管理すべき**」という点。

地球上のほとんどのトラブルは、人口が増えた事による乱獲により、食物が減少し、
その結果として、他地域の種族の資源や土地を略奪するという事の繰り返しであった。

生活している地域に、自分たちが食べてゆくだけの十分な食料があり、
人口が増えすぎないというだけの簡単な管理だけでも、
地球は、2012年の姿のようにはならなかったのである。

ただし、この問題は、地球に限ったことではなく、
この宇宙全体においても、自分たち種族に対する自己管理の手落ちから、
「食料・エネルギーや生活物資の為の資源・土地」等が不足することにより、
他の星に進出し、戦争や、奴隷化や、搾取という行為を生ずるということは、
数限りなく行われてきたので、この先の未来で、地球人が、やっとこさ宇宙市民になったからといって安心できる保障は何ひとつもない。
ただし、これは3次元的というべきか、何というべきか、「物理的な肉体」を持つ生物の中から、「**過度な生存欲を減少させるプログラム**」を施す事により大幅に緩和することは可能である。

いずれにしても、自然のままで何不足なく暮らしている段階から、
「食料が減るか、または人口が増える」と、ロクな事は何ひとつ起きないのである。

極論を言わせてもらえば、今の地球人類を、私が思う理想的な人類として、
作り変えることが出来るのであれば、
ヤノマミやその他の世界中の、いわゆる原住民のような生活に戻すとともに、
彼らには、惑星間・恒星間すらも、一瞬で移動できる能力を与えるだろう。

ついでに、彼らの居住区には、宇宙の誰一人として、許可なく立ち入れない
ようなバリアを張れる力を、彼らに与えるだろう。

すなわち、何もせずとも「十分に食ってゆけて」、ついでに、「恒星間の移動能力」があり「自分の居住区を絶対的に守れる」のであれば、宇宙の中で物事を経験するには、十分すぎるほどの基礎能力なのだから。

意志の力で星間や、次元間を移動できるならば、別に宇宙船を作り出すための機械文明など、最初から何も必要ないのだから。

もうひとつの地球の改造案としては、地球にはたったひとつの職業しか存在させないことである。

それは、「調理師」と「それに必要な産業」、これ以外を地球上からすべて例外なく、抹消するという処理法である。
どうなるかというと、地球は、銀河系の中でも、有名な「レストラン」となる。

なにしろ、地球人が数百年かけて最も発達させたものは、料理技術と、その味覚である。ならば、地球上のあらゆる食材を使い、全世界の国も、食品を生産する者と調理器具などを作る職人、それにエネルギー産業以外は、シェフだけしか存在しない惑星にしてしまえばいいだろう。

こうなると、銀河系の各地から、地球の「美味い食事」を食べにくる観光客からの外貨（物々交換）によって、地球の産業は回ることになる。
ただし注意が必要なのは、地球で地球の料理を味わうためには、地球人が、長年かけて経験してきた「味覚」のプログラムを外来の客人らは、自らの意識にインストールする必要がある点である。

なお、地球には存在しない食材の料理を好む種族が地球に来る場合には、その安全性が、地球で検査済みである食材を、地球外からやってくる客人自らが持ち込み、その調理を地球のシェフたちに頼むこととする。

すなわち、この地球こそが**「宇宙の果てのレストラン」**となるわけである。
こういう地球の未来の姿も、あながち、悪くない、と私は思うのである。

なぜならば、私は他の星に行ったときに、そこの住人から、
「地球の名産品や自慢できるところは何だった？」と質問されたら、

「料理の味だけは抜群だが、それ以外は、すべてが最低だ」と言わざるを得ないからである。
味覚の発達と、料理の発達こそが、地球が数百年かけて洗練できた、
唯一無二の文化であり文明である、というのが地球に対する私の評価である。

「どうぞ宇宙船に、お乗り下さい」と言われたら

もしもUFOがあなたの目の前に降りてきて、
「あなたを、待ってました。どうぞ、中へお入りください」と言われたら、
おそらく7割の地球人は、その宇宙船に何も考えずに乗ってしまうだろう。
何か自分が「選ばれた者」であるかのように錯覚してしまう馬鹿もいれば、あるいは、
「こんなチャンスは二度とない」という好奇心から乗る者もいるだろう。

しかもその上、その宇宙人が、醜くなくて、極めてあなた好みの姿で、
いかにも進化してるように見え、しかも、慈悲深く見えてしまったら、
もうあなたはイチコロである。

しかし、よく考えて欲しい。
いきなり、何の説明もなく、「どうぞ中へお入りください」は、
いくらなんでもないだろう。

あなたは、これから宇宙旅行にでも連れて行ってもらえるのかと、
わくわくするかもしれないが、そんな時には、タバコに火をつけて、一服して、
冷静になり、とりあえずは、「船内は禁煙ですか？」とでも、質問をしておくと良い。
タバコを吸わない人ならば、日ごろ行っているダイエット体操をするなり、
背伸びをするなり、自分が、いつもの自分でいられるような何かの動作を、
ひとつでも良いので決めておくと良い。

そうやって、非日常的な状況でも、運よく自分を失わなかったらば、
その相手の生物に、宣言したり、質問すべきことが、いくつもある。
基本的なことも質問しないで、ほいほいと同乗などしたら、
あなたは、人体実験をされたり、臓器を切られたり、妊娠させられたり、
あるいはインプラントされたり、とにかく、同意したら、おしまいです。

必ずしも相手が悪意を持っているとは言えませんが、悪意がなく、
知的な生物であるならば、次に私が掲げる全ての質問に、
相手は、誠実かつ正確に答えるはずです。

もしも、その相手の生物が、あなたの質問に答えを拒む場面があったら、
少し、疑ったり考えるべきです。
あなたが宇宙人のようなその相手に言ったり、質問すべきことは、以下の通りです。

まずは、私の許可なく、私の精神や肉体に干渉しないで下さい。

あなたはどこから来たのですか？
（物理的な位置、または時間的な位置はどこから来たのか？）

あなたは、自分の識別番号や、階級を言えますか？

あなたの主な仕事と、権限の及ぶ範囲を証明できますか？

どうして私の前に現れたのですか？

私を同乗させる目的は何ですか？

もし私が、同乗を拒否したらば、何かの罰則はありますか？

同乗する代わりに、私は何を支払う義務を持つのですか？

同乗する私に、あなたが希望することは何ですか？

同乗する私に、禁止されている行為は何ですか？

同乗する私は、帰還した後に何かの責務を持つのですか？

同乗する時間は、地球の時計上では、どれぐらいですか？

帰還の時は、この同じ場所に降ろしてくれますか？

同乗に伴い、私の心身に何かの異常は発生しますか？

あなたは、生存する為に何をエネルギーとして必要としますか？

あなたは、心身が、どうなると死を経験するのですか？

地球へは、いつごろから来ていましたか？

質問は、この他にも、いくらであるが、せめて、これぐらいは、
質問しないとならないのである。
もし相手が「急がないとなりません」とか急かしたらば、
「スケジュールを組みなおして、日を改めて、おこし下さい」とでも言っておくといいだろう。

しかし、私は、この「質問マニュアル」を、アメリカの国防省やNASAに、教えてやりたいですよ。なぜならば、この質問を厳守しなかったことが、さまざまな違法契約に騙される結果を招いたからです。

更新プログラムを忘れた宇宙人

あ…、この話で思い出した。
地球で過去に行われた、接近遭遇のコンタクトで、宇宙人がヘマをやったことがあったという、「聞いた話」である。

宇宙人がよくやる手は、その相手の人間の好みに合わせて、その「物的な外見」の姿や、相手個人にとっての「視覚的な見え方」を、「美男美女の姿」に調整したりすることがある。

まー、そういう事を、あなたが、ちゃんと知っている場合には、
「元の姿のままでいいですから、お気遣いなく…」と言って元の姿に戻ってもらうのも
手であるが、慣れない姿だと、呆然としたり、ビビったり、
腰を抜かす事もあるかもしれない、というリスクはある。

さて「聞いた話」だが、だいぶ前に、山中で宇宙人が宇宙船から下りてきて、

地球人の男の前に現れたのだが、その男は、とても違和感を感じたという。
いや、確かに、なるほど、なかなかの美人と言える容姿なのだが、
その容姿は、その男の時代からは、「40年以上も前に流行した」メイクや
ヘアースタイルだったのである。

つまりこういう場合には、宇宙船にいた者は、地球人の「容姿のデータ」を
現代の最新のものに、「更新するのを忘れていた」と見なした方がいい。

あるいは、宇宙人の側が、単なる無知から、時代錯誤を起していたかである。

大多数の異星人は「星の内部」に居住区を作る

どうも、地球に長居をし過ぎた人達には、「惑星の表面上に、生物が生息して
いるのが当たり前だ」と思ってしまう、とても悪い癖がある。

しかし、地球以外の多くの惑星や衛星では、居住区のほとんどは、
地下に作られるのが「宇宙の常識」である。

たいがいの場合には、異星人たちは、まだ誰も使っていない惑星や衛星を
見つけると、中をくりぬいたり、地下に空間をあけて基地を建設するものだ。

それは、いたって当然の話である。
そもそも、生物にとって、有害な宇宙線が、宇宙から複数降っている環境に
あって、地表に住もうと考える方が、頭がどうかしている。
星の内部の奥深い場所であれば、宇宙線の害を軽減したり、無害にするには
十分である。だからシュメールの時代に私がこの惑星を訪問した時も、
地下施設で活動をしていたのである。

これは、その星の地表が固体の岩石の星だけではなくて表面が液体の星でも
同じである。いずれにしても、かなり多くの種族は、星の内部に居住をして
いるものだ。それが宇宙の住居の概念の常識である。

むろん、建造物の一部や、地下への入り口が、星の表面に作られ事はあるが、
地球のように、夜間の半球を、暗視カメラで撮影したら、
そこらじゅう街明かりで明るい、なんてことは、この太陽系では、まずない。

惑星や衛星に基地を作ったり、居住する場合には、自分たちと交流のない
外敵から目立たないように、ひっそりと、星の内部に住むのが当然である。

それに、惑星の岩盤そのものが、宇宙線の害から、生命を守るだけではなく
物理的な攻撃からも、「ある限度内においては」、地下施設を守ってくれる
からである。

とにかく、地球人というのは、生き物や、知的生物が、惑星や衛星の
「地表」や「表面」に生息していたり、表面で「繁殖」したりしている
という思い込みがかなり激しいようである。

宇宙ではルール違反に対する処罰はあるのか？

私も、この第6宇宙全体のことについては、完全には熟知をしていないが、
我々がいる「この銀河系」の中においては、
もしも、どこかの種族が、何らかの違反行為をした場合にどうなるかだが、

しばらくは寛大に観察されているだけであるが、
限度を超えた弊害が発生したり、そうした事態が予測される場合には、
ある範囲の「公権力」を持つ、組織が違反者を処罰することはあったようだ。

その方法は主に２種類である。
ひとつは、違反者らを「**隔離する**」。つまり幽閉するという管理である。
もうひとつは、別の次元や別の宇宙に、違反者を「送り飛ばす」ことである。

しかし、それらの「違反者を受け取った側の宇宙の住人」には、なんともはた迷惑な
ことである。

ちょうど、それは、2012年現在の、地球上の全ての核廃棄物を、タイムマシンで、
10万年後の地球に送るようなものだ。
そのときに、もしも核廃棄物を無害化して処理できる文明が、地球上には存在していなかったとしたら、10万年後の地上が核汚染されるのである。

ただし、このいわゆる「違反者」の扱いには、ひとつの大きな問題がある。

この銀河系でも、遠い過去には、銀河系の連合に参加している種族間で、
とり決めた条約に違反した者に対して、「別の宇宙への追放」を行った事が
幾度かあるのだが、そのたびに、全く予測不可能な形で、宇宙のどこかが
歪んで、エネルギーの不均衡から「異変」が生じたのだった。

いろいろな手段で、そのバランスを取ろうとした種族もいるが、
結局のところ、宇宙の内部では何かをどこかへ移動すれば、必ずそのツケが
どこかに発生するという事実に直面してからは、もっぱら「幽閉」または
「隔離」によって、他の種族との関係を制限するという手段が取られている。

宇宙で発生したどのような、「異物、偏執狂的な存在、不活性状態、ならず者」
に対しても、どんなものも、「いつかは素材になる可能性がある」、
という意味からも「否定されるべきではない」、という考え方をする種族も
存在した。
そのために、この銀河系では、どのような生命体の存在も、
理由があってもなくても、それを「消去」する事は許されていない。

それ以前に、そもそも宇宙の質量が決まっている以上は、
どう形を変えても、厳密には、「どんな迷惑な種族や個人も消去が出来ない」
という「現実」の前では、銀河系の多くの種族は、
それを「隔離する」以外には、なすすべがなかったのが、現状である。

しかし、こうした「何も捨てない異常性格」を持ったこの宇宙だからこそ、
この第6宇宙は、もうどうしようもないほどの、「カオス」と化す結末へと
向かってゆく。それは、まさに、「ゴミ屋敷のような状態」へと、

たった今現在も、着実に向かっているのである。

「苦痛」だけでは「不幸」は生産できなかった

本書でも何度か繰り返した話であるが、この宇宙の中で、生物にとっての事件は「二度」起きた。
宇宙の中でというよりも、「地球で」といった方がより正しいかもしれない。

そもそも、地球には、無数の「食物連鎖の構造」があるが、地球人はそれを、「自然界の法則」だとして、当たり前のように考えていた。

「自然は雄大だ、草木は美しい。生物たちは殺しあって、食い合うのは、見ていると、なんだか残酷だが、まー、しかたない。これも神が決めたことなのだろうし、強いDNAを残す為に必要なことに違いないんだ」

とか、地球人類は、自分たちの不幸な現実を慰めるために、
「無理に思い込もうとしていた」のである。

ところがどっこい、そもそも食物連鎖というものは絶対に不可欠なものではないのである。
宇宙では、何かを取り入れて、何かを出すという意味の新陳代謝は必要だが、何も、いちいち、他の生物に捕食されて、しかも、その時に「痛がる」などという機能は、本来は必要がないのである。
にも関わらず、食われるときに「痛みを感じる」という機能を追加したのは言うまでもなく、「ルーシュの採取」すなわち人間から薬品原料を抽出する為であった。
このルーシュ(Loosh)と呼ばれたエネルギーは、植物が死ぬときにも発生する。
微量ではあるが、生命体が「過酷な環境に陥った場合」にもそれは発生する。
可動性の「動物」の場合には、植物の何十倍ものルーシュが発生する。

しかし、可動性動物や植物からルーシュを抽出するためには、
いちいち、可動性の生物に「**外圧によるストレス**」を与えなければならない。

たとえば、突然に気温を低くしたり、高くしたりするなどである。

その点でも、いったん「弱肉強食の食物連鎖」さえ作ってしまえば、
管理する側が手を下さなくとも、お互いに捕食しあってくれるので、
それによって、ルーシュは「自動生産」されていったのである。

そのために、地球にはこれほど多くの他の惑星には見られないほどの生物が
作られたのである。何も、地球の生物たちは「誰かの趣味で作られた」ので
もなく、誰かの「観賞用」に作られたわけでもない。

あくまでも、生物間の食物連鎖を複雑にしてゆき、
**「全生物にストレスを与えること、苦痛を与えること、飢えを与えることで、
生物から感情的なルーシュを搾り出す事」**が、地球の生物設計の最大の目的
だった。何度も言うように、その生物が放出する振動は、のちに加工されて、
別の生命体の心身の**健康維持**のための**「医療薬品」**となるからである。

ところで、快楽であれ、苦痛であれ、それ自体は「不幸ではない」という
事実を見てみると良いだろう。
たとえば、動物が他の生物に殺されて食われるときに、苦痛が存在する。
また、生物がその生物にとって苦痛になるような、高温や低温の環境を与え
られたらば、その生物は苦しむだろう。怪我や病気でも苦しむだろう。
むろん、その「苦痛そのものから」もルーシュは抽出できる。

だが、もっと大量にルーシュを生産しようと試行錯誤して、ある方法が
発明された。それが、人間という生物の中に、**「全体意識の断片」を埋め込む**
という方法だった。

これをされた側の人類は、どこにいても、年中無休で「不幸」を感じ、
世界と自分の主体の間の違和感を感じ、孤独感を感じ、
世界と自分が合致しない「落ち着かなさ」を感じる結果となったのである。

それも当然のことだ。もともとは、惑星単位、太陽系単位で、ひとつの意識

であったものを、個人の個体(つまりこれが「自我」)の中に押し込んで、
圧縮してしまえば、常に違和感を感じるという仕組みが出来上がるわけだ。
こうして、地球上の多くの生物の中でも、とりわけ人間だけが、
「年中無休の不幸生産マシーン」となったのである。

ちなみに、「苦痛」と「不幸」の違いは、次の点にある。

苦痛というものは、前述したように、痛感神経によって生まれる痛みである。
たとえば、あなたが、生まれて初めて、誰かに、ぶん殴られたとする。
すると、その最初の被害を受けた時には、あなたは「痛い」と感じるだけだ。

しかし、もしも同じ相手が、次の機会にあなたに手を上げて向かってきたら、
「また痛い目にあう」とあなたは緊張し、警戒し、恐怖し、逃げるだろう。

この二番目に発生する「**想像上の恐怖**」こそが、人類やその他の生物に不幸
を生み出す主な原因となった。

痛みや、過酷な環境それ自体は、「苦痛」を生ずるが、
それに対して、「もう、いやだ」「もう、うんざりだ」「もう、逃げたい」
といった思考と、嫌悪の感情が発生した時点で、
それはただの「苦痛」から**自分が「不幸」な状態にあると自覚することで**発生する
「別の高濃度のルーシュ」へと成分が変化するのである。

本書でも説明しているが、これを理解するための最も分かりやすい喩えは、
動物たちは、自分たちの仲間や子供が死んでも、人間ほどには悲しまない。
ところが人間は、大切な仲間や大切な人との別れや、死別をひどく悲しむ。

これは「死」という現象そのものから発生するのではなく、
「死」や「離別」を「好ましくない不幸なものだ」と考えることから生ずる。

「痛いのは、もう嫌だ」「寒いのは、もう嫌だ」「空腹なのは、もう嫌だ」
「死別するのは嫌だ」というこの「**もう嫌だ**」という思考が発生した途端に、

苦痛はただの苦痛から「自分を不幸だと感じる」という形へと変化する。

地球の無数の生物とそこに、弱肉強食の食物連鎖を作り、それまでは、
もっぱらその自動的なシステムによるルーシュを抽出していた組織は、
この時点で、「極めて効率の良い、苦痛の生産法」を発見したのである。
それが、単なる「苦痛」ではなく「不幸という感覚」の発明であった。

その不幸の中でも、最大級の高濃度のエネルギーが抽出できた手段は、
人間という生物の中に、「**全体の意識**」**を断片化して組み込む**ことだった。
これによって、眠っている時以外は、人間の感覚には、
絶え間ない葛藤、絶え間ない不安、絶え間ない違和感、絶え間ない断絶感、
という「不満」が発生したのである。

こうなれば、断片化した意識は、元の全体意識に戻るまでは、決してその不満は
解消されない。
にも関わらず、「何かをすれば解消されるはずだ」と思って、人間は無数のことを始め、
思考し、文明を積み上げ、社会を作り上げたが、それらはすべからく、「不幸感覚」を、
より拡大しただけであった。

それまでは、生物に苦痛を与えるためには、地球の管理者が、定期的に、大量の生物に
苦痛を与えるような「自然災害を与える」という方法が主に行われていた。
そして、食物連鎖によって自動的に発生し続ける苦痛、というこの二種類の苦痛しか
なかったのだが、人間の自我に意識の断片を圧縮したときから、
この「薬品原料の栽培農園」として地球は、一気にその生産量を拡大した。

しかしここで、ひとつの「大問題」が起きたのである。
それは、地球人類を、そこまで複雑に設計した張本人のチームが、
「その結果に満足して」、この「地球を去った」のである。
（正しく言うと、長期旅行に出たのである）

すると、しばらくの間、この人間を使った大量のルーシュ製造が続いてから、
ほどなくして、その「作物」や「家畜」としての人間の中に入ることを、

「新鮮な体験」として感じる知性体が、別の宇宙からこの地球を訪れた。

いわば、過酷な労働をしている「家畜」の中に入って、「家畜体験」をするような、
とても「悪趣味なもの」だとも言えるのだが、その知性体らにとっては、
それまでに経験したことのない、快楽や苦痛を経験できるという意味で、
地球人に入ってみることは、一種の流行となった。

自我という強固な殻の中に、全体の意識のかけらが埋め込まれている、という
「特異な、拷問状態」は、長くそれをやっている側には不幸そのものとして感じるので
あるが、それを「全く経験したことのない側」にとって、それを「**もの珍しいゲーム**」と
感じた事は、私も、否定することは出来ない。

ということで、私も、この「家畜の立場を経験してみよう」のツアーまでは、ぎりぎり
で、許すことが出来る。
そもそも、人類というのは、何も、「面白いツアーをつくろう」という「サービス精神」
から作られたものではなく、まぎれもなく、「それまでよりも効率の良い、薬品製造の
ための家畜」として設計されたのであるが、確かに、そこには「**新しい苦痛と快楽**」が
経験できる仕組みがあったので、私は、100歩譲歩して、そこまでならば、
まだ許せたのだ。

しかし、地球人類における最大にして最悪の不幸は「そのあとに」訪れた。
Cチームからの委託を受けた「管理組織に過ぎないDチーム」が、
人間の意識と記憶の器の乗り物としての「自我」を、
「大量生産の為という名目」の下に、切り刻んでしまったために、人類の体に乗り込
んだ主体が経験できる「経験の質」までもが希釈された。
こうなってしまったら、そもそも、高濃度の感情や苦痛と不幸を搾り出すという、
家畜や作物を作ろうとする根幹的な目的からも逸脱してしまい、これでは、
全くの「本末転倒」といわざるを得ない。

そもそも、人類を年中無休で「不幸」を感じるように設計して、
それによって高濃度のルーシュを抽出するのが目的だったはずなのに、
その重要な「単位」である自我の容量が減らされてしまったのであるから、

もはや、「正常な感情すら発生できない鈍感さ」に人類は陥ったのである。

地球の人類の自我を設計し、そこに全体意識の断片を埋め込んだのが、
「Cチーム」だとすれば、そのCチームが、もしも地球に戻ってきたら、
「Dチーム」の不正な管理方法と、人類の自我の希釈という行為に対しては、
彼らは確実に憤り、Dチームに処罰を与えるか、太陽系から追放するだろう。

なぜならば、それはルーシュ生産の質そのものを低下させたからである。
Cチームが、試行錯誤の末に設計し、その結果に満足した、せっかくの、
その成果を、Dチームは、めちゃくちゃにしてしまったからだ。

むろん、Cチームを地球に呼び戻せば人類の人口は現在の20分の1ぐらいか、
少なくとも10分の1にまで減らすことを、彼らは必ず実行するだろう。
そして、人類の全員を「元の容量の全自我」に戻してくれるに違いない。

しかし、それまでの「長い歳月」を待っている余裕など私達にはないし、
そもそも、Cチームが、「いつ地球に戻ってくるかも分からない」のに、
それを待っているほど我々は暇ではない。
(2300年以後になるまでは彼ら地球には戻らないと私は予測している)

だから、私が開発した自我復元法によって、2012年以後に、その死後に、
地球に戻らない選択を出来た人達が、この時代にいたのである。

全自我ではない、希釈された自我では、どんな魔術や、瞑想や、体外離脱を試みても、その効率は極めて不完全で、まともな一人の人間としてすらも、生命を経験することが出来なかったからである。

ちなみに、「死にたくない、生きたい」「飢えたくない、食いたい」という「渇望」と「葛藤」のルーシュは、人間以外の生物も常に発生しており、十分に使える「主力商品」であるのだが、ただし、この「生存欲」は、過剰に発生しすぎてしまったという反省から、西暦2300年以後からは、Cチームによる改善が試みられる予定である。

それよりもさらに1000年後になると、最終的には、ルーシュ生産は、地球では「禁止」されることになるだろう。

●

そんな、荒れ果てた地球という惑星ではあったが、それでも、
私は、「バナナを創った宇宙人」たちには、心から敬意を表したい。

私たちの過酷な地球での生存の為に少なくとも彼らは食用植物という分野において、動物たちが、必死に努力をして殻を割るといった苦労をせずとも、簡単に食することの出来る、しかも美味しい食品を作ってくれたからである。

他の多くの「果実類」を作ってくれた知性体たちにについても、
私たち生物が、この地獄の監獄のような惑星の上で、

ほんのつかの間の「安堵」を感じるために、
その味と形と香りにも、さまざまな「心配り」をしてくれた事には、
本当に、心から感謝をしたい。

ということで、最後に、ようやく「バナナの話」に戻ったというわけです。

第4章／全自我になった後にだけ行う死後探索

厳重注意

以下に記載する「方法・技術」については、「ミッション2以後」は、全自我にまで「自我復元」をした者だけしか行ってはならない。

もしも、この警告を無視して行った場合には、それによって起きる、いかなる不具合や、不完全な結果や、失敗、その他の事象に関しても、その責任は、この警告を無視した本人自身にある事を、承諾すること。

なお、この書籍を、あなたが読んでいる時点で、私が既に他界をしていた場合には、あなたは自分の「自我率」の数値を知る手段がないために、自己の推測に基づき、自分の自我が原型自我に回復したかどうかを自己の責任において、自己判断しなければならない。

もしもその自己診断に間違いがあれば、以下に記載した技法は、その本来の機能を発揮しない事に留意すること。
これらの制限に同意できる場合のみ、以下の技術を使用する事。

なお、以下に記す4つのミッションは、死後に自主的に次の生を選択するにあたって、必要不可欠な課題ではないことを十分に理解するように。

何かの為に、特別な知識や方法を知らなければならない、といったものは普遍性を持たないからである。地球のトラップから脱出するのに必要なのは「原型の全自我」であるという事に尽きる。

従って、全自我に復元する事をどんな事よりも優先すべきであり、それ以前に以下に記す方法のうち、特に「ミッション2以後」を行ってはならない。
また全自我に復元した場合にも、必ずしも以下に記す方法を行う必要はない。

以下に記すミッションの「1から4」、特に「4」を行わなければ、次の生の選択をする資格や能力が得られないといった誤解や思い込みを、くれぐれもしないようにして戴きたい。

「ミッション1から4」は、単に「経験をしておいても悪くない」という程度の課題であるので、関心が持てなければ、全く無視しても構わない。

また、各ミッションで紹介されている「体験談」はあくまでも個人により、そこで体験するディテールと骨組みが異なるので、体験談の内容を鵜呑みにしたり、そのまま信じて何かの参考にしたり、安易に模倣をしたりしない事。

全自我になった後にだけ行う「死後探索」

死後のミッションのテスト－その1

全自我になった「以後」に、役立つ方法を書いておきます。

スケッチブックに未来の姿や環境を書こうとしても、私たちの記憶は非常に限られたイメージ材料しか持っていません。
そこで、次の方法を試してください。

1. まず、この太陽系の太陽の中に入るイメージ。

その前に、たとえば、地球のどこか(中心部)を中継にするとか、そういうことはしないで、直接に、太陽をイメージし、その中心部に向かってください。
太陽のイメージは、フレアや黒点のあるNASAの写真でもいいですし、普段、目にしている空の太陽でも何でもいいです。
とにかく、目指すのは太陽です。

次に太陽の中心部にいるとイメージします。
別に熱もなく音もなく静かなものです。

2. 次が第二ステップです。

太陽の中にいて、この太陽はどういう「弧」の軌道なのか探ってください。
つまり、太陽それ自身はゆっくりとカーブしながら、ある方向へと進んでいるはずです。

つまり、あくまでも「仮定の話」ですが、無数の太陽系は銀河系の中心部を軸として、銀河系の回りを回っているとします。
すると、太陽自身の進行軌道も、カーブしています。

太陽という車の中で、太陽それ自身が、どのように動いているかを感じ取ろうとする

と、たとえば左にカーブしているように感じるかもしれません。
太陽の上下関係が逆だと、右にカーブしているかもしれません。
いずれにせよ、太陽の中心部でそのカーブを感じられれば、
カーブを生み出している中心が、左右のどっちの方向にあるか分かります。

3．そうしたら、仮にここでは左方向に太陽の公転の中心となっている銀河系中心部
　があると感じたら、左に直角に意識を向けてまっすぐ、ワープしてください。

4．次にどういう情景が見えるかは個人で違いますが、おそらくは、銀河系の渦の中心
　の周辺に、いろいろな異なる雰囲気を持つ、世界が浮遊しているようなおもちゃ箱
　を見ているような、感覚を受けるかもれません。

そこでぼーっとしていても、何もはじまりませんので、
心の中で、「ここの観光案内の場所に行きたい」とか、
「ビジターセンターに連れてってください」と宣言します。

5．すると次に見えてくるシンボルには、地球で暮らした私たちには、大体、共通する
　イメージの形をとります。

それは「空港」のような雰囲気です。
いくつかの行き先の違うターミナルやゲートがあります。
そこでもまた「観光案内は、どこですか？」と宣言します。

もしも、相手が、変にしつこく、「お試しのシミュレーション体験」のような
事を　薦めてきたら、

「私は、まだ地球で肉体を持って生きているので、今回は、
　私が次の生を選ぶための、事前調査に来ただけです」

という主旨のことを言って断るといいです。

6.すると、よくある駅や空港の旅行代理店のブースのようなところが
現れると思いますので、そこでスクリーン映像や資料を請求すると、
「別の次元や宇宙や惑星や生物」に関する、資料を見せてくれます。

初回は、その資料に目を通すだけで、帰ってきてください。
帰ってくるときには、必要な作業は何もありません。
そのイメージを単に中断すればいいだけです。
帰還にはルートはいりません。

空港のようなところでは、周囲を見ると、SFで見たような、少し奇妙な人間ではない
エーリアン のような人たちも見えるかもしれませんし、見えないかもしれませんが、
いずれにしても、この太陽から銀河の中心、
そこから、ターミナル、観光案内、というルートでイメージして、
まずは、銀河系のビジターセンターに接触してみてください。

好きなだけ、何度かやってかまいません。

OOBE(体外離脱)を体験しようするヘミシンク等の他の方法は併用しないで下さい。
他の体系は混ぜてはいけません。
混ぜると、せっかくのそのルートが歪み、あてにならなくなります。
混ぜると、「どの方法が効果を出しているのかの判別」がつかなくなります。

そして、持ち帰ったイメージ素材は、ごく簡単な言葉やイラストでいいので、
スケッチブックにメモしておいてください。

夢に変化があった場合は、それもメモしておくといいです。

この方法の体験談－1

アルバイト中、少し時間が空いたので、銀河ステーションの受付にいた、
巨大ダンゴ虫から、旅行代理店の場所を教えてもらい、行ってみました。

少し押し付けがましい代理店で、「まずは体験してみてください」と黒いボールの中に
いきなり放り込まれました。
私がびっくりして飛び出すと、「これは旅行先の状態を仮想体験出来る装置です。
心配いりません」と説明がそこでありました。

不安に思いながらも、押し売りに流される形で、もう一回ボールの中に入ると、
まずは体の状態の選定が始まりました。
物質の状態やゲル状、エネルギー状と右手が変化していく様子を見ながら異変を感じ
ました。

なんだか、だんだんと、意識がもうろうとしてきます。
そこで、自我が警笛を鳴らしました。「やばい！」と。

はっと我に返り、あわてて、ボールから飛び出し、担当者に文句を言いました。
「おい！なんかおかしいぞこれ」と。

担当者は、黒いボール装置の端っこに書かれた文章を指して、
この装置を体験するということは、ここにある事項に同意したことになりますと
説明してきました。

そこには、「この装置は仮想体験のあと、自動的に選択した状態の世界に移動し、
引き続き本体験に移行していただける機能があります」と書いてありました。

あやうく、もうろうとした意識で、代理店都合の体をつかまされ、
惑星降下まですところでした。
　物質的な体が無くなった状態では、自我の「好き、嫌い」の機能と出力が重要だと、
体験しました。旅行代理店も一つではなく、数件あたってみます。

この方法の体験談－2

銀河系の中心に出入りした報告です。

太陽の中心に入り、直角方向にワープしたとき、廻りの風景は右方向に移動していました。自分も右に移動しているのかと思ったのですが、状況をよく検証すると、自分が、左方向（銀河の中心を軸として時計廻り）に移動しているので、
廻りの風景は右に移動していることが理解できました。

観光案内所に何度か出入りし、思ったのは、私に向けられる受付係りの巨大ダンゴ虫の視線以外に、観光案内所すべてを監視している視線がありました。
視線の発生元は分かりませんが、私とダンゴ虫、その他の案内所にうろついているエイリアンをひっくるめて監視している存在がいるようです。

観光案内所は、幅と高さは認識できたのですが、奥行きがどこまでもありました。
壁や天昇は無機質なつや消しシルバーの金属パネルを張ったような質感で、全体として空港に近いです。
横の壁向こう側、上にも下にも別の観光案内所があるようで、広大な案内所の中で、私の状態で認識できる部分が具現化され、体験できているようにも思えます。
ダンゴ虫とのやりとりは、私は日本語を使っていましたが、ダンゴ虫からの返答は
思念や、イメージでした。

2回目以降、ダンゴ虫に物理的身体は地球にあること、事前調査であることを伝え、
旅行代理店を紹介してもらうようにしました。
また、紹介先は、私が死後の移動先の選択肢として選択するかもしれない「可能性」が発生すること、もし、私に対し何らかの理由で紹介先の「限定」がある場合は、
調査を理由に解除することを伝えました。

当初、提示された旅行代理店の外見は、「カード」でした。目の前に複数の色とりどりのカードが現れ、カードの表面には、旅行の概要イメージが書いてありました。
気に入ったカードに意識を向けることでその内容のより詳しいイメージが再生されます。

時には旅行代理店のある空間はゲームセンターのように見えました。
センターの中にあるゲーム機一台が、それぞれ一つの旅行代理店です。
見る人の意識を惹こうとするデザインが印象的です。

カードの内容いろいろ

①宇宙船の建造体験ツアーというより、求人？
惑星をなんらかの理由で失い、住む場所がなくなったので、惑星サイズの巨大な宇宙船を何千年もかけて建造している。いつ、完成するか、何をもって完成なのかわからない。作り続けることで生存している。
一定期間、作業に従事したら、またここに帰ってくるようだ。

②赤い大地の惑星での鉱物としての生ツアー。
鉱物として安定した状態で、数千年の長い時間を一つの惑星で過ごすことができる。生物と違い、体を維持する為の欲求や感情が極端に少ないので、悩みもなく長時間生存できるのが売り。

③小型の虫としての生ツアー。
鉱物では退屈な場合、活動的な生物である虫の生ツアーも用意されていました。数百から数千の虫が集まるコロニー単位で、一つの意識として存在するようです。鉱物と違い、身体から発せられる様々な信号を楽しむもののようです。

④惑星管理者としての生ツアー。
一つの惑星の維持管理を行う。生物の生存バランスを調整したり、隕石などの宇宙の脅威から惑星を保護する。なるべく、最小限の干渉で維持管理をすることが理想。

⑤防護壁の部材としての生ツアー。
外部の脅威から、内部にある自分以外の存在を防護する、感情を持つ壁としての生。外部から脅威が接近すると、危険を伝達する為の感情を発生することが仕事。
視界一面に広がる広大かつ美しい銀河をつねに眺めていられるのが売り。

数枚のツアーカードを見て思ったのは、これらはすべて、利益の享受先が自分以外に

あることです。

その、利益の享受元の存在が作ったツアーのように思えました。
前回もそうですが、あちらがわから押し売りしてきたり、あらかじめ準備されている既成のツアーにはこのような印象を受けました。
ツアーといいながらも、会社の就職活動をしている印象でした。

そこで、ダンゴ虫に「自分でツアーを作ることは可能か」と質問すると、
「可能」という返事が返ってきました。
先に教えてくれとも思いましたが、私が最初に質問しないので、
答えないのはあたりまえだと思いました。

地球に帰ってから考えたのですが、肉体や精神、その他私を構成している素材は一つの役目を終えると分解され、他のものの素材となり、宇宙では「使いまわし」されているようにも思いました。原子や分子はもちろんですが、形を持たないエネルギーに関してもです。
なぜ、使いまわしが必要かというと、宇宙は無限であっても、素材は有限と思われているからです。

数百億年後には私を構成している物質、非物質は分解されており、
受付ダンゴ虫の一部や、銀河空港の壁の素材となっているのかとも考えました。

もしも、宇宙が膨張しているのなら、空間あたりの密度が薄くなってきている宇宙で、旅行代理店の主催者は有限の素材をなるべく多く確保しようと、ツアー広告を出し、客集めをしているようにも思えました。

この方法の体験談－3

ゲームセンターのような場所で、旅行代理店を選択する際、あえて、目立たず人気のなさそうな所を選んでみました。

他の代理店と違って気を引くような宣伝や飾り、ビジュアル効果がなく、

真っ黒の空間と銀色のボールだけのある代理店でした。

選択できる旅行が記載されたパンフレットの類も一切ありません。
まるで商売する気が無い様です。
ですが、今回はそこに興味を持ちました。

ブースの中は、光を吸収するスクリーンのような真っ黒の空間で、真ん中に一箇所、何かがありました。最初はノートかと思いましたが、近づいてよくみると銀色のボールでした。
銀色のボールに触ると一言だけ声が聞こえました。

「オーダーしてください」

その次の瞬間、この装置は、想像力を具現化する機械なのだと理解していました。
銀のボールを触り、思い浮かべたことは、どんな思考でも具現化することができる。
黒いスクリーンはそれを映し出す場所でした。
想像イメージは正確に具現化されるので、支離滅裂なイメージもそのまま具現化されていきます。

具現化されたイメージは、今、私がいる宇宙とは別の宇宙に落とされていくようで、手元にはのこりませんが、イメージの結果は、明晰夢中のイメージのように、私の干渉による変質が少なく安定しており、観察しやすかったことが印象的です。
試しに車をイメージしてみましたが、エンジンをイメージし忘れたが為に、欠陥車ができてしまいました。

このように、何でも具現化できてしまうと、イメージミスのせいで、機能しない物、場所、星ができてしまいます。そして、多くの場合は自分の創造力(想像力)の、しょぼさを体験することになるようです。

イメージや想像力を十分に使える人の場合は、自分の望む世界を創出し、降下し、体験できますが、そうでない場合はその人に応じた結果の体験しか、ここの旅行代理店は提供できないようです。

この方法の体験談-4

10月31日「死後のミッションその1」のテスト

銀河ステーションの受付にいる巨大ダンゴムシに、
私の状態（肉体が地球にあること、今回は事前調査であること）を伝える際、
毎回探索範囲の限定 解除を伝えるのですが、旅行ツアーの数やボリューム、イメージ
の範囲の広さが、未だに視界の一部分だけに留まっているので、
いまいち解除されたという感覚を少なく感じていました。

そこで、私の納得のいく探索の限定を解除を行う代わりとして、
私から生まれた感情のバリエーションを渡してみることにしました。
感情の種類は、何かイメージするときに、そのイメージが一気に膨らみ始めた時の、
「拡大感」と「高揚感」です。これを野球ボールくらいの赤い玉にして、
ダンゴムシの目の前にちらつかせてみました。

ダンゴムシはこの交渉を承諾したようでした。
赤い玉を受け取ったダンゴムシは、足をパタパタさせる動きをしていました。
この動きは喜びなのか苦しみなのかはわかりません。
赤い玉が、ダンゴムシに取り込まれていく際、ふと、この作用を利用すれば
ダンゴムシの体に入り込むことができるのではないか？というアイデアが浮かびました。

そこで、赤い玉の受け渡しをする際に、切断していた私と赤い玉のリンクを再度復帰
させ、ダンゴムシの体を私が侵ską していくイメージを行いました。
気がつくと、ダンゴムシの中に入ることができていました。
受付カウンターの中から、ダンゴムシの視点で外を見ています。
空港も、これまで見ていた方向とは逆の方向からの視点で、
旅行客が入ってくる入り口が視界の正面、奥の方に見えます。

入り口から旅行客は受付カウンターまで、行列を作り並んでいました。
形状はぼやけてはっきりしませんが、それぞれ異なる色のパターンを旅行客は持って

いました。

入り口と反対側の空間、受付カウンターから奥の空間には、
空港の床一面を埋め尽くす数の旅行代理店がありました。
これまで私がダンゴムシ経由で探索していた代理店ゾーンをはるかに越える量の
ボリュームです。
この無数にある代理店と旅行の中から、ダンゴムシが選定したものが、私に提示され
ていたのだと知りました。

ダンゴムシの体に意識をむけると、体の中は空っぽでした。
どうやらここに、誰かが入ることにより、ダンゴムシの外骨格を操縦できるしくみの
ようです。
ここには、旅行代理店の店員が入っていたかもしれません。
複数の代理店が共同で使っている共通イメージ、
それを私はダンゴムシだと認識しているようでした。

銀河ステーションの旅行者ごとに、提示される代理店やツアーが違うのは、
結合強度の違いのようです。
特定の惑星や宇宙に降下し、死を迎えた場合、この結合強度が弱い場合は、
惑星内で分解と再処理が可能だが、
結合の種類によっては、銀河系レベルや宇宙レベルでないと分解できないようです。

死後、旅行者を分解しやすいツアーを、代理店はその一つ前の死の中で、提示している
ようにみえました。
旅行代理店の一部は、作物として旅行者を見ているようにも思えます。

死後のミッションのテスト－その２

１＊＊＊
自我復元の時の呼びかけは「意識不明の重体で、これから死ぬ事が確実な人」
でしたが、この方法は「たった今、これから死ぬ途中の人や死んだ直後の人」
になります。
つまり、自我というものがプロテクトされているために、自我復元法では、
現在生きている人と、本当に死んでしまった人、この二種類からは自我は
分けてもらえないので、意識不明の重体の人で、死ぬのは確実だが、まだ
その肉体が死んでいない「中間領域」にいる人だけが、ターゲットでした。

その人は、数時間後に死ぬか、数日後に死ぬかは分かりませんし、その
インターバル(ブランク)があることが、自我復元では、鍵となっていました。

しかし、このミッションは、事故や病気で「今まさに、もうすぐ死ぬ人」や、
死につつある人、それに加えて「死んだ直後の人」もターゲットになります。
自我を分けて貰うのがこの目的ではないので、「死んだ直後」でもいいです。
従って呼びかけるのは、「意識不明の重体の中で死が確実な人」ではなくて、
「たった今、死につつある人」と「死んだ直後の人」です。

呼びかけ方法は、自我復元のときと同じで、イメージの中で地球の上空から
となりますが、ただし言葉で呼びかける必要はなく、イメージの中で、
「たった今、死に行く人、または死んだ直後の人」を探そうとするだけで
いいです。これは「自我復元で必要となる条件のターゲット」よりも、
ずっと大勢、世界中に存在しているはずです。

２＊＊＊
すると、今この瞬間に死んで行く人や、死んだ直後の人に引き寄せられると
思いますので、地上に降りてください。
場所は病院の救急治療室だったり、屋外だったりといろいろだと思います。
するとターゲットが見えますので、そこではじめてこう言ってください。

「私は途中で、この世界へ戻りますが、
途中まで、あなたのお供をさせて下さい」

この時、死んでゆく人や、死んだ直後に自分の体の周囲に体外離脱している
人の「ような」ものがその相手ですが、やってはならないのは次の事です。
第一に、その相手の霊体の中に入り込んで死後の世界を見ようとは、
絶対にしないで下さい。

第二に、その相手が、思い出のある地上の特定の場所に行きたがるかもしれませんが、
それにはあまり深入りをして付き合い過ぎないようにして下さい。

つまり、「途中まで、あなたのお供をさせて下さい」と相手につたえた時点で、
その相手の「そばにいるだけ」にしてください。また、もしもその死者を
何らかの光や人物などが回収しに来たら、それにはついて行かないで下さい。

ここまでの作業で、それ以上のイメージ操作をせず、それ以上のヴィジョンを見たり、
追ったりしようとせずに、睡眠に入ってしまってかまいません。

3***
その状態で睡眠をとると、おそろしく沢山の夢を見るかもしれません。
まるで、一睡もしなかったと思うほど夢を見るかもしれません。
内容に特に奇抜なところはないかもしれませんが、いちおう起きたら
もしも記録したければ、メモだけしておいてください。しなくてもいい。

4***
さて、目が醒めて、起きてからが、この方法の最大の効果が出ます。
起きて座って、目を閉じたまま、あるいは目を開けたままでも、
見えてくるもの、あるいは見えるような気がするものを、そのまま楽しんでください。
頭の中に見えなくても、出てくる思いをそのままにしてください。

これは起きてから約15分から長い場合には30分以上、どんどんとイメージや考えが浮
かぶかもしれません。

その内容のほとんどは、死後の世界に関するものです。断片的なイメージで
ある場合もあれば、死後の世界のルールや、そこにいる管理者のようなもの
が思い浮かぶかもしれません。それを必ずメモしておいてください。

この方法の注意点としては、翌日が休日である、という日にしてください。
起床した後で30分以上、ヴィジョンを拾ってメモする必要がありますので、
起床後に、仕事がある平日には行うのは良くありません。
この方法は自我復元と異なり、回数を多く行う必要はありませんので、
一週間に一度か二度程度、休日の前日だけに行って下さい。

また夢が増加して、睡眠が取れていないような、かなりの疲労感覚も残り
ますので、なおさら、翌日が休日な場合だけに行ってください。

ちなみに、最初に死人に接触する場合には、相手を選べませんので、
不快だったり、気味の悪い死者に遭遇するのは、しかたありません。
たとえば、事故現場の死者との遭遇などもあります。

この手法の報告－1

私(鈴木崩残)がやった時には、最初は、愛知県あたりに降下し、死んだ直後の病室の
子供で、年齢は5歳ぐらいが見えてきた。その子供は、死んだ体から抜け出しつつあり
ましたが、その抜け出している方の霊体は、子供の姿ではなく、
顔に目だけしかないゴーストのようでした。

たぶん、子供というのは、まだ自分の姿との自己同化が出来ていないので、
霊的な身体の姿が漠然としているのだと思いました。

あまり得るものがなさそうなので、再び上空に戻ってから、別の死者を探したところ、
四国の地域に降下しましたが、そこにいたのは、木で首を吊って自殺した直後の女性
でした。ショートカットのヘアスタイルで、まだ若い女性でした。
しかしこの女性は、すぐにどこかの湖のような行楽地に移動したがっていたので、

それには、私はついてゆかず、そこまでにしました。たぶん、本人にとって強い思い出があるので行きたくなった行楽地なのだろうと思いました。

その後は横になって、実際に睡眠しましたが、夜中に、ここ最近ないほど、ずっと夢を見ていました。内容はさほど印象的ではありませんでした。

ただ、起きた直後は１時間ぐらい、座ったまま何かと思い付くことが多く、
どうも睡眠中に獲得した情報が、顕在意識の中ではっきりと分かるようです。

私の場合には、地球を上空を巡回して、人間の感情を収穫している「捕獲船」の存在を確認しました。
パラボラアンテナを二つ張り合わせたような「真っ黒」の円盤で、上手く言えませんが、あんの入っていない、ドラ焼きみたいな形です。

その飛行船の中にいたのは、めがね猿と羽のないコウモリを合成したような生物でした。目が大きかった。印象は「動物」に近いものでした。
また地上からは絶えず、直線的に人間の放つ感情が上空に放射されていた。よく、
空間を飛んでいる放射線を視覚化する装置があるが、あんな感じの線で見えました。

また、臨死体験をしたと称する人達が、
死後に「あるところを超えると、ほっとする安心感を感じる」その原因は、
単に生前に経験して蓄積した感情をその時に「抜かれる」からだと分かりました。
つまり安心感に包まれるような雰囲気がそこで提供されるわけではなく、
単に、自分の感情を「搾取」され、どこかに持って行かれるので、
結果として楽になったように感じるというだけであろうと思いました。

また感情を抜かれた人達は、その後、一列になって一本道のようなところを歩き、
コンテナ、あるいは被災地の仮設住宅のような「建物」に誘導され、
そこで次の生に関する説明や契約を交わす、というイメージが沸きました。

こうした死後の世界に関する、イメージ、憶測、想像、などが、
起床後に、しばらく続くのがこの方法の特徴です。

この手法の報告－2

死後のミッションのテストを昨日早速やってみました。

注意事項で

> 第一に、その相手の霊体の中に入り込んで死後の世界を見ようとは、
> 絶対にしないで下さい。

とありましたが、初回は、視線が死者の目線になって、廻りの状況を観察していましたので、死者の霊体の中にはいっていたと思います。
注意事項を思い出し、探索中止しました。

以降は、死者と距離を置いて、自分の視界の中の何処かに、死者が常に入るようにして探索作業をするようにしました。
とりあえず、日本とヨーロッパで行ってみましたが、思ったのは死後の風景デザインはあらかじめ死者にあわせて、準備されているものではなくて、
死者自身が創造しているもののように見えました。本来は温かみのないそっけの無いデザインですが、死者の記憶により、デザインが与えられるように思えます。

死後の魂に行き先を示す者の存在も、空中に浮かんだ八面体のシンプルデザインですが、日本の人は、自分のご先祖様、ヨーロッパの人は王様の姿をそれぞれ与え、
その意向に従うことを自ら選んでいました。

ミッションには関係ありませんが、ストーリーの中から、どうしても夢の世界から持ち帰りたいものが出てきましたので、夜中の2時ごろ起きてボイスレコーダーに録音をしましたが、排出感が少ないのか満足できず、
パソコンの音楽製作ソフトで再現をすると、満足できました。

初めての出来事なので、戸惑ったのですが、今回は「メロディー」を持ち帰りました。
夢の中で聞いたピアノのメロディーです。
以前も夢の中で、印象深いメロディーを聞いて感動したことがありましたが、

目が覚め、思い出そうとすると見る見る忘れていきます。
しかし今回は違い、目が覚めてもある程度安定して残っていました。

一音一音、音程を確かめながら、パソコン上で再現できました。
夜中30分程パソコンいじっていました。
16秒程度の短時間のメロディーでしたが、記憶以外のデータとして残せた、
人生初の出来事です。

ピアノにはうとく、未だに鍵盤のどれが「ド」なのかわからないのですが、
データ化へのスピード含めて、不思議です。
データ化が終わり、朝まで時間があったので寝たのですが、
この時も多くの夢を見ました。

この手法の報告－3

死後のミッションについて報告します。

ターゲットは年輩の女性、場所はオーストラリアです。
女性は自分の死を生前にある程度デザインしているようでした。

ソースは、地域に伝わる民間信仰もしれません。
その為か、死体は赤やオレンジの派手目の色で飾られた死装束を着ていました。
死後の魂も、これを反映しており、死体に近い形状でした。
女性は死装束で飾られた、自分の死体を見て「よしよし」と満足しているように
見えました。

すると上方向から光の柱が降りてきました。女性の魂はこれにスムーズに吸い込まれ
ていきました。正確には、自分から進んで入っていったようにも思えました。

実際はその光の柱は魂を回収する為、上空にある黒い回収ユニットから伸ばされた、
回収パイプです。回収パイプを使うと、周囲の空間の回収漏れが出にくいようです。

回収ユニットの表面は、太陽電池パネルのように、無機質でつるつるしていました。
この回収パイプの中を通過しているときに目にする風景は、魂にとってトンネルを通過するように見えるのかと思いました。

回収された女性は、砂漠の中にある岩でできた洞窟のような場所に行きました。
洞窟の天井には穴が開いており一部空が見えるデザインです。
洞窟の中に、女性が入ると意思を持った輝く光が現れました。
その光を前にして、女性の魂は大きな感情を発生しました。

実際ここは、プラントの中なので、発生した感情は無駄なく回収されたようです。
残されたのは、感情を発生し尽したのこり物。充電切れの電池に似ています。
感情を発生し尽した残りは次の処理過程にまわされて行き、人型からだんだんと形を変え、個性が少なくなっていきます。最後には、巨大な木の根のようなネットワークの一部に接続され、個性はなくなりました。

プラントには銀色をした、ネットワークから何かの材料を抽出する装置もありました。
眺めていると装置の出口から、白い、かまぼこのようなものが出ていました。
無機質のものが多い空間の中にある、表面は柔らかそうな有機質な物体は、
相反するコントラストがあり、印象的でした。
触ると少し暖かい。正確に温度ではなく、触れて、エネルギーの活動性を感じました。

本や昔話などにある、死後の世界の話は、魂の回収を効率的におこない、
最後の一瞬まで、感情エネルギーを少しでも多く収穫する為に収穫者が作成した
プログラムも紛れ込んでいると思いました。

収穫者作成のプログラムに沿っていては、いくら回数をこなしても、外は見えてこないと思いますし、そもそも、外を見せない為のプログラムなのだと考えました。

この手法の報告－4

場所は日本、性別は男性、死後の世界探索の同意を得て、後を追う。

トンネル通過後、丘の上にある落葉した木の下に男性はいる。
行き先は決まってないようで、木幹に寄りかかるようにして座っている。
私はその状況を観察している。

私の余計な予測やイメージが介入しないように、分析を止め、
状況が動き出すまで待つことにする。
暫くすると小学生位の女の子が現れた。
女の子は男性の手をとり、「こっちに行こう」と道を歩き出した。
風景は市街地に変わり、その中にある一戸建ての住宅に二人は入って行った。

家の中では、女の子の母親役の人物が加わり、男性含めて三人で家族の団らんが
再現されている。
団らんを体験した男性は「そうだ、これが体験したかったのだ」という思いや、
体験できた事による満足感を発散させていた。

感情を出力しきると男性の体の輪郭は薄くなり、存在感も希薄になって行った。
周囲の風景も無くなり、私の視界にあるのは、これまでの男性の記憶を記録した
手のひらより少し大きいサイズの、ガラスのかけらのようなものでした。

夢の内容について

空を飛ぶ、大きな乗り物のイメージが普段より多くなっています。
宇宙船だったり、空に浮かぶ帆船だったりしますが、共通しているのは、
下方向に広がる空間を、これまでより大きく感じることです。
自分が立つ為の足場はしっかりしており、安心感はあるのですが、その足場ごと底を
認識できない空間に浮かんでいるイメージが増えました。
この類の夢は、探索作業を行っていないときでも見ました。
内容は主に、登場人物同士のやりとりを傍観していることが多いです。

又、私が納得できない「前提」が成立している夢を見始めた時は、強く違和感を感じ、
眠りに入りたがる意識を、強引に目覚めさせようとしたことがありました。
その前提とは、知り合いが不慮の死をとげ、その原因が私にあり、それに対して私が

負い目を感じているという前提です。
前提が成立している最中は、「どうしよう。どうしよう」と思っていましたが、
ふと、「この前提はおかしい」と気がついたことをきっかけに、
強引に意識を覚醒させました。
体が、ついてこられなかったようで、かるい金縛りになってしまいましたが、
少しずつ体の感覚を取り戻しながら、起き上がることができました。

コメント

このように、一般的な人が死後に経験しているであろう状況を、その本人の
内部からの視点ではなく、「外側」から傍観していると、普通の人が他界して
ゆく時に、通過していると推測される世界の「概略」が分かると思う。

主にその世界での展開は二つで、ひとつは死者の意識が経験したかった事や、
最も「親近感を持つ相手」が、その世界に登場するという仕組みである。
それらの舞台セットは、その後に、プラントに運んで処理するための、
一種の「誘引剤」のようなものと考えてよいだろう。
つまり、さすがに「強制収用や強制回収」は、たとえ地球人に対してさえも
人権保護上禁じられているために、最低限度「本人が同意したという形」で
「プラントへの誘導」を行うわけである。
もうひとつは、なんらかの「課題」を投げかけて、それに対する正解を出す
までは、同じ状況を繰り返し経験させるようなシステムだが、これは死者に
対して行われるよりも、現在まだ生きている人間が夢を見ていたり体外離脱
をしているときに、行われることが多いようである。
この一種の「授業」または「テスト」は、自分が頼んで受けるというよりは、
既に、かなり大昔から、この授業形式が存在しているものと思われる。
また、夢を見ている人間や、体外離脱に似た状態にある者を、自動的に検索
して、この授業に引き込んでいる組織的な集団またはシステムが存在する。

ところで、臨死体験から生還した者が、途中で天女や神仏を見たと主張する
事例があるが、「実際の死後の現場」では、その者が生前に思いを寄せていた、
キャバクラ嬢やホステスや、本当は「セクシーな裸体の女性だった」などと

いう事はざらにある。要は、本人が生前に最も好んでいた対象物(人物や
物体や景色)が、自動的に「検出」され「誘引素材」として利用されるのである。
それを羽衣を着た天女や神仏と間違えるのは、生き返ってから美化されたり、
記憶が曖昧であったりするためだ。場合によっては、そんなものに引き寄せ
られた事実を家族に言えない羞恥心から、嘘をついている場合もあるだろう。

この「検出と幻影の自動演出」を作った側の連中は、「人間が死後に、その行き先に迷わ
ないように手助けしているのだ」と、その回収行為の正当性を
主張するに違いないが、明らかにその動機は産業の効率化であるに過ぎない。
ところで、夢であれ、体外離脱であれ、次の点には注意した方がいい。

1．昔の知人や、恋人や、死んでいるはずの肉親など、
　　自分が「疑いもせずに、信頼をおいてしまう登場人物」が夢に現れたら
　　厳重注意。あなたを誘導する為に、そういう知り合いが乱用されている。

2．自分が知っている相手からであれ、知らない誰かからであれ、
　　夢の中で、絶対に、うかつに「モノを受け取らない」こと。

3．夢や意識旅行の中では、決して「目立つ行動」を取らないこと。

この手法の報告－5

>「その人が引き寄せられやすいシナリオや登場物」にそって、疑うこともなく、
>引き寄せられてゆき、どんどん自動的に処分されることを確認しました。

数回の死後のミッション2の中での死者はすべて、死者自身が呼んだ状況の中で、
再処理されていました。
私の解釈では、「どうやって疑問を死者に持たせないようにするか」がポイントのよう
です。その為に、処理業者は「死者が望むシチュエーション」を、親切丁寧に「提供」
するのだと思いました。
死者の「自己責任」を処理業者の都合にあわせて、利用されているようにも思えます。

死後のミッションのテスト－その3

1＊＊＊
前述の「ミッション1」で、銀河系の中心から拾ってきた素材やアイディアで、
自分の「スペアの霊体」を、あれこれとデザインしてみる。

この時に、外見だけではなく、欲しい「機能」も追加してデザインすると
良いだろう。

ただし、この霊的身体は、日常生活では、自分の現在の身体とは重ねて
イメージはしないこと。それは睡眠中にだけ乗る、専門の乗り物だと自分で
定義しておく。

2＊＊＊
眠る時に、自分の横または部屋の上の空間など、自分の近くにイメージし、
自分のそばに置いておくイメージである。(半径1メートル以内に置くのが良い)

そして、眠る前に、まず自分の肉体から、抜け出して、
自作した、その「スペアの霊体」に、まずは乗り込んでみる。

その次に、「ミッション2」で行ったように、死者と行動を共にすることを試みてみる。

すると、霊体とその機能が変わったことで、以前に「ミッション2」で見えた
「層」とは違うものが、死後の死者たちの世界に見えるに違いない。

この手法の報告－1

今回の乗り物の基本デザインは二足歩行の昆虫タイプ、追加機能は「視界の拡大」です。

その乗り物に乗った状態で、国は日本、男性、50から60代、病院で亡くなった方の
死後に付き添ってみました。

死者に私の希望の承諾を得る際、私の乗り物のデザインを見て驚かれそうな予感が、
一瞬しましたので、普段より少し距離を置き、乗り物の輪郭をぼかした状態で
接触しました。死者には「肌が緑色の子供」などに認識されたかもしれません。

回収トンネル通過の際は、視界の拡大機能のおかげで、振り向かずとも、
前方にあるトンネルの行き先と、後方にある入り口が視界に入っており、
カメラのシャッターのような入り口のゲートが「シュッ」と閉まる様子をトンネル内
を通過しながら確認できました。
トンネルを通過した後の男性は、霧の中を歩いていました。

周囲の風景は、深い霧に覆われ見ることはできませんでしたが、
足元の草の生えた緑の地面と、男性の体はありました。
　男性はただ、歩いています。具体的な目的地があるわけではないようで、
「ここではない何処かに行きたい」や
「あそこにいるのは嫌だ」が行動の理由のようです。

最初、私はこの状況を、死後、思いの残る特定の場所に生きたがる死者に出会ってし
まったのだと解釈し、別の死者を探そうと考えましたが、移動の思念があるのに、
目的地の具体性がないので、暫く待っていたところ、回収が始まりました。

暫く霧の中を歩いたあと、視界が一気に開けました。
富士山の頂上の火口が眼下に見える、さらに高い場所、斜め上にいました。

そして、まぶしい光が現れ、光から「ここが終着点だ」と死者には告げられました。

開放感の大きな変動と、偉大そうに思える「何か」から終わりを告げられたことによ
り、死者はこれまで体験したことの無い感動の感情を体験し、出力し、
満足したようでした。

その時、私は乗り物の触覚を使い、この舞台セットのあちこちに触れていました。
死者が居る場所は富士山の上ではなく、半透明、銀色のカプセルの中です。

カプセルは死者の分析装置兼、回収装置です。
装置は中にいる死者を分析し、より高効率に エネルギー回収ができる状況を作り出し、内部に投影する機能があるようでした。
材質の一部は木材のバルサ材のように密度は少ないのですが、
私の思念よりも物質的(？)に安定している材料でした。
回収船はこのカプセルと回収チューブがワンセットになったユニットを船の下に
6つほど搭載していました。

「視界拡大機能」ですが、見える領域は増えても、その領域すべてに同じように注意力を向けることは難しいと実感しました。

目の前にある興味の対象に夢中になっている時は、視界に入っていても脅威の存在に気がつかないことも多々あると思いました。
特に、触覚で何かを探っている最中などは360度の視野があっても、
視野に意識を行き渡らすことは難しく思えました。

この生物デザインの場合には、視界から意識が逸れ、
思考する事に夢中になっている間は、外敵に対して無防備になり、
生存確率が一気に下がりそうです。
少なくとも、自分以外の食料となる為の生など私は望みません。
というのも、今回のデザインで、もしも惑星降下した場合、
私の望まないケースの一つが他の存在からの捕食です。

これを避ける為の視野拡大でもあったのですが、機能は十分でも乗り込む私の性質が足を引っ張っているように思えました。
又、外骨格の生物の場合には、音の聞こえ方も変化があるのだなと思いました。

今回は、これまでのミッションと比べて、「自分の理想の形態に関する体験」も多く出来ました。最初の感想は、「こんなはずではなかった」です。
たとえば、いくら視野が増えても、そこからの情報を処理できなければ意味がないと、つくづく思いました。

この手法の報告－2

以下は私(崩残)が試した時の話です。
まず、どのような霊的身体のデザインで死者に連れ添ってみるか、という点では、今回は私は「猫」の姿を選びました。
その猫は、無明庵の掲示板をご覧の方は「ブリジット」という名前で知っている猫です。

ブリジットという猫の性格が、やや小生意気であったことも、私の性質に合致していたという点と、私がふだんから、ブリジットの顔真似をしていたので、この猫のデザインは非常に使いやすかった。
したがって、以下で「その猫」がしゃべっている部分は、
ブリジットを擬人化した口調となっています。

死んだ直後の人を探したところ、四国の北西部に反応があった。
場所は、愛媛県の松山市から南東へ約100キロメールのところだった。

死亡したばかりなのは、80代後半のおばあちゃんだった。
仮名を「君枝(キミエ)」さんとしておく。
この人は、自宅で嘔吐したときに、嘔吐物が気管に詰まったか何か、
そのような事が原因で死亡した人だった。
このおばあちゃんには、息子夫婦がいるらしい。

おばあちゃんに猫として近づいた私は、こう言った。

猫「死んだんだから、もっと若い姿になっていいのよ」
(ブリジットはムーミンの「ミイ」みたいなので、文中では、女の子の口調になります)

君枝さんは、さすがにまだ死んだばかりで、戸惑っているようで、
とてもまだそんな変身をする余裕はないようだった。

「あー、私、死んじゃったんだねー」と、しばらくは、そればかりを言っていた。

そこで私は言った。

猫「だったら、おばあちゃんは、姿まで若くならなくていいからさ、
　　足腰ぐらいは、しゃきんとしていいのよ。だって、もう体がないから、どこも痛かっ
　　たりはしないんだからね。ほら、足腰なんか、もうどこも痛くないの分かるよね？」

しかし、君枝さんはまだ自分が死んだことを受け入れるのに手間取っていた。
そこで、私は言った。

猫「おばあちゃんは、誰か、会いたい人いないの？」

君枝さん「私よりも前に死んだ、おとうさんかな」

すると、君枝さんの旦那さんが、オーダーどおりに向こうから現れた。
「うぁ、これはいかにも胡散臭いな」と私は思った。

こうして、死んだ人が会いたい人を見せるシステムが明らかに作動している
のだが、なぜ死者に見せるのかには理由がある。そこで私は君枝さんに言った。

猫「ご亭主との、思い出話とかしてごらん」

すると、君枝さんの旦那さんは、君枝さんの話には乗らず、
「あー、そんなこともあったっけね」などと話を誤魔化しているようで、
その代わりに、その旦那の姿は、しきりに、こう言った。

ダミーの旦那「それよりも、私と一緒に来てください。
　　　　　　　向こうでゆっくり話しましょう」

そう、これが死者に対する第一のトラップである。
会いたいと思った人を自動的に検出して、その記憶から人工的に映像を見せること。
ところが、細かい記憶のデータはないので、当人同士しか知らない話を振っても、
それに対しては、ほとんど反応しないように作られている。

そういう話題に対しては、「懐かしい話だね」「そんなこともありましたね」といった、「定型文」を返答するようにプログラムは出来ているようだった。

私は君枝さんに言った。

猫「おばあちゃん、これは、お父さん(旦那さん)の幻影なんだよ。
　　ちゃんと話をしてくれないで、おばあちゃんを、とにかく次の世界に連れてゆく事だけが、あの姿の目的だから、無視するといいよ」

まだ、状況をよく理解できていないあばあちゃんだったが、
とにかく、そこでダミーの旦那は消えてくれた。
私は、こういった。

猫「おばあちゃんは、どこか行きたいところは？おばあちゃんの好きなものは何？」

すると君枝さんは、どうやら洋画が好きだったようで、その中にはポール・ニューマンとかの、お気に入りの男優さんもいたようだった。それに、おばあちゃんは、
どちらかというと、西洋風のデザインが好きだったということが分かった。

しかし、まだおばあちゃんの意識がはっきりとはしていなかったので、
私は、わざと「君枝ちゃん」と呼んでみた。
若いころの呼び名を聞けば、死ぬ直前に老人だった君枝さんよりも、
はっきりとしたキャラクターが出てくるかもしれないと思ったからだ。
すると案の定、「君枝ちゃん」と呼ぶと、おばあちゃんは、目を少し大きく見開くようになることが分かった。

そこで、君枝さんには、まず「自分の好きな年齢の姿になっていいんだよ」
という事を私は告げた。
しかし君枝さんは、まだその提案には馴染めず、依然として老人の姿だった。

ほどなくすると、私と君枝さんの周囲は、いわゆる「お花畑」になっていた。

私は君枝さんに言った。

猫「君枝ちゃん。じゃー、年齢はそのままでいいから、服装だけでも、自分の好きなものにしたらどうかしら？」
すると、君枝さんは着物姿に変わった。

猫「いや、着物って、ここじゃ、ちょっと動きにくいんじゃないかな」
すると、君枝さんはモンペ姿になった。
そればかりか、その姿のまま花を摘みはじめたのだった。
それも、乙女が花を摘むようにではなく、まるで作物を収穫するかのような手つきで、とても手際の良い勢いである。まるで農作業だ。それを見た私は、思わず言った。
猫「あ、ちがうよ、ちがうってば。
　君枝ちゃんったら、何も、こんなところで、花なんか摘まなくていいんだって。
　ここじゃ、誰も、仕事をする必要なんか、ないんだってば」

続けて私はこう言った。

猫「それよりもね、あたしたちが、こうしていると、そのうち、あっちの方に、
　空から一筋の光が照らされて、なんとなく、そっちに行くのがいいような気がしちゃうことになるよ。でも、それはまやかしの光だから、いっちゃ駄目だからね」

にしても、花畑で君枝さんと猫の2人だけで突っ立っているのもなんなので、
とりあえず、二人でゆっくり話せるような、小さな家を出現させようと私は思った。

「好きな家を想ってごらん」と言うと、君枝さんのイメージした家が現れたが、
それは、いわゆる現代の「なんとかハウス」風の、わりと味気ない家だった。そこで、

猫「こういうほうが、この畑の中じゃ、風情があるんじゃない？」
　と言って、囲炉裏端のある、古民家を出現させた。
ところが、これには、すかさず、君枝さんは反応した。

君枝さん「あ、それは私は嫌いなの。だって、そういう家で苦労した思い出しかなく

て、古い家での生活には良い思い出がないから」

なるほど、「古民家」なんつーものは、私達の世代が見ると、ちょっとした、レトロさやノスタルジーや憧れを感じるものだが、実際にその時代に、そういう家屋で子供時代を過ごした人達にとっては、むしろ不便さなどの嫌な思い出があるものなんだなと。だから君枝さんにとっては、古き時代の家屋よりも現代的な家の方が、安心感があるのだということが私にも理解できた。
私のミッションは、とりあえず、死者が、自分の見たい風景や、会いたい人の映像演出に誘導されて、光に回収されるまでだったはずだが、
ここで、私は君枝さんに、次の生を出来るだけ良い条件で選んでもらえるようには出来ないか、という事を考え始めた。
そこで君枝さんに、こう切り出してみた。

猫「君枝ちゃんは、このあと、次に、どういう人間に生まれたいのかを、変な人に尋ねられることになるんだよ。でも、どういう人に生まれたいかという望みはあるの？」

君枝さん「そう聞かれると、すぐには、思いつかないものね」

猫「男がいいとか、また女の人がいいとか、日本がいいとか、また誰かに会いたいとか、そういうのは？　あ、でも日本はやめた方がいいよね。まだ覚えているだろうけど、四国も実際には、放射能汚染がひどかったから」

君枝さん「そうね、どっちがいいか、少し迷ったんだけど、
　　　　　今度は男の人になりたいな」

猫「でも、それだけだと駄目だよ。それだけだったら、とんでもないところに生まれるかもしれないよ。それにとんでもなくわがままな奥さんと結婚してしまったり、すごく、貧しいところに生まれたり、戦争のあるところだったりと。

　でも、君枝ちゃんが次に行く世界では、役人みたいな人が、きっと、こう言うんだ。『あとの人達が詰まっているから、早く決めてくださいね。

このあたりがお勧めですよ』

でも、そういうのは、よくない家を売ろうとするセールスマンと同じなんだ。だから、この家の中で、しばらくあたしと話して、君枝ちゃんの望みを、はっきりしてみない？」
すると君枝さんは、その話に納得したようで、しばし、この家の中で、私と話をすることに同意してくれた。

このころには、ようやく君枝さんの目の焦点がはっきりしてきた。
ふと、君枝さんが私を見て言った。

「猫ちゃんは、どこから来たの？」

猫「それは、ひみつ」

だが、こういう質問が出てくるようになったということは、かなり君枝さんの意識的な自覚が戻ってきた証拠である。これならば、君枝さんが、私の説明する注意事項を理解できたら、次の生で、大きな失敗をしなくて済むかもしれないと、私はもくろんだ。

ところで、この時、空中の高いところに、君枝さんを回収しようとする、赤い色の吸い込み口のようなものが見えたので、早く家の中に避難しようと私は思った。
最初の計画内容を逸脱するが、私は君枝さんが次のゲートを通過して、生の契約をするところまで猫の姿をしたアドバイザーとして、付添い人になれるかどうかを考えてみた。

猫の姿の付添い人で、しかもまだ死んでないとなれば、この霊界の役場では、『元の世界に帰りなさい』と言われる可能性もあるが、うまくいけば、君枝さん以外には、この猫の姿すらも、彼らには認識されないかもしれない。

出来るかどうかは不明だが、君枝さんには、出来たら、次は日本ではなくて、デンマークみたいな国を選んで欲しいと私は思ったのである。ちょっと計画になかったミッションだが、とりあえず「受付の相談所」まで行ってみようか、と私は考えた。

ただ、その前に、せっかく年齢を自由に設定できるのだから、君枝さんには、
せめて30代の姿にして欲しかったのだが、まだそのことには興味がないようであった。

すると、今度は左の方に、真っ黒な楕円形の穴が出現した。
どうやら、これは、この花畑または、死後の「一時休息施設」にいる人間が、
次の回収口に行く事を理由もなく延期していると、人間に脅しをかけるシステムの一
種だろうと私は理解した。つまり、

『そんなところで、いつまでも、うろうろしてると、その黒い穴に引き込まれますよ』
という、遠回りで、わりとチープな脅しなのであった。

死後に人間がどこかでその動きを停滞させると、システムの方は、もしも第一段階で、
「死者が、会いたがっている人、行きたい場所」で死者を誘導できなかった場合には、
こうした、やんわりとした「脅し」を少しずつかけてくるのだろうと思った。

そう考えれば、次にやってくるのは、おそらくは私と君枝さんを脅しにくる、何らかの
「脅威に見える生物」の幻影か、または、風雨や雷などの「自然現象」の幻影になる
だろうと私は予測した。
しかし、立ち話もなんなので、とにかく君枝さんの想像で現れた家に入ることにした。
こうして、猫の私と、君枝さんは、お花畑の真ん中に作った、小さな家の中で、
君枝さんの未来について、話すこととなった。

猫の姿の私が、若い君枝さんをナンパするなんて事はあり得ないんだから、ちょっと
は若い姿にしてくれてもいいんだが、依然として、君枝さんは80代の姿のままだった。

まー、あとで人間のひざに、スリスリしてみて、彼女の反応でも見てから、
『若返えることを、やんわりと、お勧めしてみようかな』と、私は思った。
それに、いつもは、私が猫に甘えられる立場だが、逆に猫として人間に甘える気持ちが
どんなものか、ちょっとだけ味わってみるか、という余計な横道にも、私の関心はズレ
はじめていた。さすがに「これはいかん」と思い、気を取り直して私はこう切り出した。

猫「君枝ちゃんは、もしも、次の生活が、貴女の願いどおりになるとしたら、次は、どんな国に、どんな人として、どんな両親の所に生まれて、どんな仕事をしたり、どんな生き方がしたいの？」

そうして、私は、君枝さんに、生の希望事項を契約するときの注意点や、確認のために質問した方がいいことを、手短に説明した。
だが、その後、君枝さんがシステムに回収されてからは、どうなったかは私も知らない。

なぜならば、私が当初予定していた、契約を取り決める「役所の受付」には、
私は「付き添わなかった」からである。
私が付き添うことを断念した理由は、何よりも、そこでトラブルが生じた場合に、
君枝さんをも巻き込むだけではなく、私自身と地球管理局の役所の者たちとの間に、
予測外の事態が起きかねないからであった。
例えば、契約の現場で君枝さんに私が耳打ちして助言すれば、必ず私は検知システムにひっかかって発見されるだろう。そこで単に私一人が帰るだけで、事が済めばいいが、契約事項全般に対して、私が突っ込みを入れたり質問をした場合に、彼らは私に対して、「どこの誰だ？」という事を、質問してくるに違いない。

また、もしも私が、彼らの契約方式に不正がある事を発見した場合、そこで私がそれを「不正行為だ」と指摘すれば、そのとたんに役人の上司が登場し、さらに、
そのまた上の階級の者が登場することになるのが定番である。

そこで、仮に私が公務にある「調査員」である事を告げたらば、不正行為を指摘されたという事に、彼らが不快感や警戒心を示したり、さらには発覚を隠蔽せんとするならば、管理システム全体が、私に対して危害を加える事態も想定しなければならない。

つまり、その現場で、私は彼らの契約形式や誘導方法を「不正行為」だと指摘する事は可能であっても、私には「逮捕権」などの公権力は全くないのである。
私は、終始、ただの「調査員」であるのみであり、それ以上の立場ではない。

これがスパイ映画や戦争映画ならば、単独で敵陣に乗り込んだ私に、危険が及んだ場合には、味方の軍隊や部隊や空軍が、援護のバックアップをしてくれる、という話になるものなのだが、残念ながら、このミッションでは、私には護衛隊員は一人もいない。いわば、「FBIが、自分の身分証明書を、絶対に相手に見せるべきではない」ような局面に私が立つハメになってしまう恐れが、十分にあり得るのである。

単なるシミュレーションに過ぎないとは言っても、下手な動きをした結果、死後の世界での、双方の利害関係に、もしもトラブルが発生したらば、こちら側に戻った私の心身にも何かの異変が起きないとも限らない。
そして、何よりも、管理局側が私に気づいたらば、自我復元の事を相手に知られたり、さらには、自我復元者全体にも、迷惑がかかりかねない、という懸念があったのである。

だから、私は、別れ際に、君枝さんに、こう言った。

猫「もしも、次に、君枝ちゃんのに目前に出てくる世界で生の契約の場面が出てきたら、本当に気に入った条件のものが出てくるまでは、『後ろの人を、私よりも先にどうぞ』と言って、そうやって『列の一番後ろ』に並んで、時間を稼いでいる間に、よく考えて、もっと条件のいい生を望んでもいいんだ、という事を、絶対に忘れないでね。

でね、これだけはよく覚えておいてね。一番注意しないとダメなのは『この契約ならば、何年も待たなくてもいいですから』というあの人たちの手口よ。そして『そんな望みは、あなたには分不相応だ、貪欲だ』とか誰かに言われても、相手の言うことに折れて、自分の希望する未来に妥協なんかしたら、絶対に、絶対に、絶対に、ダメよ」

死後のミッションのテスト－その4

前述の機能とデザインを装備した「スペアの霊体」に入り込んでから、
今度は、「ミッション1」のように、銀河系の中心部に向かい、そこで、
「旅行代理店と、やりとり」をしてみる。

つまり、これまでの三つのミッションを組み合わせた「完成品」である。

前述の「ミッション3」では、新しく自分で創った霊的身体であるので、
「ミッション2」の時のような、「現在の霊的身体で、死後の世界を見た時」
とは、異なる情景が見えたことだろう。

それと、同様に、自分で創った霊的身体で、銀河系の中心で、交渉をして
みれば、最初の時のような「現在の霊的身体ではない身体」で行くので、
当然、「交渉できる能力」は、格段に上がっているはずである。

これらの「ミッションの1から4」を経たらば、それ以後は、
「ミッション4だけ」を繰り返せばいい。
「ミッション3」までは、重要な練習と、見慣れない世界に慣れるための、
「プロセス」であったが、経験が終わったあとは反復練習する必要はない。

この手法の報告－1

乗り物の形態と機能は前回の昆虫タイプ。
情報処理の不満は「頭頂留意」を可能な限り使用し、乗り物の機能付加ではなく、
まずは乗り込む私自身が補うことにしました。

ミッションでは乗り物を使うことにより、空港の見え方が違っていたのが印象的でした。
空港は横方向にも広がり、前回は左右に壁があるトンネル状の空港でしたが、
今回は壁がなく、左右方向にも空間が広がっていました。
空港内は以前よりも賑わっているように見えました。他の旅行者も増えている。

視点を上げ、空港を見下ろすと、空港は円盤状、バウムクーヘンのような造りでした。
中心部分にゲートがあり、旅行者はここから他の星や宇宙に移動できるようです。
旅行者は、入り口のある外周から出口のある中心へと進みながら、
旅行先を選択していくようです。外周の壁は透明で、宇宙空間が見えます。

中心には、床から天井まで突き抜けるように、中が空洞の柱がありました。
空洞の中は空港とは違う空間となっており、ここからの出口として機能しています。
その空間と空港の内部を仕切る役目をしている柱の表面は、
光の筋が流れているように見えました。
最初は光の柱に見えましたが、よく見ると、単なる光っている柱でした。
受付に目を向けるとダンゴムシの他、赤いムカデや緑の芋虫、青い半透明の気体状の
受付係りなどが見えました。
中心を囲んで放射状に受付が配置されています。

ダンゴムシはこの間、侵蝕してしまったので、少し距離を置こうと考えました。
今回は、選択枝も増えたので、赤いムカデがいる受付を選択。
(なぜかムカデの顔の造形に親近感がある。以前垣間見た自身の過去の形態や、
部分的に今の自分の乗り物のデザインに近いからもしれない)紹介された、旅行代理
店のツアーの内容には、「垂直方向の世界移動」が加わっていました。

そこで、前回までは、水平方向の世界の移動しか選択枝が無かったことに気がつく。
ツアーの内容は、メドレー的に多彩な生物体験ができる「単細胞生物からより複雑な
構造を持った生物への進化の体験ツアー」や、次元変化にともなう身体の変化と、
精神の変化を体験できる「次元変化体験ツアー」、
その他にも、他種族の次元変化を操作するプロジェクトなどがありました。
この体験のあとは、一部のミステリーサークルのデザインが空港の空間デザインや、
空港内の情報伝達の回路図のように思えてきました。

二回目は、別の形態を使ってみました。頭の尖がったグレイタイプです。
空港に着いてみると、ミッション1の情景に戻っていました。奥行きはあるのですが、
左右方向に壁ができており、前回より認識できる範囲が極端に狭まっていました。
受付もダンゴ虫しかいませんでした。

私の中での宇宙人イメージの筆頭だったので、これを使えば、さらに選択枝が広がるかもしれないと期待していましたが、実際は、乗り物を使わない状態と変わりませんでした。
この乗り物を検証すると、99パーセントは他人からの受け売りで構成されており、オリジナリティが極端に少ないことが特徴です。
このような形態は、ここでは選択枝が狭まるようです。
又、オリジナリティのある形態を使うと、今は移動できなくても、
さらに空港の上下方向にも、別の領域があることがなんとなくわかるのですが、
受け売りデザインでは、それがまったくありません。
上下左右の壁の表面までしか認識できませんでした。
引き続き、ミッションと宇宙の中心の探索してみます。

この手法の報告－２

私個人は、この手法を20代のころに頻繁に使っていた。
当時は、私の存在のデザインは、幾何学図形のような生物に統一をしていた。

そればかりではなく、私は自分で設計した船体を銀河系の中心に滞空させているというヴィジョンを、9年間の長期に渡って、完全に固定させていた。その船体は、主要な18の部屋（機能）を持つ、私の宇宙ステーションだったが、ずいぶん前に、その区画からは撤退をさせた。
情報収集という用途に限れば、銀河の中心部にある、（案内センターを含む）いくつかの「施設」は、パスワードや権限なしには、通過したりアクセスできない領域もあった。

しかし「情報を何に使用するのか？」という、得た情報の「使用目的」さえ、きちんと明確にすれば、コンピューターやアンドロイドを含む「スタッフら」は、わりと親切に、どんな情報も、当時の私に教えてくれた事を、今でも覚えている。

私達が属している「この銀河系」に限ればであるが、ここの銀河系は、かなり社会的な統制も取れているといえる。ただし、これが「他の銀河系宇宙」の領域となると、
その様相は、いろいろと異なっているところもあるようだ。
しかし、皆さんにとっては、当面は私達の地球が属しているこの銀河系の中心付近に

アクセスすれば「私用に使うための情報」ならば、おおかたは足りると考えていいです。

■もしも私達のいるこの銀河系でシンパシーを感じる対象が見つからない場合には、他の銀河系や、星団の情報を得るきっさかけとして、次のURLにあるハッブルの写真「ベスト100」をイメージの参考にしても良いでしょう。
http://www.spacetelescope.org/images/archive/top100/
（上記の画像集のサイトは、201年12月現在はありますが、なくなったらすいません）

宇宙地図

さて、これで、銀河系の中心部に行く時には、自分用にカスタマイズした
霊的身体によって、「旅行案内所」の職員とのやりとりのシミュレーションを
行ったわけである。
こうなると、実際に死んだ場合にも、この地球での転生システムや、
感情搾取のシステムには参入せずに、自分の作ったルートで、
太陽の中心から銀河系の中心へと向かうことになる。
この銀河系中心部を、便宜上、**世界5『銀河の中心』**としておく。

ただ、ここまで書いておきながら、その銀河系の中心にある観光案内でも
問題が発生する場合がある。
それは、銀河系の中心付近にある、旅行代理店に入り浸って探した中に、
自分の転生先の候補地が見つからなかった場合である。
見つからない場合の理由のほとんどは、どの行き先の別の宇宙も、
「魅力的に見えなかった」というケースが多い。
そこで、この場合には、案内所で、次のように意志表示をすることだ。

『沢山の銀河系が回っている、その中心部に、私を案内してください。
現在の、ここの案内所では、私が次に希望する生存場所は、
見つかりませんでした』

すると、おそらくは、灰色がかった色の別室に案内されるだろう。
その別室は、空間を移動するためのものではなくて、
次元を移動するものである。

世界4『粒砂』(りゅうさ)

ここに入り、あなたが到達する世界は、それまでとは全く様相が変ってくる。
銀河系の中心部が、まるで騒音のする「繁華街」だったとすると、
そうした銀河系そのものが、周回している流れの中心部を指定すると、
それまでの繁華街のような雰囲気からは一転する。

その世界は、光と色と音などの有機性が、完全に落ちた世界である。
まるで、全電源が落ちた世界のようだ。
何かが「終わった」あとの雰囲気ようなものが充満している。

もしも、喩えるならば、「映画の上映が終わった後の映画館」のようだ。
しかも、人も全くいない。
ここに入った時に主観的な感覚は、そこに、次元を昇る方向と、下る方向の
そのどちらの方向から入ったか、で大きく異なるが、それ以外にも、個人に
よって異なるものとなる。

個人的な記憶や解釈によって、認識が異なる部分はあるが、総体としては、

「何かが終わった静けさ」
「荒涼として不毛な雰囲気」
「色も音もなく、静止したような空間」
「温度が落ちた感覚」

むろん、ここは闇の世界ではないのであるが、少なくとも、その直前にいた、
あの慌しい「繁華街」のような雰囲気は、ひとかけらもなくなっている。
おそらくは、銀河系を脱して、次のこの『世界４』に来た者の多くが、
その荒涼とした空間に留まることが感覚的に出来なくて、
繁華街の雑音が恋しくて、銀河系に戻ることになると推測される。

余談ながら、この世界に入るときに、銀河系の中心からここへ移動すると、
あたかも、「終わった宇宙劇」が荒涼として横たわっているような、
寒々しい世界として感じるかもしれない。
しかし、逆に、上の『世界３』からこの世界に移動した時には、
この世界は、「静止した絵画」または、物質宇宙ではない空間に感じる。

ちなみに、私が本書の冒頭に語った私の転生の物語において、
私が最初に存在していた空間は、次の『世界３』である。

そしてこの、何かが静止したかのように錯覚する『世界4』に下降したとき、
最初に認識したのが、空間に浮かぶ「あの模様」であった。
物質宇宙との接点となった、例の「模様」である。

世界3『彩球』(さいきゅう)

前述の『世界4』から、さらにその「世界3が回っている中心部」に、
アクセスをすると、次に現れるのが、球体である。
まるで、音楽に合わせて、虹のように、さまざまに色が変化する光の線が、
その球体の表面を、蛇のように這い回っているように私には見える。

なお、この球体の「内部」にいる時には、自分の周辺の空間に、
いろいろな色の光の運動が観察される。私が最初にいた空間である。
ただし、むろん、この『世界3』が究極的な領域ではないことは、
『世界3』の中で十分に認識していたため、私の意識は、ときおり、
これに続く、『世界2』と『世界1』とを、往復をしていた。

世界2『軸線』(じくせん)

前述の『世界3』から、さらに世界3のような球体がいくつも周回しているその中心部
をさらに探すと、次に遭遇するのが、「鉄骨」のフレームのようなものだけで
出来ている、「構造物」の世界である。

さながら、それは建築物の「骨組みだけ」で構成された世界のように見える。
骨組みといっても、いわゆるビル建築の骨組みではなくて、
むしろ、「塔」のような構築物の「骨組みのフレーム」に似ている。
まるで、色もない直線だけで出来た、幾何学的な空間のようである。

世界1『基点』(きてん)

ここは、原初意識の場であり、喩えるならば、「純粋光」の領域といえる。
ここではあらゆる「意味」が失われているので、

記載する特徴は、何ひとつもない。「宇宙の素材それ自体」の場といえる。
『世界3』の球体の中には、『世界2』の骨組みによってプログラムされた
彩光の運動が見られたが、この『世界1』には、運動性はない。

『世界3』の彩光を放つ球体が、ときおり、究極的な超越的世界であるとの
誤解をされることが地球では多かったようである。
確かに、『世界3』は善悪を超越しているが、
運動性、つまり「対象化作用」それ自体まではまだ超越していないのである。

世界0『零空』(れいくう)又は「非在の絶対無の闇」

『世界1』と「表裏の関係」にあるのではなく、
世界1そのものの「背景の母体」を構成するのが、この「無」である。

ここには、

いかなる宇宙も、
いかなる観察意識も、
いかなる対象化現象も、
いかなる運動も存在しない。

全く、何も、存在しないのである。

そこには、「何も存在していない」という認識は、
『世界1』の中からのみ、相対化して生ずるものであり、
『世界0』の中にあっては、そのような認識すら存在し得ない。

何もない、と言う主体もいないままに、何もないのであるから、
正しくは、「ない」とすらも、いえない。

この領域は、意識が、直接的に経験する事は不可能であり、
もしも「宇宙のこの領域は無である」と認識したとしたら、

それは、無の領域そのものにいるのではなくて、
『世界1』から無を見たのであるから、
あくまでも、『世界1』に到達した、という事である。

しかし、本当の『世界0』それ自体は、
限定も際限も全くない、絶対的な闇としての「無」である。

境界線という限界がないので、ここは「宇宙」ではない。
ここを「領域」または「次元」と呼ぶことすらも出来ない。

宇宙地図

回転軸の中心	世界番号	水素番号
惑星の中心	世界7	H96
恒星の中心	世界6	H48
銀河の中心	世界5	H24
粒砂	世界4	H12
彩球	世界3	H6
軸線	世界2	H3
基点	世界1	H1
零空	世界0	H0

悟りという現象について

さて最後の話であるが、地球で、かなりの混乱を生み出し、「人騒がせ」な
トラブルばかりを引き起こした現象のひとつに「悟り」というものがあった。

この体験または現象のルーツは宇宙の発生そのものと等しいぐらいに古い
ものであり、私個人が知るかぎりでは、地球ですら、ブッダより遥かに以前から、
それは繰り返し経験されてきた。つまりブッダは開祖ではない。

この悟りというものの意識現象を一言に言えば、
「それ自体」以外の全てのものが、それの「障害」となるということである。

普通の意味での「進化」とか「成長」というものが学習や経験の結果として
積み重ねられて成立しているのに対して、悟りの意識というものは、
逆に、何もそうした経験基盤を必要としないのが特徴である。
なぜならば、それは「経験以前」であるからである。
情報が多いほど悟りからは遠ざかり、知識が多いほど遠ざかり、
何か出来ると自負しているほど遠ざかり、自己同化があれば遠ざかり、
そればかりか、それを求めれば遠ざかり、それに関心を向けることさえも、そこから
遠ざかる結果となるものである。

「それ自体以外のもの全てがそれが顕在化することの障害になる」のであるから、
当然のことである。
最も根源的な意識に何かひとつでも付け加えた瞬間にそこから外れてしまう
というパラドキシカルな現象であったために、この悟りという分野は、
地球でしばしば、誤解と混乱と、争いと、愚かさを助長する結果となった。

特に自我が希釈された者たちに対して、この「悟り」について説明を試みた
何人かの賢者らの言葉は、この上もなく曲解され、それが地球でひとつの
大きな混乱を招いたことは否めない。

たとえば、悟りに至るには、

「何もするな」「何も考えるな」「それを求めるな」「それは知る事は出来ない」
といった、これらの言葉は、まぎれもなく100％正しい表現である。

しかし、希釈自我であった愚者たちは、その言葉を耳にしたときに、
「これならば、冴えない私でも出来そうだ」と思い込んだのである。
「ただ座っていればいい」「何もしなくていい」「苦行も必要ない」
「努力こそが障害になる」「無為自然」「あるがままでいい」と聞けば、
まるで、駄目で怠惰な自分を、肯定されているとすら勘違いする始末である。

一方で、全自我の地球人たちは、めったなことでは悟りなどには、興味すら持たなかった。なぜならば、彼らは不幸ではなかったからである。
むろんトラブルには巻き込まれても、彼らには、尊重すべき自我があった。

しかしその自我が希釈されて、非力だった多くの者たちは、自分の人生への不満や実現できなかった願望への不満や、さまざまな心理苦の解決と称して彼らが抱えた劣等感の解消のために、この「無為で自然でいい」という方法ならば、自分にも出来るかもしれない、と思い込んだのであった。

この、未熟な自我の持つ、歪んだ願望のターゲットにされた賢者は、
私の生きた時代にも数人いた。
私はそういう彼らの言葉に群がった、群衆の間違った姿勢を、
「一発逆転的な、卑しい魂胆」と揶揄し続けた。

既に述べたように、そもそも、悟りという体験現象は、
それについて対象化しないほどに、それで在ることが出来るという点で、
その体験自体は、幼少期に、その一瞥を経験している人達も少数存在する。
子供のときには、思考の種類も少なく、情報も少ないために、
原初意識の側の比重が多くなるのもその原因であるが、
多くの場合には、地球上の子供というのは、その時期には感覚が優勢になり、
五感と運動感覚を学習するために、意識は身体と同化しやすい。

しかし稀にだが、身体との同化が希薄な状況におかれると、思考の少ない子供は、

短時間ではあるが、悟りの意識現象の中に浸るということもある。

しかし、こうした体験は、地球の社会環境の中では、徹底した苦痛を生ずる結果となる。なぜならば、地球の社会は、それとは真逆の価値観によって長年構築されたからである。

原初の意識以外に、何ひとつも付け加えてはならない、
それ自体で在る事以外にはそれを見ようとして目を向けてさえもいけない、という意識状態は、経験の積み重ねのうえに、人間やその創作物の価値を認めるという地球の社会とは、全く離反するものだったからである。
悟りというのは、ごく簡単にいえば、「リセット」または「再起動」なのであって、それは何かの進化や学習の結果ではない。
学習する以前である必要があり、知る以前に戻る必要がある。
つまり、可能なかぎりの、根源に「戻る」というのがその本質である。

私が認識したかぎりにおいては、かなり大雑把に区分しても、この悟りには、
3つの層がある。もっと細かくすることも可能だが、便宜上3つとした。
それは大悟、中悟、小悟であり、これはどの範囲の自我枠を超えたか、
ということで区分が成立する。

前述したように、地球では、「怠けたい者たち」「努力をしたくない者たち」、
「自己肯定してくれるものにすがる者たち」「考えたくない者たち」
「手抜きをしたい者たち」、つまり、
「より、楽をしたいと思った者たち」によって、悟りという分野は、
目を覆いたくなるほどに、汚されてしまった。
しかし、地球に限定すれば、ここで発達すべきものは、悟りではなくて、
自我だったのであり、ここで経験すべきものも、自我であったのである。

そして、その中から、もしも、その自我経験が飽和点と限界点に達した者が
いたとしたら、その時にその者は、悟りに移行せざるを得ないという、
必要性が自然発生したことだろう。
ただし、それには次に掲げる5つの全ての条件を、

完璧に満たしていなければ不可能なのであった。

1.「全自我」であること。

2.「普遍的な命題」について休みなく考え続け、苦しんでいること。

3.惨憺たる心理苦の中に、長期間いること。

4.死人禅か、それに類する効果のある行法を長期的に行ってきたこと。

5.自分が興味を持った楽しみについて、経験し終えて、決着がついていること。

だから、私は、これらを総合的に判断して、
本当に悟り以外に、他では埋め合わせが不可能と私が判断した者以外には、
悟りに関する、本格的な指導をすることは決してなかった。

前述した5大条件の、ひとつでも欠けていたら、それは必ず不完全な結果と
なるからである。たとえば、

1.「全自我」であること。
これは、絶対条件のひとつであるが、もしも希釈された自我のまま、
原初意識を垣間見ると、小悟どまりになり、自我復元をしないかぎりは、
一生そこから抜けられない。

2.「普遍的な命題」について休みなく考え続け、苦しんでいること。
この普遍的な問いが、どういう範囲と規模にまで及んでいるかということが、
超えられる自我壁の範囲を決定するものとなる。たとえば、地球や太陽系の
自我を超えても、銀河系の自我を超えられないといった制限が生じてしまう。

3.惨憺たる心理苦の中に、長期間いること。
単なる哲学的好奇心ではなく、心底その探求の中でもがいていないと
悟りは起きない。つまり死ぬかと思うほど、普遍性のあるテーマについて

思考をし続けることが必要である。
これは、悟りというものが、「思考中枢の上部」に位置するために、
人間が「悟る前」に行っていたことは、例外なく「極度に思考」している
という歴史があるのである。

4．死人禅か、それに類する効果のある行法を長期的に行ってきたこと。
これは、人間の場合には、頭頂部の中枢を酷使したかどうかと、
もうひとつは、絶対的とも思える、虚無や闇に接しているほどに、
原初意識に戻る確率が高いということである。

5．自分が興味を持った楽しみについて、経験し終えて、決着がついていること。
ひとつの小さな自我が、完全にその飽和に至らずに、不完全な状態になる
特に大きな原因は、性行為による快楽が満足出来なかった場合と、
社会的な劣等感や、自ら自身の中に、何かの達成が不完全に終わったという
悔いが残っている場合である。この要素は、かなり足をひっぱりやすい。
以上のような「5つの条件」が整ったときにのみ、悟りの意識は、
その起動を準備するのであるから、この5つのいずれかにでも、
不完全燃焼の手落ちがあれば、その者がどれだけのことをして絶望しても
その絶望自体が不完全なものに終わるため、戻った位置も不完全になり、
大悟には至らない。

こうした原初意識の問題は、そもそも地球人にとっての生存目的の主軸では
ないため、それは地球環境の中で、行うべきではなく、
むしろ、そうしたことを、宇宙が始まって以来、古代から連綿と続いている
領域の天体もあるので、そこへ移動したほうが良いと、私は地球の人達に
語った。

その「5つの準備」も整わず、自我も希釈されたままでは、話にならない。

だから、まずは全自我に戻るべきであり、
もしも、地球のこの人生の中で、下手に不完全な悟りを経験してしまった不幸な者が
いたとしたら、残された時間はもうないのであるから、その者たちも、

直ちに、自我復元をすべきである。

不完全な悟りの一瞥に陥った者は、全自我に復元することによって、小悟どまりという呪縛から、次の純度の悟りへと移行することも可能となるからである。

ただし、悟りに至ろうとするならば、自我復元だけでは、不十分であり、
依然として、「5つの条件」のうちの、4つを成熟させる必要がある。

私の地球での対外的な活動は、
その最初の10年は、この原初意識という体験現象である「悟り」に関する事
であり、その後の10年が、機能不全家族問題と、性の問題の解決法、
そして、最後の10年が、自我復元であった。

「悟り」という「意識体験」については、私の今回の生における、
対外的な活動期の「最初にテーマにした分野」であった。

それ故に、地球における、その「正しい位置づけ」については、
私も最後まで、少し気になっていたことなので、
そのことだけは、私が持ち帰る「報告書の内容の一部」としても、
ここで、整理をしておいた次第である。

第5章／私が地球で語ったこと
【『桜の間掲示板』からの、主要原稿の抜粋集】

第 5 章 / 私が地球で語ったこと（前半）

以下は、西暦2011年から翌年の10月まで無明庵の「性と死のホームページ」の中の「虚無宇宙からの伝言」のサイトの「掲示板」に書かれた投稿の抜粋である。

インターネットという媒体が、何らかの理由で、短期または長期的に使用が出来なくなった場合の為に、重要度の高いコンテンツだけを編集した。

主要な原稿を集めたので、あらためて印刷された文字として読むのは悪くないと思います。

コンテンツにより以下の二部に分けた。

■　前半
持論の雑記類‥150Pから

■　後半
自我復元に関連する投稿類…274Pから

持論の雑記類

●無明庵日記「猫の足跡＝その369＝」●形而上学的な話●

あなたの死より重要な問題は何ひとつない

これが無明庵の基本方針です。

例えば、

・現在、原発問題に、多くの関心と時間を費やしている人がいることだろう。

・また、別のところで、現在、借金の事で頭がいっぱいの人もいるだろう。

・また、いつ、どうやって自殺しようかで、頭がいっぱいの人もいるだろう。

・そして、昨日の不愉快な出来事で、頭がいっぱいの人もいるだろう。

・あるいは今日の初デートの事で、頭がいっぱいの人もいるだろう。

・また、今日もハローワークへいく事で、頭がいっぱいの人もいるだろう。

・そして、今日も、大した目的もなく、親の金で食わしてもらっている
　ニート生活をどう一日を過ごすかを、考えている者もいるだろう。

・そしてまた、今日の自分の病気や体調を心配している人、

・今日、戦争に行く人、

・今日、出産する人、

・今日、逮捕される人、

・今日も、刑務所の中で朝を迎えた人、

・今日も、自分の体を売らねば生きてゆけないと思っている人、

・今日も、原発で作業を片付ける人、

・今日も、朝から旦那と子供のご飯をつくる人、

・今日も、いやな会社に出かける人、

・今日も、朝っぱらから、くだらない性妄想をしている者、

・今日も、暇な人。

しかし、地球上の、全人類の、誰にとっても、
日ごろは、「それらの個々人の関心事」が、
その人のほとんど全てを支配していたとしても、

それらの問題が、ことごとく、二次的なものになってしまう、
そういう状況がある。

それが、

あなたのその肉体の命が、本日かぎりであると、「死」を宣告された場合である。

●では、その時に、唯一、重要な問題になることは何であるか？

そうなったら、あなたの中から、テレビのニュースなど吹っ飛んでしまう。
自分がこれから死ぬというときに、
自分の死に向き合う以上に重要な事など、何もないからである。

また、あなたは、自分の家族のことを心配するかもしれないが、
そんなことは、実際には、二次的なことなのである。

●今までの人生でどのような大きなことがあったにせよ、
あなたが、死の宣告を前にして考えるべきことは、
社会のことでもなければ、他人のことでもなければ、宗教のことでもない。
そこで思うであろうこと、また、思うべきことはたった二つしかない。

１．生きてきた、この自分とは何であったのか？

２．これから死んだらどうなるのか？

その二つのみ。
無神論者または無宗教、というより唯物主義者は、「２」については
考慮する必要はないので、「１」が、万人にとっての共通の問題となるだろう。

●ここで、自分が「宇宙の塵のひとつですらもない」と本気で思うことが
出来る人がいるならば、それは結構な話なのだが、

それにしては、その人たちは、自分が宇宙の塵にも満たないなどという、
そんな謙虚な姿勢で、それまでの人生を生きてきた形跡はどこにもない。

たとえ、自己主張をする場所が、ネット内であれ、家族内であれ、
社会の中であれ、あるいはその者の脳内妄想の中だけであれ、

・自分は少しでも、何かの役に立った、

・自分は少しでも、生きた意味があったのだ、

・自分には価値はないとしても、人間には価値があったと、

そのように、何の根拠も、証拠すらもなしに、自分の願望を投影し、

ちっとも、自分を「宇宙の塵にも満たない」などとは思ってもいない、
それが人類の大半の持つ、習慣的思考である。

●さて、死というものが明日の朝にやってくるとしたら、

「あなたは、何であったのか？」あるいは、
「死ぬまでのその間の今日、たった今、あなたは何であるのか？」

ということが唯一そこで問題になると、私は言った。
これに異を唱えて、「自分のことよりも他者の事が重要だ」とか思い込んでいる者が
いたとしたら、それは、相当の偽善者か、もしくは、相当に、軽薄な人生を過ごしてき
たか、あるいは、一度たりとも、生について自分に問いかけたことのない人で、
ほとんど条件反射だけで、生存してきた生物、ということになるだろう。

●さてここで、少し分かりやすい話にしましょう。

私は、1997年にこのサイトを執筆し初めて以来、
一貫して、皆さんが、単なる「習慣」で、テレビ、ネット、パソコン、携帯電話、ゲーム、
それらに、のめりこむ事を禁じ、無駄に本を読みあさることを禁じ、さらには、
リアルの世界であれ、ネットの世界であれ、
「おしゃべりをやめろ」と言う理由は、
そんなことを、毎日、「朝っぱら」から繰り返していたら、
あなたは、人間として「最も基本的なこと」を忘れてしまうからである。

●しかし、そうならないためには、

**あなたが朝に、目が覚めて、起きたら真っ先にやらねばならなことは、「何もしない」
ということが必要である。**

もしも、ひとたび、あなたが何かを始めれば、あなたは、まったくコントロールもされ
ていない、単なる習慣的な、連想の狂気の中に、飛び込んでしまうからである。
私に言わせれば、それは、「意識の自殺」である。

あなたは、あなたにとって、最も重要なことを、忘却するために、
あるいは、忘却したくなくとも、忘却せざるを得ない状況で、
朝っぱらから、あなたの自身の「今日という生活」を開始してしまう。

●しかし、それは、駄目だ。
それは、狂人になることと同じだ。
そこから開始された、あなたの今日、一日が、
政治家としての一日であれ、ジャーナリストとしての一日であれ、
主婦としての一日であれ、サラリーマンとしての一日であれ、
ニートとしての一日であれ、監獄の囚人としての一日であれ、
病棟の病人としての一日であれ、どんな一日になるにしても、

その一日の始まりを、決して、自動的に開始してはならない。
絶対に、そこで、立ち止まりなさい。

●さて、あなたという存在、いや正確に言うと、
「あなたが存在しているという感覚」は、一日の始まりにおいて、
どのように開始されるか、
それを見極めるためにも、朝起きたらば、まずは、何もするな。
もっと正確に言えば、

目を閉じて、何も見るな。

耳までふさぐ必要はないが、それでも、情報を放つようなテレビや
ネットか、音源の電源を入れるな。

だから、出来るならば、これはまだ世の中の外の騒音が始まる前の
早朝が良い。

●あなたはまず、目が覚めたら、そこにじっとしていなさい。
そして「外界からの刺激」で、受動的に、無自覚のうちに、
あなたの妄想の連想が始まるのを避けるために、

目を閉じたままでいること。

●さて、ここでひとつ、あなたに問いがある。

あなたは、一体、どうして、あなたがそこにいると、自覚をできるのか？

あなたが、そこにいると思っている事が、実は、すでに死んでしまったのに、
まだ生きていると「錯覚しているのではないか」とは、どうして思わないのか？
もしもあなたが、突然に昨日までの記憶を喪失したら、あなたは
その朝、自分を、どう認識できるのか？

もしも、あなたが、目が覚め時に、突然見たこともない場所にいたら、
あなたは、昨日との連続性を、どう認識出来るのだろうか？

●つまり、

毎朝、一体、何によって、あなたは、
「あなた」、つまり「自分」がそこにいると、思い込むことが出来ているのか？

●この答えは、簡単である。考えるまでもないことである。

1．ひとつは、朝目が覚めたときに、あなたは、自分の手足とそして肉体が
　　昨日に見たそれと同じであることを確認し、
　　それによって「昨日の自分と同じ体にいる」と認識する。

2．次に、目を開け、耳を澄ませば、昨日と同じ部屋にいることを知覚する。

しかし、ここまでは、記憶喪失になった人たちでも認識することだ。では、その次だ。

3．次に、あなたは、どういうわけか、
　　あなたの頭が、「思考の起動」を始めると、何を見ても、何を聞いても、
　　ほぼ昨日と似たような「連想」をし、昨日と似たような「同じ思考」を再生し始める。

●つまり、もしも、これらのあなたの「知覚してゆくもの」を、
パソコンの画面にたとえるならば、
起動したら、「いつもと同じ起動画面」があり、いつもと同じアイコンがあり、
いつもと同じ、お気に入りや、メールソフトを開き、
そういう「同一性」によって、あなたは、「昨日と似た今日をはじめる」
ところが、起動した瞬間に、まったく見たこともない画面だったら、
あなたはどうなるだろうか？
何が自分のパソコンに起きたか分からずに、しばらくパニックになるだろう。

●このように、朝目がさめた直後に、すぐにあなたは、
「自分というものである」のではなく、
わずか、数秒の間に、

・肉体が、昨日の自分のものと、同一であることを確認し、

・生活している位置（自宅）が同じであることを確認し、

・ついでに、ご自分の頭の中身が、昨日と変わっていないことを確認し、
　そうして、あなたは、「とりあえず、今日も生きている」ということを
　確認している。

●これは実際には、毎朝、「高速で」繰り返されていることだ。

しかし、あなたはあまりにも、意識がなくて、無自覚なので、こうしたプロセスを客観
視して観察したこともなければ、こうしたことについて、深く考えたこともない。

つまり、「自分とは何であるのか？」という、死ぬ直前になってから、
ようやく本気になって、あわてて考えることについて、日々の生活の中では、
すっかり、忘却してしまっているということである。

そこで、もしもあなたが本気で、自分が何であるのかを思い出したいので
あれば、仕事を持っている人は、

「翌朝の、休日の朝に起きたら、しばらく何もしない」と休日の前に、
強く決心して、眠りにつくことである。

そして、その休日の朝に起きたらば、目をあけず、じっとしていること。

●しかし、じっとしていろといっても、あなたは自分の身体の感覚や、布団と接している自分の体重の感覚、そして、外から聞こえてくる音、そうしたものによって、自分が起きて、意識がそこにあるということをまず認識するだろう。

●しかし、問題はここから先である。

いつもならば、あなたは、まったく何も注意せず、何も疑問に思わず、
まったく何も考えずに、トイレに行き、歯を磨き、
テレビやネットのスイッチを入れ、携帯のメールを確認し、お茶やコーヒーを飲んで、
昨日と、まったくかわりのない、自分であることの「確認」を始めてしまう。

そして、その後に起きる、まる一日中の、あなたの妄想、連想、感情、思考、
そして関心の方向性は、ほとんど「習慣」によって機械的に作動し、
あなたは、自分で自分の生をコントロールしているように思い込んでいる
だけで、その大半は、「無自覚な反射」によって、思考を続けている。

●しかし、朝起きたときに、自分がそこにいる、という、
ただそれだけの感覚に、しばらく注意し、それを意識し、
次に、目を閉じたままで自分の頭の中に去来する、思考やイメージや
記憶の連想を、じっと観察してみることだ。

それを続ければ、そうした自己の脳内観察は、何の苦もなく、
２時間でもやっていられるはずだ。(途中でトイレに行くのは構わない)

●あなたは目を閉じたままにしていると、あなたの関心、
つまり意識が向かう方向は、まるで、でたらめで、
記憶を思い出したかと思うと、イメージの断片が浮かんだり、

まったくどうでもいいような妄想や連想を続けていたことに、ふと気がついて、
気を取り直して、自分の頭の中に去来する関心の方向と、
思考を見守り続けようとする。

すると、あなたはとたんに、また、知らないうち、あーだこうだと、
雑念の妄想の中を漂流の中にいたことに気がつく。

●しかし、連想と思考の中に埋没しているあなたの意識を、
そこで、きちんと取り戻してみると、次のような現実に出くわすはずである。

「いや、ちょっと待て。
 自分に、よく馴染みのある、昨日と似た妄想が、頭をめぐっていて、
 なんとなく、昨日と同じ部屋にいることを確認しているから、
 私は自分がいると思っているが、

 頭の中の思考や記憶が、何もなくなったら、
 私は誰であり、私とは何であるのか？

 ならば、私というのは、
 同じような事を毎日考える、同じようなものを毎日見ることで
 かろうじて保たれている、その程度のものにすぎないではないか？」

●ずばり、それは、正解である。

つまり、言い換えれば、例外なく、この地球上にいる、
凶悪犯罪者から、天才的な科学者から、へぼい宗教教祖とその信者らから、
子供から、老人まで、誰一人として例外なく、
その人に固有の環境認識と、その人の頭の中の思考を除外してしまったらば、
この世界では、誰一人として例外なく、「**誰でもない**」のである。

だからといって、その程度のものを、私が、人間に共通の価値あるものであるとか、
悟りだなどとは、間違っても言うことはありませんし、

だからといって、その意識ゆえに、万人が平等だと言う気も、さらさらないですし、
それをもってして、人間は生きているだけで価値があるなどとは、
口が裂けても言う気はありません。

この単純な「存在の自覚」の中にはさらに、いくつかの次元層と、
その存在自覚(＝自我意識)を生ずる原因となる「因子と仕組み」があり
ますから、この程度のものを、超自我とか、無我などとは、到底言えません。

この件については、無明庵発行の「**分割自我復元**」のDVDで、すでに詳しく説明をしたので、ここでは語りません。

●さて、そのように、あなたが、
自分の、あらゆる関心のベクトルを不注意に「伸ばさず」、思考を停止し、
感覚情報からも離れたらば(ないしは、距離を置くことが出来たらば)、

誰であっても、そこにあるのは、「**誰でもない、というただの存在感であること**」

これは、あまりにも「明々白々な事実」なのであって、
単なる事実なのですから、そこに何かの価値など何もありません。

●ただし、それでも、その事実を認識するだけでも、少なくとも、あなたは、

「**自分が、何者かになっているような錯覚をし続けている狂人**」にだけは、
ならないで済む「可能性が出てくる」ということです。

●そして、「この問題」こそが、「あなたが死ぬ時」に重要になると私は言うのです。

あなたが「実際に死ぬとき」には、同じように、感覚は消えてゆき、記憶が去来し、
イメージが去来し、そして、あなたは、自分が誰なのか、
何をしてきたかの記憶を必死になって、再生をしようとしてしまいます。

しかし、一体、どこの「誰が」、慌てふためいて、そんなことをしているのか？

そんなことで、じたばたしているあなたの「主体」は、何であるのか？

そんなことをせずに、誰でもない者として、どうして死んでゆけないのか？

死ぬ、最後ぐらい、どうして、
「自分が何々をやってきた、 何何をしたかった、 自分は何何なんだ」
などという、くだらない、あなたの脳内の「おしゃべり」をやめて、
静かにそこに、意識だけを置いておけないのか？
これまでの一生の間、あなたは、
「何かでありなさい、何かをしなさい、何かになりなさい」と言われ続けて、

また自分でもそのように思い込んでしまい、何か生きた価値がある感覚を残そうと、
あくせくとすごしてきたのですから、最後ぐらいは、
「誰でもある必要もなく」そこに意識だけがあればいいのです。

●そして、こうして静かに、ただそこに「自分のような」意識があり、
存在しているという、この感覚は、死ぬ間際の土壇場になってから、
いくらあわてて起動しようとしてもそれは不可能であるので、
日々、毎朝、あるいは、週に二日は思い出しなさい、ということです。

●私は、口先で、これらのことを、知ったような事を言ったり、
「そうだ、人間の意識は、情報をどけたら、真我だ」とか吼えている馬鹿どもではなく
て、実際に、日々、瞬間瞬間、あるいは、時々、そのことをしっかりと、
本当に明確に、思い出している人たち、そういう人たち「以外の人々」は、

それが社会でどのようなことをしていたり、
どのような功績を持とうが、誰であろうが、瞑想の指導者ぶっていようが、
老若男女、人種を問わず、
「眠ったままで、ずるずると、生を引きずっている者たち」 と呼びます。

しかし、多くの人たちは、人の意識が、誰でもなく、何者でもない
という歴然たる単純な現実の中に生きるよりも、

自分が「何かが出来る人間」
または「何かが出来た人間」として存在したがる
という「貪欲さ」と「無知」ゆえに、

毎日、日々、その自己満足的な、生きた証の「自己証明」のために、
朝っぱらから、ネットにのめりこみ、仕事にのめりこみ、
子育てにのめりこみ、生きていくためだと称する、さまざまな活動に、
身を投じてゆくのである。

むろん、幻影のような、この、「大変によく出来た現実という錯覚の世界」の、
その荒波に、あなたが身を投じるのは、あなた自身が、かつて自分で、
同意して契約したことですから、それはいいだろう。

しかし、そこに身を投じる前に、
その雑音のような世界には、もともと染まっていない自分の主体を日々、毎日、
思い出してから、
「これから、そこに身を投じるのだ」という、
それぐらいの「自覚的な作業」ぐらいはしてください。

そのためには、**あなたの一日は、決して、「自動的に」始まってはならない。**

誰でもないはずの、あなたという存在意識が、どうやって、毎朝、毎朝、
「どこかの誰か」としてあなたが生活をしている、「と、思い込むため」の
思考の「**再起動**」を繰り返しているか？
その様子を、毎朝、繰り返し、明確に観察して、**意識化**することです。

■ただし、申し訳ありませんが、それは、自我が原型に復元されるまでは、
決してあなたには出来ません。

仮に、ちょっとだけ出来た気になったとしても、
それはとても中途半端で、ネットにでも繋いだり、メールでも開けば、
すぐに、あなたに忘れられてしまう程度のもので、

日々の生活に巨大な影響をしてくるようなレベルには、昇華されません。

■また、自我復元によって、全自我の状態で、
今回、私が書き記したような、「主体」を、
毎日の生活の中でも、定期的に維持できるようになれば、
あなたは、実際に死んだときに、そこで生ずる「価値のない美しい幻影」や、
「あなたに心地よい姿に偽装した、詐欺師たちからの誘惑」に惑わされずに
済みます。

皆さんはよくご存知のように、
チベットには「死者の書」というものがある。

私は単に、それを今「生きている者(特に、自我復元をしている皆さん)」
に、準備させようとしているに過ぎない。

しかも、そうなれば、死んだときに、あなたの耳元で、
チベット人の信念体系の中でしか通用しないような、チンプンカンプンな
経文を、誰かがつぶやくことも、まったく必要ない。

あなたが、誰でもない主体として死の中へ入ってゆけたらば、
あなたは、今回とさして変わらないような、同じことを繰り返す生ではなく、
「別の生のシステム」を、自分の目で選択することが出来るのである。

自我復元を現在していて効果をあげている人たちが死んだ場合には、
その人が、無理に意志してまで、
地球にもう一度、生まれてくることは、まずありません。

ほとんどの場合には、人間とは「別の生存形態」を選択すると思います。

そのために、皆さんは、スケッチブックに絵を描いているのですから。

●無明庵日記「猫の足跡=その345=」

陰謀論唱えて、宗教疑わずの頭

●私が宗教が大嫌いな人間であることは、ここの皆さんは熟知しているわけですが、
それは無神論ではないが、絶対神など信じていないという意味です。
この話は、前著の「**分割自我復元理論**」に詳しく書いたので今回は省きます。

「陰謀脳の人達というのは馬鹿だな」と私が思う一つの理由は、彼らは、政府とか政治の世界については、さんざんに陰謀論を唱えるのに、
こと「宗教の問題」になると、からっきし、ポチのように従順だからです。

■とはいえ、私がここで言っている宗教とは、何も、霊感商法の詐欺をしている連中とかカルト宗教や、その他、有名な新・宗教、トンデモ系宗教のことを言っているわけではなく、「一般宗教」のことです。

つまり伝統があるとされている世界中の宗教から、
ローカルな宗教まで、あらゆる種類のものです。

それに対して、おそらくは、陰謀脳の連中は、
「それは、個人の持つ信教の自由の問題であり、政治的な陰謀論と関係ない」とか言いそうですが、どうして、陰謀脳を持つ連中は、彼らが自慢げに語るその分析力を、伝統的と称する宗教に対して、向けないのでしょうか？

例えば、陰謀脳の人達が敵視している「ユダヤうんたら」ですが、そもそも、
その狂信的な馬鹿どもの支えになっているのが何かといえば、「選民思想」です。

だったらば、彼らの選民思想の元となっている神話や宗教を、
「こんなもの、デタラメじゃないか」と論破すればいいだけです。
思い込みの根底が崩れれば、人間の精神など、あっと言う間に崩壊するのですから。

■ちょっと考えれば、御伽噺に、毛の生えただけといった宗教や、

その宗教が単に政治的な画策によって、意図的に広められただけであったり、
逆に、弾圧をされただけであったり、
奇跡と称するもののほとんどが、実は何の証拠もなかったり、
あっても、そんなもの、悪霊の仕業でも、全く不思議ではないものも多い。
そういう意味では、人間というのは、どうも宗教的心情、またはその分野に対しては、
わざと分析のメスを入れようとしないことが多すぎます。

■しかし実は、人間の思考構造の中で、最も害悪をもたらしているのは
この「**宗教的な強迫観念**」であることに多くの人は気づきません。

笑ってしまうような話ですが、未だに大の大人がキリスト教を信じているという事自体、私には信じられません。

それを言ったら、仏教神話もそうなのですが、
偶像や、それにまつわるシンボルの意味づけなど全部人間の作り物ですから。
そんなものを、拝んでいる方が馬鹿です。
たとえ、それが竜神であっても、なんとか観音やらであっても
偶像や宗教絵画を祀り上げるのは、同じ愚かさです。

どうせ信じるならば、
「**どうやら、この宇宙には、いろいろな奴がいるらしい**」という程度に、
クールダウンして、押さえておくべきです。

■とにかく、ここの人類というのは、どうやら、

**誰かが自分を見守ってくれていて、
しかもその上、優しく自分のことを、肯定してくれていないと気が済まない**
といった宇宙的基準で見れば、「極めて、幼稚な精神状態」にあるようである。

しかもその上、肯定だけされていると不安になるらしく、
ときどき「お前のココは間違っている」と、叱られたくもある、
という、全くもってして、幼児的な状態なのである。

そんなこと、いちいち、神仏にすがっていないで、「自分で判断しろ」の世界である。

■「そもそも論」から言えば、もしも宗教から、すべての虚飾をはがしていくと、
残るのは数理的な原理や記号、つまり「法則」というものに行き着くわけですが、
問題なのは、その法則には「**普遍性がない**」ということです。
（行く、先々の宇宙の構造によって、法則が微妙に変わってしまう）
ある一定の環境と条件下でしかその法則は作用しないということ。

その上さらに、その法則が作られた理由や、その背景や、
あるいは、誰がいつ、何のために、その法則を作ったのか、
というところまでは、思索が到達しておらず、

よって宗教のエッセンスをどれだけスマートに解析して応用できたところで、
それは、「海でどう泳ぐか」という知恵を得るだけであり、
「**どうして海が存在するか**」の答えを得ることは出来ないということです。

■さて、この手の話は、高度に面倒な話になるので、今回はおいておいて、
「下世話な話」に戻しますが、

陰謀脳は持っていても、真の分析力を持っていなければ、
「宗教はどう人間を騙したか？」も分からず、
その先にある、「神々はどうやって人間を騙したか？」も分かりません。

それが分からないのであれば、底辺でうごめいている陰謀などどうでもいいことであり、その場合の相手はたかだか、人間の愚者たちです。

しかし、私が今日まで、やろうとしてきたことは、
人間を相手に出来るだけではなく、「人間ではない者」を相手に出来る、
そういう人達の量産です。（量産は難しいですが）ひとことで言えば、

**今すぐに、他の天体の他の種族や他の生物や、他の知性を持つ組織の中に
ぶち込んでも、そこでも、最低限度の、明晰な意識と、知性と理性と、**

論理思考を持てる、そういう人材を私は育てようとしているだけです。

■しかし、そのためには、見たり聞いたりするという自分の知覚そのものを
常に疑う資質と経験が必要です。

また単に疑うだけではなく、自分が許容した範囲にそれを設定し、
一時的に知覚情報を、自分の目的に応じて利用できる必要があります。
もっとも、そんなもの、宗教を安易に信じるような人達の中には
一切存在しません。

■今の地球人のレベルだったらば、洗脳する側が人間でなければ、どんな洗脳も、
簡単に出来てしまいます。

しかし、どうも私にはそれが「心地悪い」。
それが今日、無明庵がここにある大きな理由の一つです。

そもそも、生物が生存している理由は、
そこに「心地悪いものがある」、という以外にはありませんから。

■そして、私が宗教に吐き気がするもう一つの理由は、
そこに関わっている人間の、誰一人として、幸せそうな者はいなかった
という現実です。

何かに関わっている人を見たときに、その人達が、偽善的にではなく、
真に楽しそうであったならば、私もその分野を多少は評価できますが、
何らかの宗教を信じている人達の中に、私はただの一度も、
幸福そうな人を見たことはありませんでした。

私は、12歳か13歳ごろから、そういういくつかの分野の大人たちを
観察してきましたが、幸せなふりをしているだけで、
本当に幸せな人は、ただの一人もいませんでした。

逆にむしろ、宗教とは縁の遠い人達の方が、
よっぽど精神的に健全な人達が多くいました。
そういうわけで、宗教信者たち自身の、あまりの不幸そうな陰湿なツラが、
私にとっては、その世界は価値なしと、断定した理由の一つです。

陰湿なタイプではない場合には、
極度に軽薄で、傲慢で、価値観や理想の低い人達が生み出す特有の、
軽薄な笑顔しか、そこにはありませんでした。

■むろんこの世界の宗教の基礎となった神話や教義については、
ある程度の分析はしましたが、
バラバラにしてゆくと本当に使えるパーツはごく僅かしかありませんでした。

瞑想や座禅をする馬鹿者たち

■では、「悟れば宗教なんざ必要なくなるのか？」といえば、
答えは明確に、YESである。

従って、素人さんが、一見すると、
これが、自分が精神的重圧から楽になれて、しかも、
宗教とか、面倒なものを信じなくても、結果が得られそうな、楽な道だ…
とか、トンデモな勘違いをする輩が、本当に多かったのが、
座禅や瞑想と呼ばれている世界の住人たちでした。

先に言っておきますと、この世界でもまた、
私は、ただの一人も、幸せそうな人を見たことがなく、
その精神の歪みと、稚拙さたるや、宗教信者に負けず劣らずのものでした。
ですから、その分野も、「駄目だ」と烙印を押しました。

結果が出ていない分野は、その分野自体が使い物にならないか、
または、その分野を担当している現在の指導者が、使い物にならないか
そのどちらかです。

私は地球上にある、どのような宗教も、本当にくだらないと
心底、軽蔑していますが、
その中で、100歩譲って、「美」を感じるのは、
ごくごく僅かな、大昔の禅師たち、または禅僧たちの言葉のみです。
それも1000頁の禅の逸話の中から、寄せ集めたら、
たったの数ページにしかならないぐらいに、少ないものです。

その僅かな文言から、どの言葉を言った者が、
確実に、彼らの意識に根本的な変質が起きたか否かを、
私は明確に区別して、判断できますが、
それは、普通の生活をしている人が頭を突っ込むべき分野ではありません。

■何度も私が言ってきたように、意識それ自体に、緊急事態が起きないかぎりは、
それ(瞑想や座禅)は全く必要のない「摘出手術のようなもの」であり、
それは、生活や自分に不満のあった人間が、
一発逆転を目論んで、足を突っ込むような分野ではありません。

それまで役に立っていた正常な細胞が、反乱を始めて本人を蝕み始めた、
という段階になってこそ、はじめて行う意味が出てきます。

■つまり、自分が満足したかったことを、すべて満足し尽くして、達成したいことは、
物質的にも、精神的にも、感情的にも、何もかも、全部手に入れた、

…だが、まだ何かがおかしい…

そういう切羽つまったところにまで、生命を生きた人のみが、
そこに足を自然に踏み込むのであって、決して「それ以前」ではありません。

■しかし、世の中を見ると、本来は、自分の全生命を賭けて、
刺し違えるほどの覚悟と困難さがあるその道(瞑想や座禅)を、

やれ、リラックスのためだの、やれ、願望実現のためだの、

やれ、心の安定のためだの、やれ、能力開発のためだの、

こんなものは、全部、瞑想や座禅をする「遥か以前に」始末をつけておくべきものです。

こんな「汚らわしいもの」を断じて、瞑想や座禅の中に持ち込まないで欲しいですが、
未だに、皆さんが関わってきた瞑想団体というのは、そんな程度のものなのです。

たとえ、それがインドの和尚(ラジネーシ)の関連団体であっても同じです。
彼らは、少しは、「恥」というものを知ったら、どうなんでしょうか。
彼らは死んでも、自分の「師」には顔向けすらできません。

■そういうわけで、私は宗教も大嫌いならば、瞑想や座禅という世界も大嫌いである。
むろん、そこに関係しているような人達も、大嫌いであり、
人間として、それ以前に生命としてすら、汚らわしいとさえ、思います。

無明庵というところが、その出版物の内容の傾向によって、そういう、
汚らわしい人達を、多く引き寄せてしまったことを私は深く、悔いていますが、

そもそも、無明庵というのは、

生命に発生する「心理苦」の原因解明が、その大きな主軸だったのであって、
皆さんに、娯楽としての精神世界を提供する場所ではありません。

その結果、苦の発生原因への探求ではなく、
オカルトや悟りの話題などに釣られてここへ来た人達が、
今までに、自分が自他に対してしてきた愚行の責任を自分で取れるほど、
成熟しているとは、とても思えません。

しかし、仮に、その人達に「責任を取れ」といっても、
自我が希釈された状態では、それは、100％不可能です。

■そういうわけですから、人間の根本的な「修理法」が見つかった以上は、

それで自我を修理し、来るべき「あなたの死」に、備えるしかありません。

実際に、あなたが、死ねば、いろいろなことが分かると同時に、
いろいろなことが、分からなくもなるものです。
常に、その両面が、「肉体の死」には、つきものです。

■既に言ったように、私は、皆さんが、実際に、死んだときに、

皆さんが、**人間以上の存在たちに、そう簡単には、騙されない、**
そう簡単には、従属しない、そう簡単には、相手の言うことを信じない。
そう簡単には、ほいほい喜んで「知らない人」には、ついてゆかない、

そういう最低限の意識、自我、記憶、知性を、
生きている間に自我復元をして、この地球上で養って欲しいと思っています。
それが出来るようになれば、悟ることなどは、到底無理でも、
少なくとも、地球外の他の生命体と、(限界はあるものの)ある程度は、
対等に交渉できるぐらいの、最低限度の、知能や意識は備わりますから。

そもそも、大昔の原型自我の時代には、誰でもそれぐらいの自主性はあった
のです。自我さえ、分割希釈をされていなければ。

言うまでもなく、「タイムリミット」は確実にあるのですから、
屁理屈を言って、自分の妄想を正当化している暇などないのですから、
作業は、極力、急いで下さい。

●無明庵日記「猫の足跡＝その341＝」

あなたは何を命よりも大事にしますか？

●といっても、アンケートを取っているのではありません。
自問すべき課題として提示しているのみです。
そもそも、この問いは、皆さんが「自我判定」を依頼されるときの質問項目の中に、似た

形の質問としても入っています。

●ところで、私は人一人の命が地球よりも重いなどと考えたことはただの一度もありませんし、今後もあり得ません。

その理屈を言ったらば、生存競争と弱肉強食が正当化され、
誰にとっても、命を守ることが最優先されてしまい、
それは、今日まで地球人に起きてきた最大の悲劇だからです。

命(これは肉体の生存を意味する)が、地球よりも重いなどというのは、
常に、「本人ただ一人」にとってそうであるのみで、

他人または全体からすれば、人ひとりの命は、
その者と「利害関係を持つ者(家族や知人)や組織や社会」が全くいない場合には、
その命は、あってもなくても良いものですらあることがあるのは、まぎれもない一つの現実です。
また、逆に言えば、有害な生き物、例えば、もしも「悪徳企業の役員や、官僚や、政治家や、資本家」が数人死んだらば、何の罪もない大勢の人達と動物たちが助かる、という状況があったらば、私は躊躇なく、その者たちは、とっとと死んでもいいと思っています。

なぜならば、反省も謝罪も知らないような彼らに、時間の無駄となる更生の機会を与えたり、または、私達の税金で、彼らに「監獄の飯」を食わせたりすることすらも、
ただの無駄だと、私は思っているからです。

●よく世間では、この「命」とか「生命」という言葉を軽々しく使い、「命を守るため」とか「生命を大切に」と、よく熟考もしないままに、
単なる「口先の習慣」として、軽々しく言いますが、
私が、常に言うように、「命」の「定義」をどのように定義しているのか?
によっては論議が成立しません。

人間が、「楽しみ」とか「幸福」とか「学習」と勝手に自画自賛して、

人間の権利と称するそれらを追求しながら、
その一方の手では、無数の微生物や、害虫たちを消毒剤や殺虫剤で殺し、
他の生物を踏みにじって生きているのですが、
そんなことまでして、人類は、地球上に繁殖する資格を持つのでしょうか？

●私個人の見解を言えば、原則として、宇宙に存在する、ほぼ、「ほとんどのもの」には、
私は「存在価値がない」と思っていますので、こうした、生命の価値に関する論議は、
全くかみ合わないことは目に見えているのですが、
それでも、強いて、視点を狭めて「限定的に」言えば、私は、無意味に、あるいは不当に
「生命の健康」を害する状況については、NOと言います。

一方で「命」については、過剰なまでに生き抜くことを他人にまで強いたり、
生きることが何より大切だ、などという価値観は全く持っていません。
これは、私が生まれたその時から、私は、すでにそうでした。

●もしも、それでも、他の生物を犠牲にしてまで、生き抜くのであれば、
そこには目的が明確になければならず、

「ただ、ダラダラと生き延びて、他の生物にとって迷惑な人間の娯楽を見つけるだけ」
では、それは、資源と食料の無駄遣いであるというのが私の持論です。

●ただし、この論の中では、
「何のために自分や世界が生存するのかを問うために生きるのだ」
という「言い訳」は、認められていません。
そんなことをしていたら、
「いつ、夏休みの宿題を始めるかで、夏休みの最後の日まで悩んでいる子供」
と同じ程度の、無能さになるからです。

ですから、私は、「人生の目的を問うために生きているんだ」という
いつまでも思考停止していたい人達がよくいう、「都合のいい言い分」を認めません。

●さて話を戻しますと、

第5章 / 私が地球で語ったこと（前半）

私が、自他の「死」は容認するが、「ある種の病」を容認しない理由は、以下の通りです。

哲学的に「極論」すれば、私にとっては、空腹や大小の痛みすらも「病の一種である」と
定義していますが、そこまでの「極論」を持ち出さない場合には、
通常、私や皆さんが「健康」と称しているもの、
または病であっても自覚症状や気になるような痛みのない状態というものを
「健康」の定義と、「仮に」しておきます。

●この「最低限の健康」が「大きく損なわれる」というのは、
それ自体が「**もう死んだ方がマシだ**」と人間に思わせるには充分な要素です。

また実際に、もしも全くの自然界にいたら、たとえ群れがある程度までは
守ってくれても、ひどく病んだり、大怪我をした場合には、
自然の中では、治療もなく、そのまま死ぬのが摂理です。

●余談ですが、外科的な事故と、内科的な病気を分けて考えるのは困難です。

もしも「自然由来」のものであるならば、
例えば、あなたが川を渡ろうとして溺れてしまい、その結果として
脳障害を起したならば、それは、しかたありません。

生命経験の一部として、その後遺症を容認するか、それが嫌ならば、
自殺すればいいだけです。

また、あなたが自然界のウィルスや毒物に感染して、病んだ場合も、
これは「外科的な事故」とも見なすことが出来ます。

ただ、それが「ミクロの世界での外科的な事故である」という点しか
違いはありません。
人間の「目に見える組織」が傷つくか、それとも「目に見えない細胞やDNA」が傷つく
かの違いです。

●こうした、生命経験に付きものとなってしまってる苦痛や不具合については、
私個人は、いたしかたないと認識していますが、
ただ、何かの「**本来の機能**」が「**自然災害以外のもの**」によって損なわれる、ということ
は、**絶対に許せない**という考えが私にはあります。

これがある故に、私は現在「分割自我復元」というものに関わっています。
それは、自然災害ではなく、(相手が人間ではないだけで)、明らかに、人災または、
悪意によってなされたことの後始末だからである。
そしてそれは「本来の性能を発揮できていない機械」を見ているかのようで、
「途方もなく、腹立たしいこと」だからです。

不当な扱いの結果として、その機械の機能が故障しているのならば、それを直そうと
するのは当たり前の事です。

●しかも、人間の場合には、本来の機能を有していたときの記憶がかすかに残ってい
ますので、本人自体が「**このようなはずではない**」と、違和感を感じるようになってい
ます。

この部分こそが、とりわけ、始末が悪いのです。
もしも、何かの能力が「最初から無い」のであれば、この「違和感による苦しみ」は
人間の心には起きないのであるが、人間の場合には、意識・自我・記憶、
この三つに対して、「**本来あったはずの機能についての記憶**」があります。

しかし、それを何者かが、分割して、希釈してしまい、
現在のような「ぼんやりした人達」を量産してしまったのは、
ある時期以降から、この地球というプラントの管理業務を委託された、
「人間以外の存在たち」の手によるものでした。(というのが私の持説です)

●それと同じように、不当な暴力や、不当な戦争被害や、薬害、そして核物質による被
曝、食料品の中の添加物、公害、人的ミスによる事故、
こうしたものに対しては、私は容認するつもりはありません。
だから私は、原発事故の責任者たちだけは、許しません。

●一方で、私にとっては、人が「死ぬ」ということ「そのもの」には、あまり大きな悲観や、悲壮感や、否定的感覚はありません。
なぜならば、肉体が死ぬのは、「当たり前」の事だからです。
しばらく長く、平和に生きていると、
その当たり前の事を、しばらくの間だけ忘れていることが出来るだけです。

●さて、私が問題とするのは、死んだ人間についてではなくて、
生きている人間が、「不当な苦痛を強いられているか」、
それとも健康で、「本来の機能を発揮しているかどうか」のみです。

「自然災害」や「免疫の低下」や「感染」あるいは「老化」によって、
本来の機能を発揮できなくなったという場合には、
それは、地球という環境での生命経験をあなたが選択した以上は、
許諾をさぜるを得ない「リスクの一部」と見なせますが、

ただし、そうではない「人為的な被害」の結果として、本来の機能を発揮できないという状況があるならば、それだけは、私は許諾できません。
(それは、人間に生まれる時の契約内容と違いますから、詐欺です)
そして、実際のところは、人間の「心の中の本音」をよく見れば、

不治の状態で生きようとするよりも、死を選びたい、

という場合が圧倒的に多いのである。
身体的な病理の場合でも、精神的な病理の場合でも同じです。
しかし、そこまで病んでも、なおも生きようとする場合には、
大抵の場合には、「**死ねない理由**」というものがそこにあり、
それは「家族を養うため」という単なる経済的な理由であったり、または
中には、単なる自尊心と虚栄心で、無理をしてまで生きている人もいます。

あるいは、よほど何か達成したい目標があり、
「これでは、まだ死ねない」と、本人が勝手に思い込んでいる場合などです。
しかし、そうした「生きなければならない、と本人が思っている理由」を、

仮に、あえて全部どけてしまうと、

「病気で長期的に苦しむのであれば、まだしも死ぬほうがいい」、

と思っているケースが圧倒数になるのである。
つまり、私が、いつもいうように、

**基本的に人類は、死そのものを恐れているのではなく、
死に至るプロセスで経験するかもしれない苦痛のほうを、
出来れば回避したい、と思っているということです。**

これゆえに、一定条件の中では、
安楽死の権利は、人権として認められるべきであるというのが私の持論です。

人が跡も残さず一瞬で死んだ場合

●では、もしも苦痛が一切ない「死」というものがあるとしたら、
それは、どのように考えればいいかという、「哲学的な問題」が残ります。
苦痛が一切ない、あるいは、ほとんどない「純粋な死」というのは、
自然界に私達がいた場合には、希にしか経験できません。

溺れて死ぬにも時間がかかりますし、
雪崩に巻き込まれても少し時間がかかります。

全く純粋にポックリと苦痛なく死ぬ、または短時間で死ぬというのは、
脳卒中、心臓停止、瞬時に脳が破壊される事故に限られます。

または、死ぬまでには数時間という時間があっても、
死ぬまでの間、本人が「意識不明」になる必要があります。

●これら以外で、苦痛の極めて少ない死というと、
突然の爆死や、銃弾を受けての即死や、航空機や車両での一瞬での死などに限られて

きます。つまりその原因は「自然死」ではなくなってきます。

●死ぬときに「苦痛がある」のと「苦痛がない」のでは、
人間が死に対して持つ、その概念と価値観がかなり変わるということは、
私は以前から何度も書いてきました。

例えば、もしも、あなたの大切な誰かが「行方不明」になり、あなたの目の前から消え去ったらば、「どこにいるのだろう」とあなたは心配になり、探します。
たとえ、肝心の本人がすでに、どこかで安楽に死んでいたとしてでもです。

しかし、もしも今後、未来の世界で、

照射されたらば苦痛もなく、一瞬で灰も残さずに、消えてしまう光線。

という、そうした殺人兵器が登場したらば、
皆さんの死生観は、どう変わるでしょうか？

目の前で、自分の家族や知人が、ただ忽然と、消えてしまう。
そして、それは別の場所に移送されたのではなく、「死」を意味する。
あなたは、血も見ず、骨すら残っていない。
まるで、削除されたかのように、単に、消えるだけ。

●この状況下で、あなたが大切に思っている誰かやペットが消えた場合、
むろん、そこには、それを照射した「加害者」がいるわけですから、
あなたは、その者を許すことなく、反撃して相手も消去すればいいだけです。

ただ、ここで問題なのは、それによって、

**私達が今までもっていた「死」のイメージ、死の概念、死の悲劇性は、
どう変わるか？** ということです。

今まで「死」というと、そこに至るまで、

たとえ数秒間でも「苦痛や恐怖がある」または「血が流れる」ということが、
死のイメージを「悪」として成立させて来た大きな原因の「一つ」ですが、
そこから、一切の苦痛をなくした、と仮定して、

純度100％の死だけを取り出すと、「死」とは何か？という定義は、こうなります。

「喪失」または「喪失感」を生ずるもの。

この場合の、

１．「喪失」とは「客観的事実」であり、

例えば、分かりやすい例は、
あなたの勤めている会社の社長が消えた、または消去されたので、
業務的にそれは困るから、すぐに代用品の人間が必要になる、
といった「社会的な喪失」「他者との物的利害関係の喪失」を伴うものです。

２．「喪失感」として、分かりやすい例は、

あなたと何の利害関係もない著名人が「消えた」又は「消去された」場合に、
あなたが、その（遺体もない）葬儀に参列して涙する、という場合です。

消えた本人の感情とは全く関係なく、あなたは、自分の中から
相手が消えたという「自分の中の喪失感」に悲しんでいるだけのことです。

３．そして「喪失」と「喪失感」が「同時に起きる事例」
この事例として分かりやすいのは、あなたの家族が消えて（または消されて）
それによってあなたに、その日の夜から生ずる、「喪失感」と、
具体的な生活上で発生する「不具合」・「不自由」です。

●このように、死を、死ぬ本人が、血や涙を流す一瞬の時間もない、
純粋な「消去」として抽出した場合にこそ、

あなたにとって「死とは何か？」が見えてくるはずです。

例えばの話ですが、もしも、照射された側が、0.5秒で気化するような
兵器であった場合には、そこには「爆心地もなく、血も骨も、瓦礫もない」のである。

あなたは報道で次のようなニュースを聞くことになります。

**「本日、アフリカの紛争地帯と、アフガニスタンでは、
あわせて40万人の人々が、一瞬で、あとかたもなく消えました」**

そして、そこで報じられるのは、

**一瞬で、いなくなってしまった自分の家族や仲間を悲しむ、
残された人々の映像のみで、**

**そこには、苦しむ負傷者はゼロで、建物の瓦礫もなく、
火災も、血も、骨も、遺体もありません。
何かの後遺症に悩む人も、一人たりとも、いないのです。**

つまり、今までの「劇的な死」「悲劇的な死」が、
それよりも、はるかに印象の薄い「あっけない死」に変わるわけです。

同じ「死」でも、その「悲劇の印象」は、
それまでとは大きく違う性質に変わります。

●つまり、このような
「死・または消失」だけという純粋現象の「抽出」をしないままに、
皆さんが普段、周囲で見たり、報道で見ている「死」とは、実際には、

**「苦痛」から→「死」という、一連のプロセスです。
または死なずに→「後遺症」を持った、という一連のプロセスです。**
このように、実際には、その「定義」が異なるはずの、

この「苦痛(病や事故)」と「死」を、かなり混同してしまい、
同じ系列の中で「悲劇」として見ている人達が多くいます。

確かに、病や怪我は、そのまま、ほっておけば死に至るものですから、
そこに「連続性」はあるのですが、連続性はあっても、その二つは「同一」のものではありえません。
なぜならば、死者(死体)は、もう苦痛を感じないからです。

簡単自殺スイッチの機能追加

●蛇足ながら、もしも、人間が生まれたときに、
「消去ボタン」をもっていて、それを押せば一瞬で死んで、
しかも遺体も消えてしまうという、機能があったならば、

この掲示板を見ている人達のうち、少なく見積もっても、30％の人たちは、
今この掲示板を見てはいないでしょう。

そのような「極端に手軽な自殺」が出来る場合には、多くの人達が、ずっと過去に、
「うっかり」、その消去ボタンを押してしまってる可能性があるからです。

●しかし、逆に言うと、死ぬ決意があれば、
「最も苦しむ時間が短い自殺」と言われている「首を吊る行為」でさえも、

そこに、その行為をしなければならないこと、そして、
「窒息死は苦しいのではないか？」という思い込みが、
自殺の「変な歯止め」になっている面があります。

しかし、もしも、ボタンひとつで「遺体もなく消えられる機能」が私達についていたら、
この世界の人口と、社会構造は、いくぶんか、違ったものになっていた可能性があります。

●また、逆に言うと、誰も他人の自殺など止めないし、止めても、ボタンひとつで消え

てしまうという、そうした「手軽な自殺ボタン」があるという状況になってこそ、
あなたは、「本当に自分は、自殺していいのか？」
「本当に自殺する気は、自分にあるのか？」
あるいは「自分は、生きている意味など持っているのか？」

という**根本問題を、自分に突きつけられることになります。**

●よく、樹海とか（樹海でなくとも）自殺をする場所を探していたり、
中には、「どうやって自殺しようか」と、その方法を考えているうちに、自殺できなかった、という「お間抜けな話」を聞きますが、

そんな者は、はなから自殺する気もないのに、
自殺したいと自分がそう思い込んでいただけに過ぎない者です。
本当に自殺したい決心が固まっている人は、
どんなことがあっても、必ず「決行」しますから。

●しかし、私はそこで、あえて、本当は自殺をしたくなかった者までもが、
うっかりボタンを押したり、カッと感情的になってボタンを押すと、遺体もなく消えてしまう機能というものを、人間には、つけるべきだったと個人的には考えています。

「**かんたん自殺スイッチ**」という機能ボタンです。

そうすれば、硫化水素も、睡眠薬も、それどころか、
首を吊るビニール紐すらも、いりませんし、
手順も無用で、ついでに、飛び降り自殺のような、少しの勇気もいりません。
必要なのは、そのボタンを押す、あなたの決断だけです。

いささか　電波な　お話

●では、死んだ人の「周囲の人たち」が死んだ人についてどう感じているか、ではなく、
死んだ、当の本人は、「自分の死をどう認識しているのか？」
これが、無明庵では、最も重要なこととなります。

あくまでも、私の知るかぎりですが、
実は状況は、かなり「あっさり」としています。

皆さんも、目覚めても、現実と区別がつかないほどの、
「かなりリアルな夢」を見た経験は、あると思いますが、

それとても、数分が経過し、あるいは数時間もすれば、
その「印象」は、急激に薄まります。

●それと同じように、実際にあなたが死んでしまうと、
生きていたこちら側からは、死んだものの世界と定義されるその世界が、
逆に、今度は、自分が「目を覚ました場所」になるわけです。

従って、たかが数分前まで、経験してきた、あなたの人生そのものが、
逆に、**「ちょっと前まで夢をみていた」**と感じる対象に入れ替わります。

この、現実認識の本拠地となる視点の入れ替わりが、
急激に起きるか、少し時間がかかるかは個人差があるようです。

そのせいで、急死などにより、自分が死んだことを、分からないで、
認識が、夢と現実の中間領域に、ひっかかってしまう人達というのが、
けっこう、昔から、向こうの世界では、問題になっています。

その人達の処理や整理をする「役場のようなシステムや施設」が、
(こちら側の我々から見た場合の)死後の領域にはあるようです。

●言うまでもなく「向こう側」では、
私達が今経験している、こちら側が、むしろ「完全な、幻影の領域」
という常識的な認識になっています。

ただし、それは「人工的な幻影」としてですが。

●無明庵日記「猫の足跡=その337=」元も子もない話・その2

「真実」によって、どれだけ、もがき、苦しみ、狂い、
その果てに、死んでもいいと、覚悟の出来た者だけに、
「真実」は与えられる。

従って、誰かが、苦しまないようにと配慮されてしまった言葉は、
それがどれほど、あなたにとっては「安心できる言葉」であっても、
「虚構と嘘」でしかないのだが、多くの人々は「真実」を知りたがらない。

その理由は、こうだ。
「それでは、この先、とても生きてゆけないから…」

ならば、問うが、
「この先、もう生きないでも良い」という事を、証明出来るほどの、
正当な理由を、なぜ、自らの魂の根底から欲しないのだ?

●これが宇宙に存在する、知的生命体に共通する「知性の末路」である。

とりわけ、その真実の中でも「最大級の真実」とは、
「この宇宙は、存在しなくても良い」という事実である。

何かが存在してしまうと、
いつの間にか、「それが存在することは当たり前のことである」と思い込む
悪癖が生物の中には存在する。

それがあることが当たり前であると思い始めたときから、
「そもそも、どうして、それが存在するのかを問う」ことを止めてしまう。

その結果、知性の中に生ずる最大の劣化は、
次のようなものである。
「君は生きていていいんだよ」、と擁護してくれるもの。

「君は生きていて価値があるんだよ」、と擁護してくれるもの。

「君が生きていることには目的があるんだよ」、と擁護してくれるもの。

この三つには、人々は、いとも簡単に「洗脳」されてしまい、
この三つには、感情的または感傷的に「同調」してしまい、
この三つを、人々の鼻の先にぶら下げれば、
ほぼ99％の人達が、「安心をしてしまう」というのが現実である。

●ところが、私の知る限り、
前述の「慰め」を乱用する者たちを「**存在価値を捏造する一派**」とすると、

それとは真逆に、「この宇宙は存在する価値がない」という
仮説の元に、論を進める一派が、宇宙には存在する。

私は後者の人達の中で、この宇宙の中では、
本当に長い時間と生命経験を過ごしてきた。

なぜならば、宇宙であれ、生命であれ、
そこに価値があると「思い込む自由」があるのと同様に、
「そこに価値が全くないと反証する自由」が、存在するからである。

この片方のみが正しいとされること自体が、思想的差別となり、
知性が持つ本来のバランスを欠く最大の原因である。

●何事でも、一度存在していると、
それが存在することを当たり前に思い込んでしまい、
さらには、それが存在することには「価値があると思い込む悪癖」があるが、
真実を言えば、
この宇宙で客観的に価値があると証明されたものは、ただの一つもなく、

そのほとんどは、価値の証明がなされたのではなく、

「死なないための口実」として、
「後付けの価値観」を捏造したものに過ぎない。

●この問題は既に無明庵から発行されている、いろいろな著書の中でも
明記されていることであるが、

生物の構造の基本が、
「苦痛の信号と、それに対する回避行動を生ずる」ようにプログラムされて
いる、その「絶対的な事実」を見る必要がある。
「生命は素晴らしい」と、たいした実感もしていないのに、
貴方が、うっかりと口をすべらせて言う前に、
その生物の「最も基本的な構造」を観察するならば、
それは、原生生物から高度な知性を持つ生命まで、すべてに渡って、

「飢えを生じ、飢えを回避しようとし、一時的に安定して、また飢える」
という「新陳代謝」によって成立していることが判明する。

●ところで、この宇宙に、原生生物や有機体が存在することを
まるで当たり前の事のように思ってしまう悪癖があるが、

そもそも、生物などひとつも存在せず、ただ物理法則によって
鉱物的に存在する宇宙のままでも、宇宙には全く問題はない、
ということも真実のひとつである。

●そうした鉱物の物理的反応だけで成立していて充分であった宇宙に、
微生物から始まり、数々の生物を量産した最大の理由は、
「生存欲」という刺激(エネルギー)を欲した何者かが存在したためである。

仮に、事を大きく語れば、これは、宇宙が自殺をしたくなったので、
「宇宙自身の自殺を回避する策を練った」ということなのであるが、

それに拮抗してみるために、「生存欲」すなわち、

「死にたくない、消えたくない」という思念を発生する生物を量産し、
それを「自分で吸収して摂取してみること」で、
自らにどのような変化が起きるかを、宇宙自身が試したわけである。

●エネルギーの量そのもので見れば、宇宙で起きている各種の
物理的で莫大な物理的反応の方が、
ちっぽけな生物が発生する熱量よりも大きいのだが、
「生存欲」つまり、裏を返せば「恐怖」というのは、
有機体の中でのみ発生することが出来る、という点から、
この「**生存欲生産**」という産業は、
「**死を恐怖する生物**」「**生存を死守しようとする生物**」を作ることから開始された。
そして、その末路、末期症状が「現在の、この宇宙」である。

●現在の宇宙が存在する前にも、無数の宇宙が存在したが、
今回のこの宇宙は、とりわけ出来が悪い。
ほとんど、「ポンコツの失敗作」だと断定しても良いほどだ。

おおむね「9の苦痛に1の安心感」、この比率を維持させるように設定することが、
生存欲(恐怖)生産の基本となる。

宇宙に点在する惑星や恒星や銀河系上の生物の種類によっても異なるが、
おおよそ、苦痛と快楽の比率は「9：1」である。

●生物が知覚する苦痛と安心をその比率にすると、
空腹などの飢えの回避、身体組織の破壊の回避、
そうした逃げ回るエネルギーが9生産され、
残った1の安心感を死守するために、これまた苦心工夫する、
という状態に生物を固定出来るからである。

地球に住む多くの人々は、地球以外の世界、あるいは、この次元以外の次元では、
自分たちよりも遥かに苦痛が少なく、もっと安心できる世界があると「夢想したがる
悪癖」を持つが、残念ながら、いったん地球から出れば、

第5章 / 私が地球で語ったこと（前半）

生物のメンテナンスはある意味では「もっと、さらに厄介なものになる」
という一面を持つものだ。

●とりわけその中でも、メンテナンスが異常に困難になるのは、
自分という個体ばかりか、自らが観測している宇宙そのものが存在している「**理由**」に
対する、「**意味づけに、日々追われる**」ということである。
この世界にいれば、多くの人々は、
能天気な精神世界でも信じていれば、それがどれだけ人類の希望的観測と、
でたらめな妄想が作ったものであれ、

「君は生きていていいんだよ」と擁護してくれるものばかりであるので、
自らの知性と魂を捨ててでも、そうしたものに食らいつく。
その最大の理由は、それは「人を不安にしない嘘」だからである。

●何度も言うように、とりわけ地球に固有の悪癖は、
「**不安になる真実よりも、安心できる嘘を信じたがる**」という点である。
これが、こと精神の問題や、宇宙の問題、信念体系（宗教的問題）となると、
からっきし、それまでの懐疑的思考を放棄した思考停止状態となり、
知性がその能力を放棄してしまうのが地球の人達によく見られる特徴である。

●しかし宇宙には、**宇宙そのものに対して、ずっと懐疑的な知性たちが、
本当に沢山、存在する。**

特に懐疑的なのは、**宇宙に、その存在価値があるかないか**という重大な論点であった。
視点をちっちゃくして、細かい側面だけを見れば、現在の地球のように、

「**人類を作物として栽培**」し、そこから別の知性が、彼らの苦痛を和らげるための
「**薬品を製造する**」、といった、生物に対する虐待や、搾取行為、
または、「その産業は良くないと指摘すること」は可能であるが、

視点を拡大した、大きな視野から見た場合にも、**果たして存在している、この宇宙が、
ご立派な代物かどうかには、はなはだ疑問があるのである。**

●この宇宙には中心があるのか、または宇宙が終わる果てがあるのか、
という問題については、言うまでもなく、

この現在の宇宙が作られる以前の時代の宇宙のずっと前から、
延々と、幾度となく、無数の知性によって問われていたことであるが、

事実を言うならば、**宇宙に中心は存在し、その果ての境界線も存在**する。

ただ、問題なのは、その向こう側にも別の宇宙が存在していることである。
時間的にも、空間的にもかなりの宇宙が存在している。

地球の科学者が言っているビッグバン説は、ほぼ完全な誤りである。
なぜならば、それは非常に限定された観測点からのみ観測される宇宙であり、
実際には、そうして拡張している宇宙が無数に
「特定の軌道上を運動している」からである。
別の宇宙の場所に立てば、宇宙は拡張ではなく、収縮しているように観測
されても当然の話となる。

●人間というのは、あるいは「知性を持たされた生物」といった方が正しいが、
そうした生物は、何も「自主的に知性や思考力を持ったわけではなく」、
そもそもの「その知性そのもの」が、
「別の目的」を達成するために創作されたものである。

例えば、一番よく知られたトラップは、生物というのは、生存と繁殖を繰り返して、
ある程度長い時間が経つと、たいていの場合には、
「そもそも、どうして、生きているんだ？？」という思考を発生する。

ところがこの疑問は、**ただ一つの答えにしか行き着かないように出来ている**のだが、
そのただ一つの真実「以外の答え」に逃げ続けようとして、

多くの思考体は、生きていることの意味や価値を「捏造」し、
「この妄想であれば、長続きしそうだ」というものと手を打つ。

それによって「生存欲」が生産され、生存欲が生産されるということは、
それと対を成す「生存中断への恐怖」が生産される。

かくして、宇宙は現在、
かろうじて瀕死の病人のような状態で存在しているが、
その悪あがきが、いつまでも続くという保障はどこにもない。

一方で、唯一存在する、宇宙の存在理由とは、
「存在しているという幻想を、失いたくない」というただの生存意志であり、
どこかの馬鹿な生物たち(例えば銀河連合)の精神を進化させるために
宇宙は存在しているのではない。
私は長い生の旅の中で、「生物のために存在している宇宙」など、一度も見たことはありません。常に逆である。
「宇宙が勝手に意図した目的の為に生物が酷使される」のが常識である。

言い換えれば、**宇宙は、運動が停止して、死なないためならば、
なんでもする、といった、狂人にも似た状態にある。**

ただし、肝心の論点である、「**宇宙が死んではいけない理由**」については、
何ひとつも論理的な説明がなされた試しはない。

●以上を要約して言えば、今日の(西暦2012年の時点の)、地球上の人間というものは、

自分ひとりなど、死んでも全く無価値であることぐらいは、たまに実感するものの、

朝になって目覚めれば、
今日も、とりあえず死なないようにしよう、
という動機によって生存を続ける。

自分ひとりが死んでも、全く全体に損傷はないということが分かっている者は、
その次には、それでも国家は大切だから、国の為に自分は死んでもいい、
とか思い込むか、または、そう「思いたがる傾向」がある。

その次には、人類は、実にちっぽけだが、地球は大切だ、という思想を持つか、
または、厳密に言うと、実感を伴ってその心情を持っているのではなくて、
そのような考えを「持ちたがる」といった方が正確であろう。

そして、その次には、地球など、途方もなく、ちっぽけだと思うに至る者は、
やがては、その認識をごく自然に、当たり前に拡大すれば、
太陽系や銀河系や、小宇宙すらも、所詮は、
あってもなくてもいいほど、ちっぽけなものであると認識するに至る。

ところがそうした彼らでさえも、最後に認識できない「壁」がある。

それは、高次的次元も含めて、あるいは人々が、創造の主であるかのように、
盲目的にその存在を「仮定」していまっている何かの「意思」または絶対者の
概念である。
または、宇宙の元素や素粒子の諸法則を設定したプログラマーとその目的、
そういった領域にまでは、「疑念と否定が及ばないこと」である。

●かつてグノーシス主義は、ある限定的な意味での「この宇宙」には
何ひとつ正しいものはなく、この宇宙は「かたわ」である、と看破したが、

ただし、彼らはそれとは違う**完全な宇宙があるという**「希望的観測」に
すがりつくことで、宇宙や自分の存在価値の言い訳を繕うことを欲した。
しかし本当の真実は、もっと過酷なものである。

●それ故に、「無明庵だけ」は、この地球上にあって、過去から今日まで、
「人間や宇宙の存在価値を尊重しない」という方針を貫いてきた唯一の場所となった
のである。

他の世界中の全ての宗教教義と、魔術教義と、世間の道徳と、社会的思想が、

「あなたは生きていてもいいですよ」
「あなたには生きる意味があるのですよ」

「宇宙の目的を解明するのがあなたの役目です」

というこれらの「明確な詐欺」を言い続けたのに対して、世界中で、唯一、

「いえ、そんなことは他の外宇宙でも証明されたことはないのですから、
　もしも、嫌になったらば、いつでも、ご自由に、死んでください。

　あなたにも宇宙にも、存在を続けなければならない、
　そのような義務はありませんから」
と言い続けて来たのである。

●この無明庵のみが有する「宇宙に対する基本概念」は、
この地球という小さな惑星の上の、これまた小さな人間という種の中では、
いささか、嫌悪され、拒否されることの多い、
「カウンターバランス的」な思考法であるが、

しかし、いったん、地球外の宇宙で、現在の生存形態と異なる形状で、
あなたがそこに住むことになれば、少なくとも、地球よりはそれが「常識」
のひとつであることを、皆さんは知ることになります。

つまり、地球だけではなく、この宇宙全体には、

うんざりして死にたい知性たちや、

うんざりして、宇宙そのものに飽き飽きしている人達は、
「相当数いる」ということです。

こんな宇宙は、なくなってしまえと。最初から「いらぬ」と。

●彼らは、休むことなく、本気でそう思い続けています。

たとえそれが地球外ものであろうが、まだ未進化の知性は、

何らかの統括的な信念体系を信じたがりますが、
特に「進化した知性」ほど、必ず他人が作った信念体系からは離脱します。

●ここを読んでいる皆さんは、
自分や、世界や、地球や、銀河や、宇宙が存在しているのは、
きっと何かの意味がある、とか、

きっと、死んでも精神的には進化する道がある、とか、
悟れば、苦痛はなく、楽しいんだろう、とか、

あげくには「きっと退屈しないで済む何かが他の世界にはあるかもしれない」とか、

そういうことを、自分の目で何ひとつも確かめることもせずに、
言われたままのことを信じてきたわけです。
そして、ここが価値ある宇宙であるから、
自分個人の人生にも価値があるはずだと信じるようにプログラムされ、
そうして、今、単なる習慣として、日々の貴方の生命の維持を行い、

ときおり、聞くと自分が心地よくなり、安心できるような、
「死なないで済むための理由(宗教や精神論)」に食らいつき、

「きっと宇宙には意味があり、自分にも意味があるに違いない」と、
「思い込むことに、利用できそうな情報」だけを選んで、
それに好き好んで、洗脳され続けてきたわけです。

しかし、「常識」というものは、時空間の場所が変われば、
いきなりすべてが変わります。

●ですから、今、無明庵の方法によって、自我を復元して、
本来持っていた「選択の権利」を取り戻して
死後に、この惑星の生を、二度と選択しない人達であっても、

その先には、あなたを待ち受ける「無数の詐欺師がいる」という事だけは、記憶のどこかに、認識しておいてください。

そこまでの悪意はなくとも

「彼らが認識しただけにすぎない勝手な信念体系」を、
あなたに押し付けたり、「あるべき宇宙や意識の進化」といった、
捏造された教義を説得しようとする存在は無数にいます。

●知性を持つ生物は、とかく、
自分の生存、または自分が死んでも社会や自然の存在を
「肯定してくれる考え方や言葉」だけを好むという悪癖を持ちます。

であるから、「人間が死ねば、もっといい自然が戻る」、
という動機と価値観で自殺をする人達も多いことだろう。

しかし、そうした人達でさえも、
自分を殺してまで守ろうとした「自然や、惑星や、銀河系そのもの」に、
そもそも、「それが存在しなければならなかったほどの価値が何一つもなかった」と、
知る日がやってきます。
そこに至るのが、早いか遅いかだけの違いしかないのである。

●2011年、3/11の震災の真っ最中に、
私は**「元も子もないことを言う」**という投稿をしていた。

あのときは、家が波に揉まれる舟のように大きく横に揺れながらも、
書き続けました。
もしかしたら、これが私の最後の文になるかもしれない、と思いながら。
そして、ちょうど書き終えて文字校正をしている途中で、停電となりました。

それは今でも、「梅の間掲示板」のログに、**2011年－3/11付の投稿**
として残っています。タイトルは**「宇宙」**です。

●今回は、それに似た「その2」ですが、たまに、こうした「真実」を書かないと、
私の中でバランスが取れないという面があります。

存在する全てを「存在しなくていい、無価値なもの」として語ることは
この小さな惑星では、「虚無主義」と呼ばれることもあるようですが、残念ながら、
私は、その虚無主義に対抗・拮抗できるような価値観による「実存主義」を、
ただの一度も、地球上で見たことはありません。

それもそのはずです。
広大な他の銀河系の中ですら、確たる証拠を持った、
そんな思想や、教義や、価値観など、私は、今までの転生の中で、
ただの一度も見たことはないのですから。

地球の人達のノイローゼと悩みと不満の大半は、他の惑星に連れてゆけば、
能天気なことに(一日という周期がある惑星ならば)その日か次の日のうちに治って
しまう、という、「その程度のもの」ですが、

宇宙という広大な原野を放浪しながら、宇宙それ自体の存在意味を見い出せなくて、
ノイローゼになった知性たちを、私は、数多く知っています。
彼らを癒せる方法も、慰められる方法もなく、彼らがその苦悩から抜けるためには、
特殊な方法で、彼ら自身が、自殺をする以外にありません。
3/11に私が書いた格言を、もう一度、少し加筆して、書いておきます。

「麻酔」というものが、
「日常の苦痛」を忘れさせる為のものであるとするならば、
「日常の苦痛」とは、普遍的な「真実」を忘却させる為のものである。

従って、ほとんど全ての「苦痛」が我々の日常から取り除かれた、その時に、
我々の知性にとっての「最大の疑問と苦痛を生む真実」に、
我々は直面する事になる。

(by 鈴木崩残)

★分割自我復元★その62★「墓場になった人」

【墓場になった人】

柄にもなく、詩のような散文を書いてみます。
今から、ぶっつけ本番なので、何を書くかは決めていません。

息が凍る　坂道を　ゴミの収集場へと下ってゆく。

その　全くの日常的風景を見る私は　こうして身体の中にいる。

少し低い気温が　いっそう身体の存在を　私に　感じさせる。

帰り道で　名も知らぬ近所の住人に　会釈したとき、
一瞬だが　私は　「私の世界」を　出なければならなかった。

こうした　無数の日常の風景が、人の現実を織り成している。

しかし　つい先ほどまで、
私は　部屋で、宇宙の永劫の時間を想っていたのだ。

そして　その前は　私は　愛猫と共に　布団の中で眠りの中にいた。

無数の事象の中で　私が　見るべき世界、私が　切り取るべき世界は
一体どの部分であるのか
その事だけで　私は　青年期のほとんどの時間を　自問し続けた。

私が　10年間毎日のように歩いた「道」がある。

学校へ行くため　そして職場に行くために　常に歩き続けた一本の道がある。

その道は広大な墓地の中に通る　駅までの道。

両側には　無数の髑髏が地中にあるというのに
あまりにも日常的な風景だったために
私は　その事について　特別に何かを思うこともなかった。

その墓地は　広大だった。だから　数え切れないほどの人骨の中を
私は　10年間　日常のこととして　駅まで歩き続けた。

時に　帰宅が真夜中となる事もあったが
亡霊たちが　私に何かを耳打ちしたこともなかった。

ただ　よく覚えていることは　その並木道で
私の　最初の神秘体験があったこと。

その時　全ての時間が止まった。
微風に揺られる桜の花吹雪が　あたりを覆っている　ある日の午後だった。

私は　突然に「時間」を見失った。
生まれて以来　ずっとあったはずの「時間」が存在しないのだ。

むろん　あたりの情景は動いている。
木々の動きや人々が停止したわけではない。

しかし　私は　時が経過しているという認識を一切もてなかった。
過去があったことも、未来が来ることも　私には　認識できなかった。
当たり前に存在していた「時間」というものが失われた。

その喪失が　あまりにも深かったために　私は　帰宅してから、
あたりを見渡して　何時間も「時間」を探したほどだ。

「時間」という「もの」が戻ってくるまでに何時間も待たねばならなかった。

のちに　人間の　意識的な自己主体の存在意識が　その頂点に達する時

第5章 / 私が地球で語ったこと（前半）

あのような体験が起き得る原理があることを知ったのは
それから何十年もしてからだった。

中学生　高校生　大学　そしてアルバイト　最初の職場、
その全ての時期の約10年間を　私は　同じその墓地の道を往復した。

そのとき　常に　私が自問し続けたことがある。
おそらくは　一日たりとも自問しなかった日は存在しないだろう。

…

「この風景は　真に　私が　見るべきものなのか？」

それが　私の　唯一の問いだった。

駅に到達すると　改札をくぐり　ホームのかたわらでも思う。

「これは　私が　見るべき現実なのか？」

車両に乗り　揺られながら見慣れた風景が流れてゆく。
しかし私は問う

「これは　私が　見るべき風景なのか？」

校舎に入り　教室へと向かう廊下でも私は自問した。

「これは　私が　見るべき風景なのか？」

そして帰路の中　駅の改札を出て　私は　十数段の階段を駆け上り
そしてまた　墓地の中を歩き　自問する。

「これは　私が　見るべき風景なのか？」と。

私　という意識の存在は　眼球の奥に存在し
この眼球という窓を通して　世界を見ている。

私　という意識の存在は　この耳を通して　世界を聴いている。

私　という意識の存在は　この皮膚を通して　世界に触れている。

そういう点では　私には　自分の身体すらも　よそよそしい。

私は　何かに　乗り込んでいるのだ。

しかし　この身体に乗り込んでいる私は　身体ではない。

私は　私にとって　最初の他人である自分の肉体を通じて　世界を見る。

だが　ひとつ疑問があるではないか？

私は　目の前の情景に対して　本当にすべきことをしているのか？

それ以前に　私は　目の前のそれではなく
違う世界を　今　見るべきではないのか。

私は　鳥篭のインコを眺めているが　実際には
視線を45度ほど　ずらして　窓の外を見るべきなのではないのか？

世界の中で　どう生きたらいいのか？
世界の中で　何をすべきなのか？

そういった問題の全ては
まず最初に　無数の現実の風景の中から　私が　どこを切り取って
「何を見るか？」「何を見たか？」から　始まるものだ。

私は この目という窓を通して その外側にある世界の
どの部分に注視すべきか？

たとえ 毎日同じ墓地の道であってさえも 日々 一瞬一瞬
変わり行く情景の中で どれが真に 私が 見るべきものであるのか？

私が 見ているいかなるものであろうとも、
私が 死ねば 私 にとっては 存在をしなくなる。
だから 私 こそが 私の世界の目撃者だ。
10代のころ 私は そのことばかりを考えていた。

それと同時に なぜ 目の前にあるその風景を
なぜ私が 見なければならないのか？
という理由すら 私には 解らなかった。

「私に 何を見ろ」と言っているのか？
それが当時の 私の 問いの全てだった。

何をすべきかよりも 今 自らが現実として切り取るべきものは
どの現実であるべきなのか？
そのことを自問し続けたのが 墓地の中の一本の道だった。

…

人々は 言葉を聴き 世界を見て 歩き 走り 働き
泣き 笑い 眠り そして食す。

だが 誰が その中心にいるのか。
世界の目撃者は 他でもない 眼球の奥に住む この 私 なのだ。

しかし 目に見えるものと 耳に聞こえるものと 触れられるものが
すべて剥ぎ取られる瞬間に

「私は　目撃者である」という自覚が　私を捉えて離さない。

しかし　その目撃者は　ただ沈黙したままで　世界を見ている。
この　私の脳が思考する　全てのものすらも
目撃者は風景のように見ている。

私　にとって　最も恐ろしかったことは　その目撃者は
見えている世界に対する答えを　何一つも持っていなかったことだ。

多くの人々が　沈黙を恐れる理由を　私は知っていた。

楽しげな会話が途切れる時　そこに集う　私以外　の人々は
常に同じことをしていた。

ひとつは　次に話すことを　記憶と知覚の中から探している者たち。
もうひとつは　夢想　あるいは偏見の中に閉じてゆく者たち。
しかし　この上もなく不幸なことに
私は　そのどれにも　向かうことは出来なかった。

私は　答えを持たない　目撃者に引き戻され　ただそこに留まるのみだった。

それは　私　にとっては　終わることのない拷問だった。

私は　自分がどこにいるかを明確に知っていた。
だが　私は　その自分が　何者であり　何をするために
あるいは　この世界の中から
どの部分を見るべきか　その答えを持っていなかったのだ。

目撃者は　ただ沈黙のうちに　世界を見続ける。

その沈黙は　静寂や安堵ではなく　紛れも無い　重圧であった。

人は　時に　自分が身体の中に閉じ込められた　あるいは
身体という乗り物の中から　世界を観ている　目撃者であることを思い出す。

だが　そこで　記憶と思考と感覚に目を向けず
目撃者自身に目を向けたならば　そこにあるのは　永久の拷問である。

なぜならば　その目撃者たる自己意識とは
自己意識である　という　それ以上でもそれ以下でもない
無知　無能　無力な主体だったからだ。

ゆえに　多くの　ほとんどの人々は
決して　死ぬまで沈黙を続ける　その目撃者に戻ろうとはしない。

しかし　それは無理もないことだ。

そこに見出されるものは　何もなく
ただ無限に続く　虚無感だけが　そこにあるのだから。

そしてたった一つの問いだけが　そこに残る。
「世界という風景を見ている　この意識は　一体　何なのだ」と。

そのことに　決着が着いたのは

無数の地中の人骨に挟まれた　墓地の一本道を歩き続けたあの日から

約20年の歳月が経過してからであった。

答えは　あの道の　すぐ横にあったのだ。

答えは　あの墓地の　いたるところにあったのだ。

「死」

その日以来

私には　空間が存在しなくなった。

空間の壁が存在しなくなったのでもなく
空間を移動出来るようになったのでもない。

「空間」それ自体が　もはや存在しないのだ。

墓地の道の　中央に立ち尽くして　最初に失われたのは「時間」だった。

それから20年後の　ある日
私　という道の中央に立ち尽くして　「空間それ自体」が失われた。

その日以来

私は　墓地の中央を歩く者ではなく

墓地の中央を歩く人々を見る　「墓場」となった。

★分割自我復元★その80★自我率について思う事

『宇宙で、学習する人たち』

●数日前に、睡眠中に面白い経験をしましたので、メモしておきます。

よく、私が馬鹿らしいと揶揄する「スピリチュアル系」の話で、
他の天体や次元の者たちがいう「学習」という言葉があります。

基本的に私は、宇宙について、その存在そのものの正当性や、今の宇宙が、
本当に正常かどうかを、疑うこともしないで、その中で暮らしている者たちは、
たとえそれが、異星人や高次の生命体であっても、
私にとっては、「友達にはなりたくない人達たち」です。

しかし、彼らが一体何をもってして、宇宙での生命経験が、
「学習である」と言っているのか、その意味ぐらいは私も知っています。
それは最近見た夢が、私に昔の記憶を思い出させました。

●この惑星に、数千年前に、降り立った時のことですが、
私の調査チームは、人数にすると10人以下でした。私と同じ場所で直接に行動を共にしたのは２名だったが、それ以外は別の場所にいた。

その約10人が、ある地方・地域、
(現在のアラビア半島や今のエチオピアあたり)に降り立ったのですが、
そのときに、ある程度、それぞれが、バラバラの土地に降りました。

すると、そこの当時の原住民の人たち、あるいは、既に降り立っている
別の星系の人たちとコミュニケーションをする時には、面白いことが起きます。

●チームの何人かが、別々のところで経験していることを
10人全員が、瞬時に共有するのです。
それは、私たちがネットで単に、知識や情報を共有するといったそんな次元のもので

はなくて、リアルタイムで、他のメンバーが経験している、実体験の経験そのものが、
チームの全てのメンバーに、どんどんとインストールされるのです。
ですから、例えば、私とは別のところで別の言葉学習している人がいると、
私はそこにいなくても、その知識が私に入ってきます。

私がその土地に行ったときには、私のチームのメンバーが学んだ言語を、
私は「直ぐに話せるようになっている」わけです。
メンバーどうしでは、「その逆」も、しかりです。

●そのように、バラバラに存在しているチームメンバーが経験することは、
すべてチームの全員に伝わるものですから、

そうした「共同意識」の状態で、どこかの星で生きて、何かを経験するということは、
自分がじっとしていても、どんどん経験が加算されますし、
自分が経験したことも、どんどんメンバーに加算されます。

そうなると、もう、休憩もクソもあったものではなくて、その休憩している時の経験も
含めて、瞬間瞬間で、まったく休みなく、生命経験が、
「おそろしい速度」で蓄積されてゆきます。

ここまでくると、なるほど生きているというのは、「絶え間ない学習だ」
と言ってしまっても、しかたない面があるのです。

●この、実に「チンケな地球の精神世界」で言っている「魂の学習」などは、
ほんとうに、とるに足らないもので、学習ということの意味すら、
ただの人生経験や、知識や、瞑想程度のことだと、
皆さんは、思い込んでいます。

しかし、例えば、前に「梅の間」に前にリンクしたアレックス・コリアー氏が言っていた
アンドロメダの人たちのようになると、それは、私が今回言ったような
「とんでもなく高速な学習速度」ですので、息をしているだけで、どんどん経験が蓄積
される、そういう種類の「学習」というのが、彼らの言う学習の意味なのです。

ですから、彼らがコミュニケーションを取るときに、
前頭部から、光のボールが飛び交うというのは、
私には非常によく理解できます。

●今回は、夢の中で、その「体験をシェアし合う」チームメンバーという
過去の記憶を思い出しました。
あれでは、確かに、生命とは何かと聞かれたら、
「一瞬一瞬が、絶え間ない経験学習である」と答えてしまいかねません。
もっとも、そうした「小規模な集合体意識」であることが持つ限界や、
それでは、個性や、独自の思考が育たないという違和感から、
私はある時期に、チームから自分を引き離して、個人となったわけですが。

そして、今回を含めて、数回だけ、
この地球に生まれた理由もそこにあります。

●チームで、他のメンバーと、自分の脳内まで共有していると、
他のメンバーの事を配慮して、自分が「経験してはならないこと」や、
自分が「考えてはならない事」も**自制しなければなりません。**

一人が何かのショックでコケると、
全員ともコケてしまうという弱点もありますから。

芸が達者になると、
集合意識につないだり、個人として閉じることも出来るのですが、
けっこうそれは、高度な技で、地球では並大抵の人には出来ません。
この地球で、一瞬だけ他人や集合と接続されたとしても、
そんなものは、**接続されっぱなしの経験**から見れば、
逆に、その経験によって、とんだ曲解や、誤解を生じてしまうような、
ほんの一瞬の幻影にすぎませんので。

■無明庵日記●猫の足跡-その457
【子育てで、親が子供に、絶対にしてはならない事】

『子育てで、絶対にしてはならない事』

現在、自我復元をしている読者の一人と、メールのやりとりをしていて、
私は、ある非常に重要な要素に、初めて気がついた。
しかし、この問題は、あまりにも根が深く、しかも簡単に見落とされやすい。
それは次の問題だった。

「自分の子供を、ある程度は、躾として、叩いても良いか？」という問題になった場合、

問題は、その子供の「年齢」です。

もしも、「大人の言ってる言葉がもう分かる」のでしたらば、
4歳ぐらいになったらば、やってはいけない事をしたら、
怒鳴ったり、少しなら、弱く叩くのはかまいません。

ただし、母親に、どんなに「育児ストレス」が溜まろうが、夜鳴きをしようが、
絶対に、怒鳴ってもならず、ぶってもならないのが、

まだ、赤ん坊が「歩けない時期」です。

個人差はあるでしょうが、大体１年から１年半です。
この時期だけは、絶対に、どんなに子供が大声で泣こうが、
絶対に、叩いてはなりませんし、怒鳴ってもなりません。

子供が一人で歩こうとして、立つということは、
それに伴って、文字通り自分の足で立ち、自分の意志を体に伝達し、
自分で体をコントロールしようとし始めたのですから、
それと共に「自我」も並行して、起動し始めます。
しかし、この時期より「以前」は、あらゆる点で「無抵抗」です。

唯一、親に何かを伝えるときに出来ることは、「泣くこと」だけです。

●さて、まだ小学校低学年の頃から、学校のクラスで、男子生徒に殴られたり、また、
親類の変態オヤジや、年上の子供に、露骨な性的なイタズラをされたり、
中には、レイプまでされてしまうという事件があります。
また、いじめられやすい子供というのがいるのは確かですし、
さらには、なぜか、性的な犯罪被害に遭いやすい子供というのがいます。

おそらくは、精神科の医療現場でも、レイプ被害に遭いやすい女性または幼女、
あるいは男子には、「何かの共通した性質があるのではないか」という点までは、
現場のカウンセラーは、気付いているはずです。

●私は長年、それが何であるのか特定をすることは出来ませんでしたし、
特にそのことに、関心を向けたこともありませんでした。

人間が3歳ぐらいまでの子供のときに受けるトラウマが、その後死ぬまで重大な欠陥を作り出すということは自明の事実ですが、

なぜ、レイプ犯罪や、その他の暴力や、いじめに遭いやすい人がいるのか、
その原因は、今まで特定できませんでした。

●しかし、読者の方のトラウマの分析をしていまして、
ようやく、おそろしく根源的な「水脈」または「活断層」を見つけました。

そして、これはその人だけではなく、世の中のほとんど全ての
「性犯罪の被害者、または、イジメの被害者」に共通している可能性を
私は推察しました。

その最も注意しなければならないのは、冒頭に述べた、

「子供が、二本足で立って歩くまでは、絶対に殴るな、怒鳴るな」です。

●よく、考えてください。
まだ立てない子供や、乳幼児が、

「お腹がすいた」

「おむつの、おしっこや、うんちが気持ち悪い」

「どこかが痛い」「何かが不安だ」

という、こうした時に、赤ちゃんが「泣いた」とします。

これは言うまでもなく、赤ん坊が、自分ではどうにも出来ないので、近くにいる者に、
「どうにかしてほしい」という事を伝える為に出来る、**「唯一無二のサイン」**です。

しかし、このときに、もしも親が、泣き続ける赤ん坊に対して、
「うるさい！お願いだから泣き止んでよ。もーう、嫌だ、うんざりだ」と怒鳴ったり、

さらには、大人の力では、軽く叩いたつもりでも、
パシンと、赤ん坊を叩いたり、もっとひどく殴ったりしたらば、
その時に、赤ん坊がどう感じて、何を考えるか、想像してください。

●困ったことがあり、苦しかったり、不快だから泣いているのに、泣くたびに、
殴られる、怒鳴られる。

もしもこれを、数ヶ月でも、一定期間繰り返したらば、

その赤ん坊は、何かあっても「泣かなくなります」。

あるいは「泣く回数が減る」または「泣き声が小さくなります」

泣くと殴られたり、痛い目にあったり、怒鳴られ続けたらば、
その赤ん坊は、こう思います。

「苦しいけど、ここで泣いたら、また、叩かれる。
　ここで泣いたら、また大きな怒鳴り声がする」

そうやって、生まれて初めての「必死の我慢」を子供は覚えてしまいます。
それも、まだ乳幼児や、歩ける前なのにです。

●さて、この幼児期の最も幼く、未発達な時に、
最初に自分が「守られるべきだった親」から、

不快だから、泣いただけなのに、「怒鳴られ」「殴られ」「叩かれ」でもしたら、
子供はこう思います。

「苦しいときに、泣いても、誰も助けてくれない」
「そればかりか、泣くと、余計に、叩かれる」
「だったら、泣かないようにしよう」

●さて、こんなに小さな赤ん坊のときに、この「歪んだ自衛」を覚えてしまったならば、
その後に、その子供は、幼稚園や小学校に行ったとき、あるいは近所で遊んでいるときにも、次のような状態になります。

何か怪我をしたり、何か不快な思いをした、友達から、理不尽な扱いや、子供同士の暴力を受けた、こうしたときに、「叫んだり」「泣かないという癖」がついているのです。

また、最初は泣いても、すぐに自分で我慢をします。
泣くと、殴られたり、怒鳴られて、状況が悪くなることを、経験したからです。

これは、赤ん坊のときに、覚えてしまった「間違った我慢」ですが、
その後、一生消えません。

●そして、もしも、そういう子供に、性犯罪者や、変態男が近づいて、
イタズラや、レイプをしたらば、その子供は、それでもその事を親にも黙っています。
親は自分を助けてくれないということを、幼児期に知ったからです。

そればかりか、自分が不快な苦痛を受けているのに、その時に、助けを呼んだり、
騒いだり、声をあげたり、逃げたりしません。

つまり、「**不快だ、嫌だ**」**という心と身体の声を、泣いてはいけない**
という間違った習慣的思考で、抑圧してしまうのです。

●そうして育っていった子供は、学校や、さらには社会に出ても、男女の性別を問わ
ず、特に子供のような敏感な生き物から見ると、

「こいつは、いじめたり、殴ったりしても、泣かないし、助けも求めないな」

というその子が放ってしまっている「雰囲気」「気配」を、弱い者イジメをしようとする
側に読み取られてしまうのです。

●その体や心に染み付いてしまった、「我慢癖」「泣かない癖」「助けを呼ばない癖」こそ
が、性的なイタズラや、いじめをする側が、一番「鼻でかぎつけやすい」気配なのです。

なぜならば、イタズラをしたり、殴ったりしても、
その子供やその人が、抵抗しないことを気配や雰囲気で感じるからです。

●ですから、もしも、学校で、転校しても、まだイジメにあう、
または、なぜか何度も、性犯罪に遭う、そういう経験をしている
子供を持つ親と、そういう経験をしている本人があなたである場合には、

まだ、立って歩けなかった幼児期に、
あなたの両親または親のどちらかが、あなたが泣いたときに、
まだ言葉の分からないあなたを、怒鳴ったり、殴ったり、叩いたりして、
あなたに、恐怖感を与えなかったかどうか、

これを親に、強く問い質してでも聞き出してください。
これはあなたが何歳であろうが、関係ありません。
あなたが50歳ならば、80歳の親に対しても、問い質して下さい。

そして、もしも、その家庭で、泣くと叩く、怒鳴るという傾向があったら、
あなたは、この世界で、最も最悪のトラウマのひとつを背負っていることに
なります。

●何しろ、親から絶対に「**無条件に、守られるべき時期**」、
「**どんなに、泣いても良かった時期**」に、

それを我慢することを強いられ、しかも、泣いたら親に叩かれる、という、
「**根源的な恐怖感**」と痛みを、あなたは記憶に植えつけられたからです。
それは、気付かないままでいたら、死ぬまで消えません。

●だから、もしもあなたが親になったら、父親であれ、母親であれ、
少なくとも、子供が立って歩くまでは、
どんなに、気が狂うほど、夜鳴きをしても、泣いても、

まずは、泣いているその原因を理解して、解決しようとし、
それでも泣くのであれば、赤ん坊に不快感を与えることなく、
その泣き声が小さく聞こえるよう工夫をすべきです。

どんなに乳幼児が泣いても、絶対に、叩いたり、怒鳴ってはいけません。
それをやったら、あなたは、「犯罪被害者」になりやすい人間を
育ててしまう事になるからです。

●一方で、幼児期に泣いても、親から叩かれたり、怒鳴られなかった子供は、
自分が危険な目に遭いそうになったときには、迷わず、声をあげて叫び、抵抗します。

つまり、幼児でも、大人でも、「自分を守る」ために最初にすることは、
率直に「叫ぶこと」「嫌だと言うこと」「泣くことです」。

これこそが根源的な「自我の、そして生き物としての、正常な自己防衛」なのです。

これゆえに、トラウマが一部でも溶解、氷解するときには、

多くの人が、「泣く」のです。

●子供を、躾のために、叩いていいのは、どんなにそれが早期でも、
親子が、双方が同意の上で「スパルタ教育」を目指すような年齢、
つまり、小学校か、その少し前あたりでいいのです。
または、明確に、簡単な言葉を理解したり、
自分が、どうして怒られているのかを理解できたり、
または、親が、怒った理由を子供に説明できる場合のみです。

これは、動物、特に自分のペットに接するときも同じです。

あなたのペットにとって、自分がどうして、怒られたり、叩かれるのか、
その理由が分からないような状態では、絶対に殴ってはいけません。

●狩猟目的とか、明確にその動物を殺害するという目的や、あるいは、
危険な動物が寄ってきたので威嚇するためならば許される怒鳴りや暴力でも、
自分の家族であるペットにそれをすることは絶対に許されません。

★分割自我復元★その95 【母親失格の者とは？】

子供を安心させられない母親は、人間失格である。

●ここのところ、男性数人のいくつかの「トラウマ」の事例を見たり、
相談を受けて、つくづく、確信をした事があります。

それは、「駄目な母親」とは、「どういう母親か」、です。

一方の「父親の責任はどうなのか？」となりますが、
乳幼児から、自分の足で歩き慣れ始めたころ、つまり、2歳か3歳までは
結局のところ、ずっと子供のそばにいるのは母親であるのですから、
この重要な時期での母親の責任は重大です。

もしも母親がその時にいなくて、ずっと父親がいるのであれば、
そのときには、その父親が重要な責任を負いますが、一般的には、3歳までは子供は母親と一緒にいます。

共働きということになると、両親ともいないこともありますが、
少なくとも生後1年は、母親がいることになります。

●そして、この2歳か3歳までの時期に、
母親が、絶対にやってはいけないことがあります。それは、次のことです。

子供の前で泣く。

子供の前で愚痴る。

子供の前で怒鳴る。

子供を叩く
(くすぐるのであっても子供に不快感を与えたら殴ったのと同じです)

●母親が、泣く、怒鳴る、愚痴る、ことの理由となる原因の多くは、
旦那への恨みであるものですが、
場合によっては、旦那さんでなく「姑」に対するものである場合もあります。

しかし、いずれにしても、子供というのは、
何か自分に起きたとき、何かしんどい事や、痛いことがあったときに、

その時に、そばに母親がいることで安心できるようにする、
という「最低限のこと」を、母親はしなければなりません。

●子供に対して、愛情を持たねばならないとか、
そんな、偉そうなことを、口先で言っている人に、
そんな資質も資格も、そもそもない、ということを私はよく知っています。

母親の役目とは、そんな、歪んだ愛情で子供を汚すことではありません。

極論すれば、愛情など全く必要ありませんから、最低限度、「**子供が、母親といるときにだけは安心できる**」というその管理だけで充分です。

そのためには、少なくとも子供が3歳になるまでは、母親が絶対に
やってはならないことは、
子供の前で、「泣く」「愚痴る」「怒鳴る」そして「叩く」その他、
子供が不快になることを子供にすることです。
もしもそれをしてしまったら、その子供は、もっとも安心できるはずの
母親のそばで安心できなくなってしまい、そのことは、**その後のその人間の、社会との関係と、異性関係に、この上もなく深い影響を及ぼします。**

●子供が生まれて最初に接する「異性」というのは、自分の両親です。

したがって、親としてみていると同時に、**異性のサンプル**として親を見ていますので、
男の子の場合には、母親というのが最初に見る女性像となり、
女の子の場合には、父親というのが最初に見る男性像となります。
その像に対して、のちに反発するか、模範にするかは個々の人生で
行き先の道は、別れますが、いずれにしても、異性関係の原初体験であるということには変わりありません。

●しかし、今回の論点は、父親のことは、さておいて、
子供と接している時間が圧倒的に多い、「**母親の責任**」についてです。

とにかく、何があっても、子供が「**母親のところにいけば安心できる**」と思えるようになることだけに、すべての注意を払ってください。
そのほかのことなどは、基本的にはどうでもいいことです。

●そして、その為には、母親は、子供の前では、イライラしていてはならず、
泣くのを我慢していてもならず、愚痴ってもいけません。

愚痴りたいならば、子供の前ではなく他で愚痴り、
泣きたいのであれば、他で泣いて、子供の前では泣いてはいけません。

母親が泣いている姿ほど、子供を不安にさせるものはありません。

母親が怒鳴ることほど、子供を不安にさせるものはありません。

母親が愚痴ることほど、子供が不信感を持つものはありません。

母親が殴ったり、叩いたり、悪意からくすぐるほどに、
子供が、不安になることはありません。

これは、出来るならば、理想を言えば、
子供が少なくとも「14歳」になるぐらいまでに、
子供に接する母親として必要な姿勢ですが、
どうしても無理な場合には、せめて3歳か4歳までは、
徹底して、子供を安心させられる親であって下さい。

★分割自我復元★その144
【男性原理と女性原理に対する勘違い】

可愛がられる事と、可愛がる事

●ある読者の方へのメールに、こんな趣旨の事を書きました。

>自分がどういう異性(または相手)を好きになるかで分かる事があり、
>自分がどういう異性(または相手)から好かれるかで分かる事がある。

よく考えたら、この重要なことを私は、性と恋愛関係の本に書くのを忘れていました。

●皆さんは、自分がどんな異性(または異性でなくても相手)から、
好まれるか、好かれるか、という事を把握しているでしょうか？

通常は、正確にそれを把握ている人は、あまりいないと思います。

逆に、自分はどんな異性や相手を好むかということは、
ある程度は、自覚している人が多いはずです。

●しかし、この２つのことは、次の事を表しています。

１．どういう相手から好かれるかは、あなたの「女性原理(母性)」の性質を現し、

２．どういう相手を好くかは、あなたの「男性原理(父性)」の性質を現している。

●しかも、これはあなたの性別には、関係ありません。

例えば母親が、自分の子供に愛情を向けたり、優しくしていると、
多くの人はそれを「母性愛」だと思い込みます。

しかし実際には、それは母性愛ではなく、「男性原理」です。
つまり、自分から相手に対して放つベクトルは、
あなたの性別に関係なく全て「男性原理」であるということです。

逆に、あなたの性別に関係なく、
あなたがどういう相手から好かれるかということが、
実は、あなたの「女性原理」を現しています。

●男性原理とか女性原理と聞くと、多くの人は、漠然とした
父性や母性のイメージをしています。

しかし私の定義によれば、
自分から相手に放つものうち、特に「好意」は、すべて、あなたの男性原理の性質に
影響されたものであり、相手から自分に放たれるもののうち、特に「好意」は、
すべてあなたの女性原理の側面を現しています。

第5章 / 私が地球で語ったこと（前半）

●もう少し分かりやすく言いますと、これは相手が、異性ではなくて、
動物でも同じです。

うちに来る猫の「ラインお嬢様」は、もっぱら私に甘えることが多く、
彼女の側から私を好いています。
この場合、私の中にある性質または、引き出される性質は、「母性」です。

一方で、私の側が、逆に、オス猫の「博士君」を可愛いと思い、
私の側からじゃれてゆく場合には、その時の私の性質は、「父性」です。

●冒頭にも書きましたが、女性が、子供やペットを愛でていると、
それを母性や女性原理だと勘違いをする人がいますが、
それは、私から見ると、明確に「男性原理」です。
つまり、自分の側から放つ好みや、愛でたり、好意を持つという、
このベクトルにあるものは、すべて男性原理です。
方向として、自分から外へ放つものです。
それを見れば、あなたがどういう性質の父性を持っているかが分かります。

この逆に、相手から自分の側へ向かってくるベクトルを知ると、
自分がどういう母性を持っているかが分かります。

●むろん、男性も女性も、ともに性別に関係なく、
父性と母性を両方持っているのですが、
では、どういう時にその二つの違いが現れるかというと、
それは前述したような、「ベクトルがどちらか」で分かります。

●もっとこれを分かりやすくいいますと、「相思相愛」の恋愛というのがあり、
これはお互いが相手を強烈に好きであるという感情を放つ場合です。

実は、この場合には、両方が「男性原理」を作動しています。
よって、ここで起きるセックスというのは、
両方が男性原理を作動しているのがその実態であり、

何も、そこで女性が女性原理をもっていて、女性的に受動的になっている
というわけではまったくありません。

●女性原理または、母性というものは、自分から相手に対して放つものではなく、
相手から放たれたものに対する「受容性」です。

それはあくまでも**受け止める能力**であって、その時に、相手を愛でたり、
可愛いと思ってはならなのです。それをやったら、それは「父性」になります。

●よって、「母性を持ってして、相手(子供や異性や動物)」を
愛している気になっている女性というのは、
とんでもない勘違い女であり、実際にはそういう女性は、
きわめて「暴力的」であったり、または、「男性的」です。
これをよく理解するには、女性がストーカーになった場合の
攻撃性を見るといいです。
むろん男性がストーカーになった場合もそうです。

自分が勝手に相手を好きなる、または愛でる、可愛がる、という行為は、
すべて「男性原理」であるので、それが「母性的であるわけがない」のです。

●一方で、本当に母性的、または女性原理を作動するということは、
相手を愛でることではなくて、相手のすることを許容するという形での
ベクトルになります。
ただし、これは相手のすることを「我慢する」事では断じてありません。

よって、この「女性原理」または「母性」というものは、当然男性も持っています。

●そもそも、お金の利害関係や、権力とか、魔力とか、知識とか、
そういった「力」の有無に関係なく、「女性から愛される男性」というのは、
何がそこで愛でられているかいえば、すべて、
その男性の中にある「母性」です。
断じて、それは「父性」や「男性原理」ではありません。

そもそも、男性原理とは、一方的で勝手なものであり、
その性質は、一般には頼りがいがあるとか思われていますが、
では、女性が、耳が腐るほど言い続ける「優しい男性がいい」という場合の
その優しさとは、それは父性でしょうか？

いいえ、それはまぎれもなく、「**母性**」です。

ですから、母親のような性質を持っている男性こそが、
女性からも、男性からも、動物からも愛でられたり、好意を持たれるのです。
むろん、そうした母性をきちんと持った女性も同じです。

●一方で、自分の側が、異性であったり、異性でなくても、動物でも、
その相手を愛でて、自分がそれに好意を寄せる場合、この場合には、
あなたの性別に関係なく、相手が子供だろうが、それは、「男性原理」です。

●そこで、最初に話に戻りますが、
あなたが、どういう異性から、どういう点を好きだといわれるか、
ということを客観的に羅列すれば、それがあなたが放っている母性に
由来するものだと分かります。

逆に、自分から勝手に相手に好意を寄せる場合、
その好みのパターンは、あなたの「男性的」な性質に由来すると分かります。

●そういう意味では、
母性または女性原理をきちんと持っていない男性も女性も、どちらも、
異性からも同性からも愛されないし、気に入られないと言うことです。
男らしく振舞えば、女性から好意を持たれるなんて思ったら、大間違いです。

機能不全家族ではない家庭環境で、きちんと母性を育てなかった人間は、
異性から愛されません。(依存されたりはするでしょうが)
男性的であれば、女性がついてくる、なびくと勘違いしている男性は、
要は、女性から見ていても、ちっとも「可愛くない」のです。

●ただし、草食系男性というか、最近の希釈自我男性というか、
なよっとして、男らしくない男性が、母性を持っているのかとなると、
それは、「全くの別問題」です。

そういう男性は、もしも、女性から「あら、あなたって可愛いいわ」と
思われて、愛でられたらば、最初は少し心地よいかもしれませんし、
「これで、この女とセックスできるぞ」と喜ぶかもしれませんが、
相手の女性は、実は、その男性のことを、「年下か、子供」のように見ており、

そのことに男性が気づけば(すぐに気づきますが)、その男性は、
「ふざけんじゃない」となり、ここでその男性は、
「母性」を持って、その相手の女性の好意を受け止めるのではなく、
自分が愛でられるような、つまり、自分が男性原理を発揮できるような
「もっと若い、可愛い子」を愛でるようになります。

●つまり、もしも男性が女性の側から愛でられたときには、
そのときには、男性は、「母性」に徹しないとなりません。

もしも女性が男性から愛でられたときにも、
その女性は、「母性」に徹しなければなりません。
性別に関係なく相手の側から愛でられた時には、愛でられた側が「母性」を
受け持つことになります。

●これがもしも、相思相愛になると、それは、「父性」対「父性」となり、実は、厳密にいうと、異性関係とはちょっと違った形になります。

生殖、または性行為においては、性別が逆でも、精神的には、両方が、「男性原理」になっています。

●よく、セックスの行為の中では、
女性は、より女性らしい母性が発揮されているかのように思い込む人が
いますが、私はセックスの最中に、女性らしかった女性など、

ただの一人も見たことがありません。

セックスの最中は、男性と変わりなく、性欲に貪欲ですし、
ある意味では、攻撃的ですし、私的に言えば、
セックスのときだけは、女性は、あきらかに男性化しています。
声や仕草がいくら女性のそれでも、
その内面で起きていることは、男性原理の作動です。

そういう意味では、クリトリスがペニスの退化したものだという説は、
どことなく説得力があります。
女性はセックスのときには、少なくともともその時は、男性になる、
とも言い換えられます。

また卵巣や、子宮や、膣内、または乳腺といったものも、
それがあることによって、「女性ホルモン」は分泌されるでしょうが、
それが、即時に「女性原理」になるわけではありません。

第一、私に言わせれば、「授乳」という行為そのものが、
与えるわけですから、あれは「**父性**」**的な行為**なのです。

●では、母親としての本当の母性的行為は何かというと、それは子供がすることを、
どれだけ黙って、優しく受け止めるかということです。
さらにいえば、そうした姿勢を男性が子供に示せば、
そのときには、その父親は「母性」を発揮しているという事になります。

●皆さんの多くが、勘違いをしているので、
混乱しないように、もう一度言いますが、
自分の側が相手を愛でるとしたら、自分の性別、相手の性別に関係なく、
それは「男性原理」または「父性」に属し、

相手の側が自分を愛でるとしたら、自分の性別、相手の性別に関係なく、
それは「女性原理」または「母性」に属する、ということです。

●ということは、ここで、注意すべきことは、
もしも、カップルがいたら(男女であれ、同性同士のカップルであれ)、
どちらかが、「父性」の役目で、どちらかが「母性」の役目をしている、
などと決め付けてはなりません。

母性と父性は、何度も言うように、「ベクトルの方向」により定義されるのですから、
それは、刻々と、その二つが入れ替わります。

あるときには、母性的な人も、とたんに父性に転じたり、
男性原理を発揮していたと思っていた人が、
次の瞬間には、女性原理を放つことがあります。
これは「持って生まれた性別や、性質」ではなくて、
そのときに、「愛でる側」「愛でられる側」のどちら側になるかで決まります。

●特に、注意すべき点は、
「愛でる」という行為は、男性的であるが故に、
それは、攻撃的であったり、戦闘的ですらあり得る危険性を持っている
という点です。
これ故に「屈折した溺愛」による機能不全家族が生まれたりもします。

●実は、この「母性と父性に関する、正確な定義」の学習を、
私がした(神々たちから教育された)のは、本書に書いたギリシャ時代です。

今回の生で、私は、いろんな女性に愛されたり、愛でられましたが、
私の外見というのは、決してハンサムでもなく甘いマスクではありません。

むしろどちらかといえば、むさ苦しい顔です。
生粋の江戸っ子ですが沖縄系に見える、濃い男性顔です。
(痩せていた若いころは、武田真治に、やや似ておりましたが、
現在は、勝新太郎に、やや似ておりますので、顔の造形は想像がつくかと。)

仮に、いわゆる男性として愛でられる面があるとしたら、

それは、セックスでは、女性の心身に対して100％の満足を提供できるという
点だけが、唯一「生物学的男性」の機能としての私の側面です。

しかし、そのセックス最中でさえも、そこに私は、
自分の母性を作動させて、織り交ぜています。

ある時、読者の女性が私の事をメールで「お父さんみたい」といいましたが、
私のその性質は、お父さんではありません。

お母さんです。

●最後に、ならば「男性原理」とは何か、という話をしておきますと、
一言にいえば、父性というのは、「**主体性**」「**独自性**」「**創造性**」「**戦闘性**」です。

総じて言えば、それは「緊張感」そのものです。

であるので、それは人間に「安心感」は与えません。
母性が安心感を与えるのに対して、父性は、緊張感そのものです。

●そしてこの「**正常な形での父性**」が強い場合には、
例えば、男性の場合には、同じ男性から、敬服されるような人になります。
例えば「職人的な達人・鉄人」とか「指導的な立場の人」です。

では、そういう人が家庭にいたら、家族や女性は安心したり、
その人を愛でられるか、となると、違います。
つまり「父性」とは、愛でられる対象ではなくて、
ひとりの人間として「敬愛・敬服される対象」が男性原理と思えばいいです。

社会的には尊敬と人望を集めますが、異性から愛されるかとなると、
話は全く別です。「緊張感」を愛する人などは、そんなにいないからです。

●つまり、女性原理が男性原理を愛でる事などは、あり得ません。

なぜならば、愛でるというその行為自体が、男性原理であるので、
そこに存在できるのは「父性原理を受容できる女性原理」があるのみです。

あるいは、その父性原理を「愛でるのではなく」、
「敬愛」する事が出来るのみです。

●そういう意味では、男性が、勝手に相手の女性を一方的に愛でて、
愛でられた女性の側は、それを受け入れ、
なおかつ、その男性を「愛でるのではなく」、
その男性の父性(主体性や力)に対して「敬愛」を持つといった、
なにやら昔の「武家」のような図柄が、
「理想的な形の一種」にも見えてしまうのですが…

逆に言うと、母性的な男性が、父性的な女性から愛でられ、
その男性は、相手の女性を愛でることなしに、それを受け入れ、
かつ、その女性の中の父性に敬服する、といった真逆の形も成立します。

●しかし、もしも相思相愛になったり、あるいは片想いでも、
とにかく、相手を愛でた側の人間は、ずばり「緊張感」の中に
放り込まれますので、安心なんか出来るわけがありません。

人間は、「安心感のある人」を、好きになるかもしれませんが、
好きになった途端に、好きになった側は、緊張感を背負います。
これが、恋愛の初期の数ヶ月に、胸が苦しくなる原因です。

あれは、緊張感による、身体反応で、
一過性の病気と定義しても間違いではありません。
断じてそれは安心感ではありません。

●実際には、これらの入れ替わりは、「かなり複雑な動き」をしているわけで
何度も繰り返しますが、これは、固定したものではありません。
一人の人間の中で、刻々とスイッチが変る

「ベクトルの向き」として「母性と父性」を定義する必要があります。

【補足事項】

多くの、精神世界や瞑想教室で、口先では、男女平等をのたまい、
生徒に向かって、ハートをオープンにしろとか、
女性の受容性や、母性の重要性、を口にしながら、

自分や他者に対しては、未だに「女だから、男だから」、
という観念に呪縛されたままでいる事に気づけない人は、
今回の内容を何度でも読んで、咀嚼してください。

人間の心理現象は**両性具有**であり、そこには「性別」などありません。
単に、そこで作用する「力学」の違いがあるのみです。

また、この地球上に、これほどまでに、争いがあるのは、
戦争好きの男性がいるからではありません。
女性原理や母性のなんたるかを、
女性すらも、それを見失ってしまったということです。
しかも、紀元前の遥か昔にです。

だから、「相手を暖かく包み込む」という行為そのものが、
十分に暴力的である事実にすら、気づけないのである。

だが、真の母性とは、**ブラックホール**だ。

しかし、この事を理解するには、次のことを理解している必要がある。

女性でも男性でも、相手から「優しくされたい」とか、
優しくされると嬉しいと言うが、実際にはそれは「**条件つき**」である。

その条件とは、「自分が好意を持っている相手から」

優しくされると、嬉しくなるのである。
もしも、自分が全く好意を持っておらず、嫌悪感も持っていない相手、
すなわち、自分が相手に全く無関心な場合に、
その相手から、愛でられたり、感謝されたり、優しくされた場合、
あなたは、果たして「嬉しくなるか」と自問すればよい。

もしも、それでも、他者から優しくされた時に、
あなたが嬉しくなるのだとしたら、
あなたは、トラウマなどの心的病理を持っていることになる。

その場合に、あなたが優しくされて舞い上がるときには、
その相手は誰でも良くて、あなたは、単に、幼少時代の飢えに、
口をあんぐりしている、ということになる。

また、もしも自分が好感を持っている相手から優しくされて
嬉しい場合には、既に述べたように、それは、
「自分が好感を持っている相手が、自分に好感を持っている」
という意味での感情にすぎない。

いわば、この場合には、両方とも「男性原理」なのである。

●一方で、それが、「本物の母性」である場合には、
あなたは、自分が全く無関心で、
好感も、嫌悪感も、どちらも抱いていない相手からの優しさや、
感謝や、好意に対して、あなたは、全く嬉しくもなく、うざったくもなく、
全く何の感情もなしに、それを吸収することになる。

このブラックホールのごとき、
「条件なし」「意図なし」吸収性のみを、
真の意味での「母性」と私は呼ぶのである。

それゆえに、それは完全に沈黙しており、

「子供や弱者や動物を、私は、受け入れます」などという、
そんな「エセ抱擁性」すらも偽装していない。

しかし、その本質を理解している地球の人に、私は一度も会ったことはない。
その母性に「無意識的に影響をされている人たち」は沢山見たが、
構造を理解をしている人は、皆無であった。

しかし、私が、かつて地球に持ち込んだのは、その母性であり、
高濃度の女性原理の根源である。
それは、人間から見れば、抽象化されすぎた高濃度の状態にあるので、
人間が、感傷的にそれを理解することは不可能であろう。

古い時代に、タントラの一派が、「死姦」を儀式の一つとしたが、
それは完全な間違いである。
それは「象徴」としては間違いではないのであるが、
行為としては無意味であり、狂気しか生み出さない。

彼らが本当に交わるべきだったのは、死体ではなく、
「死そのもの」である。

それが母性の根源なのだから。

★分割自我復元★その105　●「繋がりを求めない事」●

つながりを求めないこと

●精神世界に氾濫する情報やそこに携わる人々の中にある「癖」のひとつが、

「共有　＝　安心」または
「共有　＝　理解」あるいは
「共有　＝　正しい」、

という多大な「妄想」である。

例えば、同じ夢や幻視を、何人かが見たり直感として感じた場合に、
「あ、それ、あたしも、見た見た」となってしまうケースである。

これが大きくなると、
「共有宗教(共有信念体系とも言えるもの)」のようなものとなり、
限られた範囲でしか通用しないものを、
安易に「普遍性」と混同する傾向である。

●人間(ことに、この地球上の人々)の、とても「悪い癖」のひとつが、
複数の情報を見たときに、
無意識のうちに「共通項」にだけ目がいく、ということである。
例えば、二人の人間が話すときには、お互いに**「共通している部分」を
無自覚のうちにピックアップしたがる率のほうが、**
「違和感や違い」をピックアップする率よりも、圧倒的に多くなっている。

平たくいうと、地球上の人間は、「シェア待ち」状態なのである。
「私と似た考えの人が欲しい」という**「心理的飢餓状態」**と言い換えられる。

●これゆえに、
冷静に見れば、本来は全く異なる分野であるものを混同してしまったり、
まったく「比較してはならないもの」を比較のテーブルにおいてしまう、
という事が原因で、論議が成立しないことが頻繁に起きる。

論議といっても、それは何も学者の論議のことを言っているのではなく、
ひとつの家庭の中、会社の中ですら、論議がかみ合わないことが、
前述したような、**「シェア待ち心理」**によって起きてしまう。

言うまでもなく、それが、人間の身勝手な願望や欲望が顕著に出やすい
精神世界では、無法状態で放置されていることは、容易に想像がつくだろう。

●実際、その結果として、本当は共有するほどの共通項がないにも関わらず、
「情報」「事実関係」「方向性」「目的」さらには「感情」といったものを、
相手や、組織や集団と「共有しているという幻想」にしがみつきたがる傾向
がある。
その成れの果てが、「サークル」または「組織」であり、
規模によっては、カルト集団または一般宗教となる。

集団ではない、個人レベルでは、これは「**関係妄想症**」と呼ばれる。
ほとんど関係のないものから、共通性だけを極端に探し出そうとする
「一種の病気」ですが、精神世界には結構、多くいる患者です。

例えば、異なる宗教や思想を、
「不注意かつ無意味に」、ごっちゃにする人(したがる人)たちなどです。
それは、本来あるべき「対応学」や「関係を探る」というものではなく、
「繋がりがある方がいい」とか、「繋がっている方が面白い」
という「先入観に毒されたもの」に、完全に成り下がります。

●悪質なものでは、自説を強調する為に、
さまざまな宗教や、予言や、思想を「どうだ、全部が関係あるだろう」
という話にしてしまう、カルト的な詐欺がありますが、
個人レベルの、分かりやすい会話では、こんなものです。
「あっ！、A君、今日は、あたしと同じメーカーのシャツだ。
　きっと、あたしの何かが、A君と繋がっているんだわねぇー。キャピッ」

A君「うぜぇーな。ねぇーよ、そんな繋がり」←こっちが真実。

●しかし、この「悪癖」とも言える傾向は、
地球に固有のものであり、おそらく宇宙では、それほど一般的ではない。

地球に固有の、この「粘着性」を、口語体で言えば、

「そうでしょー、そうよねー。あ、わかる、わかるそれ。そうよね、みんな同じなのよね」

という、この極端に無理のある、「共有幻想」の出所は、もとはと言えば、
あまりにも、互いに「結びつき」「理解」が欠損するような形で、
地球の人間の意識が現在のように「分断」され「細分化」されたことにあります。

●そもそも、相手のことがツーカーで分かるような次元世界にいたら、
逆に、いいかげんに、その利便性にも、うっとおしくなってきて、
「自分は一人でいたいし、一人で考えたいから、ほっといてくれ」となるものである。

もっとも、その「ほっといてくれないか」という願望の一部が、
我々が今、この惑星にいる理由の「ひとつ」でもあるのだが。つまり、
太古に、確かに一部の種族は「意識の孤立」を望んだということである。
しかし、当時の「限定的な全体」からの分離を望んだ動機は、
たいした理由ではなく「神々しく形而上学的な理由」なるものでも全くない。

単に、「**退屈だったから**」というのがその動機である。

●事の発端は、「かなり悪質な実験」から始まった。
ただし、私の主観的見解によれば、
その当時の宇宙で、「個体にひとつの自我」を装備させたのは、
何も、そのような娯楽を、人間たちに提供するといった、
サービス精神や、親切心からではなかった。

事の発端は、**人間を含む「生物全体」から、**
「搾取できるエネルギー源の効率化を図るため」であった。
ところが、**偶然に、その「副産物」として、**
それを経験してみた、あとになってから、
「自我という閉塞状態は、それなりに、面白い面を持つとも言える」、
という視点で認識した、初期の地球人類がいたというだけの話であり、
その噂が、さまざまな宇宙に広がった「時期があった」
というだけの話である。

第5章 / 私が地球で語ったこと（前半）

●しかし、そうした自我の閉鎖状態は、そもそも、今ここにいる私達が
主導権を持って望んだのでもなく、我々が設計したのでもなく
「別の存在たちの都合によって」作られたのであり、

現在のこの断絶した意識状態が、
たまたま、その内部に入って、それを経験してみた者たちによって、

「閉鎖的な個体の中に圧縮された経験は面白かった」という、
「特異な定義づけ」をされたり、
「特異な付加価値」を加えられたというだけの話です。

つまり、地球の人間経験を体験した「後になってから見たら」、
価値があるように見えたり、そう錯覚したという事例が、
たまたま重なっただけの話です。

●故に、未だに、この状態を、ただの「病気」「生命の故障」「精神分裂状態」
として認識している、住人の方が、はるかに、一般的な宇宙には多いと見た
ほうが、妥当である。

他人が示した「信念体系」を、そう安易に信じないことが重要である。

要は、「こんな監獄にも、何かを経験して学ぶ価値がある」という言い方は、

「監獄内にいる囚人が作り出す、空虚な自尊心のあがき」にすぎない、ということです。

●また、自我の中に圧縮された感覚の状態が、主に意味を持つのは、
我々にとってではなく、我々より上位の存在にとってのみであり、
その我々よりも上位の存在と我々は、必ずしも一致はしていない。
「接点」はあるものの、同一ではない。
大体、こうした、「宇宙的な詐欺」の常套手段とは、
「あなたは、生きている価値があるのだから、死にたいとか言わないで頑張りなさい。
 でも、今のままではダメだから、少し、こうしなさい」

という事を言うことによって、その「詐欺」は成立している。

●なぜならば、もしも、家畜の存在意味を、完全否定するような「事実」を、
「ブロイラー」や「家畜」に言えば、家畜たちは自殺してしまうか、
反乱を起してしまうだろう。

だから、多少の事実を漏らしたとしても、

**「貴方たちのように、放し飼いにされた肉は、とても健康的で、
最後は、天界の人たちの食品として、大変に貢献するのよ」**
といった、洗脳と「慰め」が施される。
あるいは、またそれによって、中には、

「家畜でも、宇宙に貢献できる価値があるならばいい」

といった、最悪のレベルで満足してしまおうとする卑屈な家畜も、
出てきてしまう結果となる。

●だが、そもそも、生命が、他人の「檻の中」で、
「食用」または「産業用」に飼われていること自体が、
正しいわけもなく、生命の状態として「正常であるわけもない」のだ。

しかし現在の地球人は、そうした製品資源と、ほぼ同じ状態にある。

●「分割自我復元理論」の書籍にも書いたとおり、
太古には、自我が受けるであろう「制限」を、その契約時に、
確認をして、**同意をした上で、**地球に生まれる契約をしていたはずであるが、

いつの間にか、そのエントリーの手続きは、
自動化され、簡略化され、手抜きとなり、
ここまで自我の希釈が進んだ段階では、あまりにも「説明書き」とは異なり、
もはや、「経験する価値のない」、ただ「閉塞感」と「苦痛」しか、

この惑星の人間という「体験ツアー」には存在しなくなった。

●何度も言いますが、この期に及んでまで、
「この地球に生まれて経験することに価値があるんだ」とか、言い張る者が
いたら、その言葉が出てくる原因は、次の「４つ」しかありません。

1. その者の見ている地球の「宣伝広告」、または「旅行マニュアル」、
   また地球の定義づけが、「古すぎる時代のもの」である場合。
   その当時は正しかったのですが、今では事情が変わっている。

2. その者「個人」の「精神衛生上の管理作業」にとってのみ、
   地球での生存に意味があるだけの事で、多くの他人にはまったく関係ないが、
   本人はその事に自覚がなく、普遍化しようとしてしまうケース。

3. 人間から資源原料を搾取する側に属する者に洗脳されているケース。
   このケースは現実には、極端に少ないか、ほとんどない。
   チャネラーや霊界通信と呼ばれるものから出てくる価値観が
   「人生は魂の学習である」とかいう、かくも「薄っぺらに画一化」
   してしまっている主原因は、前述した「１」の「誤報」によるものが大。

4. あまりの意識の鈍重さから、完全に、思考停止していて、
   「別に、自分など、どうでもいい」と思っているか、または
   「人生はゲームだ」「人生は学びだ」という、
   根拠なき他人からの借り物の言葉にすがっている。

●では、どうしたらいいかとなりますが、
それは、単純に言えば、最初に私が書いたような、
「つながり」を、他人との間に欲するような事をしないことである。

しかし「するな」といっても、してしまうのが常であるので、
そもそも、他人とのつながりを欲したりしないのが、
「元々の通常営業」である、そういう「意識状態」に少しずつ馴染むことが、

必要となってくる。

●その重要なファクターのひとつが、「**自我復元**」による回復であり、
もうひとつは、「**関心地図**」の監視に慣れておくことである。
【この関心地図については、後述した】

普通の人間は、自分の考えていることや感じている感情は客体化できても、
わずかな関心の移動や、思考が発生する以前の段階での、
意識の方向変化には、ほとんど気付いていない。

しかしこれに気付けるようになるということは、「自我２」を起動させる重要
な基礎となる。

移動期と滞在期では手法が異なる。

●そもそも、当たり前のこととして、
人間(あるいは生物)には、二つの方向の意志がある。

ひとつは、定住、または「滞在」するために、
その土地の住人の常識に馴染むこと。
もうひとつは「移動」するために、その土地と縁を切ること。

離れて、移動を開始するときと、定住するときには、
ぞれに違うスイッチがあります。当たり前のことです。
出かける時の装備と、日常生活装備とでは、内容が違うのと同じです。

●しかし、地球上に存在する「魔術技法」のほとんどは、
そもそも、外来の生物たちが、
この地球に定住、定着するために作ったルールであったり、

または、その法則を応用することで、この地球で暮らしやすいように、
望みが実現するように、正しく言うと

「物質化が安定するように」考案したものである。

●**一方で、地球から出て「移動」するための方法論は、
滞在するための方法に比べて、圧倒的に少ない。**

今日まで、皆さんのお気に入りだった、魔術や願望実現や瞑想とは、
すべて「より、ここに根を張って身体を安定させるためのもの」です。

一部には、脱出型のものもありますが、それが、頻繁に機能していたのは、
それこそ、一部の人達の間であり、全体としてみれば、紀元前の話であり、
現代では、ほとんど失われています。

瞑想や宗教が、社会と全く関係を持たない、本当に厭世的なものであった
過去の時代の一部にだけ「脱出型」の方法論は存在していました。

●そもそも、「脱出口」というのは、
それを望まない人や、社会が関わってはならないものなのですので、
たいていの場合には、「社会的に、隔離された場所」にありました。
イメージとして、分かりやすいのは、「洞窟」です。

一般に言われている、聖域やパワースポットは、
逆流型ではなくて、**向こう側からこちらに向かうベクトル**です。
つまり、そもそも、その通路は、
「向こう側にとって、都合の良い利便性」で作られているということ。

●そこで、古代の魔術技法が、
地球に入ってくるための、定着するためのものであるならば、
それを逆流、または反転すれば良いのではないか、と考えがちですが、
そうは問屋が卸さないのが、「弁」という仕組みです。
常に、そこには、「逆流防止の仕組み（逆支弁）」があるということです。

●また、そうした通路を使って、**別の次元や世界からやってくる者を**

「現在の自分の位置」においてしまえば、「交換条件」のように、
その代わりに自分は向こう側へ到達する、と考えるのも安易です。

それは、向こう側の者と「先天的に関係を持っている」一部の人だけが
使えても、ここにいる多くのほとんどの人には、まったく使えない方法です。
いずれにしても、

「私は、他人と現実を共有する便利さよりも、自分の自主性を死守することを、今は選
　ぶ。心理的に完全に孤立しても構わない」

そのように宣言するのが、「今は」必要だということです。

●そもそも、人間に高次自我を吹き込んだ時点で、
それは、もともとは、分離された意識が、元に戻りたがって「あがく」、
ということが、プラント設計としての、狙いだったわけですが、

それを画策した者が、あまり計算や予測をしていなかったのは、
高次自我は、ホログラムの板のように、その「一単位」が、
それで「完結した宇宙になり得る可能性」をも、持っていたということです。

●だから、本来であれば、皆さんは、必ずしも、
何かとのつながりに依存しなければ生きていられないわけではなく、
相当多くの部分のつながりを切ったとしても、
それでも根源的な意識の素粒子的な単位としては存在できるということです。
ただし、それは、「全自我」であることが、大前提です。

●また、「個人である」という閉鎖された心理状態は、
それはそれで、それを極めれば、逆に、意図せずに、
別の世界の住人とのつながりが出来るという「副産物的な効果」を持ちます。

「閉じると逆に繋がる」というのは、一見すると、逆説的に聞こえますが、
地球の人間とは、つながりが希薄になる分、

別の次元を引き込みやすくなる理由は、
基本的に、個の単位に閉じた状態でこそ、
「より本質的な、内部回線で、他者や、他次元とつながる」、
という基本原理も関係しています。

それに、環境のシステムが人を支えているのは、その環境と契約した場合
のみで、契約が切れれば、依存する必要はありません。
相互依存するにしても、次の契約は、自分で選ぶ権利があります。

今後、地球から移動して、別の次元や別の世界に、定住するときには、
その時には、また、その世界で、
「あなたが許諾したり、妥協できるような、不自由さ」、
つまり「共有現実」を選択して、そこで契約すればいいだけです。

●しかし、それは、今のこの時代の地球でやるようなことではありません。

何度もチャンスがあったにも関わらず、
今ごろになっても、まだ遣り残したことがある人は、
むろんもう一度、地球での生を選択するのは自由ですが、

もしも原型自我に戻っていなかったらば、戻ってくるときに、
自分の自由意志の選択で、望んだ場所に戻ってこられる可能性は
「ゼロ」です。
必ず計算違いや、「許諾した覚えのない事態」や、
「予定外の苦痛」を背負うことになります。

今回、希釈自我で生まれた多く人たちがそうであったように。

【関心地図とは？】

★分割自我復元★その35★ 『思考地図による現実確認』

「関心マップ」を作成すること。

●自我復元をやっている人達には、私は基本的に瞑想を一切禁じています。
ほんの、二人か三人だけには、自我復元を少し補足する為に、
目的を限定して、例外的に、「死人禅行法」を薦めていますが、
その他の、ほとんどの場合には、禁止しています。

●そこで、今回は瞑想ではなく、
「人間として当たり前」の、「自己管理法」を解説しておきます。

以前から私が言っているように、
皆さんそれぞれが「現実」だと思っているものは、個人によって全く異なり、
共有できている部分は、ごく一部だけで、基本的には、誰とも現実など
共有はしていません。

●例えば、今回の(2011年3月11日)の、地震と原発事故の被災に
ついても、ある人は目の前にある瓦礫をどうするかが最大の現実として認識
され、別の人には放射性物質から自分の子供を守ることが最大の現実として
識され、ある人には、家畜や牧草や、農地のことで頭が一杯かもしれません。

また被災地から遠く離れた別の人は、
家庭で、離婚問題の真っ最中で、そのことで頭が一杯になっていたり、
別の人は、いつどうやって自殺しようかで、
今、頭が一杯になっているのがその人の現実である場合もあります。

●原則として、人間が「現実だと思っているもの」は、
(意識の視点を除外すると)二つの要素によって成立しています。

1. ひとつは、リアルタイムでの五感の感覚。
　今ならば、例えば、秋の虫の声が聞こえているといったその現実です。

2. もうひとつは、あなたの頭の中を去来し続けている、
　ほとんど無駄な独り言のような思考や、記憶の断片です。

これらによって、あなたは、あなたの言うところの、
あなた自身だけの、現実を作り上げています。

●しかし、習慣に流されて、毎日、同じ妄想で頭を占領されているようでは、
いかに、やっていることが正しそうに見えても、
まともな人間とはいえません。

そこで、人間が定期的に正気に戻るために必要不可欠な、
ごく簡単なことを教授しておきます。

これは幾度も、竹の間でも、梅の間でも、かつて私が言ってきたことですが、
ちっとも、実践して活用できていない人が多すぎるからです。

貴方に固有の「現実地図」を確認する方法

1. まず、必ず、部屋に、一人っきりになってください。
　パソコンや携帯電話やテレビなどは、言うまでもなく全部消します。

2. 次に、部屋を暗くしてください。
　ただし、文字が読めて、書けるぐらいの最低限の明るさは必要です。

3. メモ用紙か、出来れば日記用のノートを用意しておきます。

4. 座る姿勢はどうでもいいので、目を閉じてください。
　ただし、病気でもないかぎりは、仰向けや寝転がるのは駄目です。
　また目を開けていると目に入る映像からの連想が生ずるので、

作業中は、目は必ず閉じていてください。

5．そして今その時点で、
　毎日、日常的にあなたの関心が向いている事柄を
　見つけていってください。

6．見つけたら、それをノートに書き出しますが、
　書き出すのは「タイトルだけ」にしてください。
　例えば、「○○のこと」といったように、
　自分では分かるタイトルだけにして細かい内容までは書かないでください。

　ひとつ書いたら、目を閉じて、自分の頭の中を再び放置して、
　気になる問題が浮かんできたら、それをまたノートに書きます。
　複数、気になるものが出てきたら、いくつかまとめて書いてもいいです。

7．次に、そうやって書き出した「自分の関心が今向いているもの」に
　対して、それに感じるリアリティー・現実感を、1から5のレベルで
　書いてください。

一例としては、例えば、

「旦那が（または愛人が）一日も早く死んで欲しい」…レベル5
「借金があり、支払期限日が迫って、困っている」…レベル4
「子供たちが少し風邪で心配」…レベル3
「今日は、猛暑が去って、涼しいな」…レベル3
「昨日、会社に入社してきた男性は、ちょっと可愛かったな」・レベル・2
「今日は、無明庵の更新情報は、何かあるかな」…レベル1

といった具合である。

●黙想するときに、目は、必ず閉じてください。

そして、頭の中を去来する、浮かんでくる考えのうち、
かなりの比率で、自分の現実の世界を作っている思考や、
関心が向いてしまうものを、そのタイトルを書き出し、
それに「現実感」のレベル評価を書き込みます。

おそらくは、どうしても思考をしてしまう対象というのは、
書き出すと、せいぜい10個前後にしかならないはずです。

●こうして、日々、あるいは、一週間おきに出来上がるものが、
「あなたの現実」というものを構成している主な材料です。
現実に即した、実際問題が多くなる人もいれば、
ニートや家にいることが多くて、何の役にも立たない脳内妄想ばかり、
という人もいると思います。

人に、現実として認識しているものは、いろいろでしょうが、
いずれにしても、

1．「暗がりで、目を閉じて、関心が向いてしまうもの」をチェックし、

2．それを書き出して、それに「どれだけの現実感を持っているかのレベル」
を書き込んでください。

そうして、書き出したらば、最後に、

8．「現実問題として、それに意識を向けることが必要に迫られている度」
　のレベルを書き込んでください。

●こうすると、あなたの頭が、ある特定のことに
（例えば発情したような性妄想に）アホみたいに、ずっと囚われているにも関わらず、
それらのうちのいくつかは、現実問題として、優先的に、

明日にでも、すぐに解決しなければならないこと「ではない」ものが、
沢山あることが分かります。

逆に、現実感が薄くとも、実は、もっと他の事よりも優先して、
現実にやらねばならない課題がある場合もあるという事も分かると思います。

●つまり、薄暗い部屋の中で、一人っきりになって、
目を閉じて、じっとしている時に、
あなたの関心が「どうしても自然に向いてしまっているもの」の中には、

「現実感が強いもの」や、「すぐにやるべき必要性があるもの」、
といった対象が「いくつも混在」している事実を、
まず、きちんと、「定期的に、ノートに書き出して自覚すること」が、
人間がマトモな神経を維持するのに必要です。

もしも、これを定期的に自分の頭に対してしないと、
あなたが日ごろ、自分や他人に向かって、何を言ったり、何を行動しても、
あなたの頭の中は、いつまでたっても、死ぬまで一生の間、
コントロールも管理も整理も全くされていない、妄想と空想だらけの、
「ただの、狂人状態」に成り下がります。

●今回説明した、どんな自我率の人でも出来る、この簡単な作業は、
毎日の、あなたの関心が、どのような種類になっているかを
「客体として、完全に突き放して、観察する」のが目的です。

自分では、それが大切で、重大なことだと、一人よがりで思い込んでいても、
本当に重要なのか、本当にリアルな感覚を持っているのかを自分に自問して
みたら、実は、「現実感が、あまりなかったり」、

または、現実的には大切な、他の事に注視していなくて、
毎日のようにミスをしている、チャンスを逃している、などなど、
いろいろなことが分かるはずです。

●ちなみに、私も定期的にこれをやるのですが、
大体、一日の最後に、頭の中にある関心事というのは、
リアルかどうかを自問すると、せいぜい5つ程度です。

ですから、皆さんも、いざ、実際にやってみると、
現実感のあるものや、早めに実際にやるべきこと、などを合計しても、
せいぜい、一日に、10種類程度の「タイトル」であると思います。

また精神的に、よほど、鈍感な人でなければ、
自分がいかに、毎日、毎日、そして何ヶ月も、何年経っても、
「同じようなことを、何度も繰り返し考えてしまっている」といった、
「不自由な精神状態」であることを自覚するはずです。

補足説明

●そもそも「関心地図」が、ありがちな自己観察、想念観察と異なるのは、
自己観察が追尾しようとするのは、思考や感情だけであるのに対して、
関心地図は、その直前を観察していることです。
しかも、思考観察などは、
毎日、瞬間瞬間で、それを続けようすること自体が不可能であり、
やっている気になっているだけで成果は全くないといっても良い。

しかも、多くの場合には、単に「ひとつの思考を、別の思考が評価を下している」だけの、堂々巡りの思考トリップにすぎないものである。

●一方で、関心地図とは、**意識のベクトルが確認できた段階で、
それを以上のことを決してしない**、というのが原則である。

部屋を、真っ暗ではない程度に暗めにして、
必ず目は閉じて、その時点で、あなたの関心を引っ張っているものを
強く関心が向いている順から、メモに落とすだけである。

具体的に、その先の連想に至ることなく、単に、
どうしても関心が向いているものをピックアップするだけに留める。

●これを理想的には毎日、最低でも週に２、３回、しかも一回に行うのは、
たったの10分以下。

そして、おそらくは、書き出してみると、あなたは、
そんなに多くのことに本気で関心を持って生きているのではないことが
明白になる。
人間はネットやテレビや書籍や他人との会話という「情報を見続ける状態」
や、さまざまな連想によって、思考が暴走している状態では、
「自分は、いろいろなことに関心があるのだ」という大きな「錯覚」をして
いる。

しかし、関心地図のようなやりかたで、関心を「放置」してみて、
それでも自然に、どうしても関心がひっぱられている分野をあぶりだして
みると、実際には、その瞬間に、あるいは一日を通して、本当に、自分の
関心の対象となっているものは10個未満だということがわかるだろう。

●こうした「関心地図」をメモする作業を続けることで、
思考発生の直前にある、「意識のベクトルの様相」というものが、
貴方の観察対象になってくる。

関心地図は、ほぼ毎日、少しずつ変わるはずである。
ずっと心にひっかかっているものは毎回、順位として上位にあがるだろうが、
それ以外のものは、その日によって変わるだろう。

例えば、昨日までは、関心事の2位に「お肌の調子が悪い」だったものが、
本日、歯痛になれば、その痛みがトップに躍り出る、といった具合に。

そしてこの「関心地図」の作業を一週間にたったの2回か3回、
しかも一回10分程度するだけで、それは、いろいろなものに影響してくる。

第5章 / 私が地球で語ったこと（前半）

★分割自我復元★その109　でたらめな「地球ツアーの広告文」
実状と異なる古い地球のパンフレット

●どうやら、今回、ここへ生まれてきた多くの人たちが、
契約時に(自動的なシステムによって)、説明をされたか、または見せられた
「地球に生まれる事の利点」というのが、大きく間違っているらしい事が、
最近、少し分かってきました。

以前から言っているように地球の管理を委託された「Dグループ」の連中は、
あらゆる点で「怠惰」であったために、生産効率(納品偽装)を目的として、
人間の自我を、分割・希釈しただけではなく、

かつて(地球時間では、おおよそ紀元前3500年ごろ)に、クルージングとして、
外部から地球へ下降する際に使われていた「基本的な説明書」を、
まったく書き換えずに、今もそのまま使用しているという事です。

「職務怠慢」としか言いようがありませんが、結果としては、
これは明白な「詐欺罪」です。

●その事がどれぐらい異常であるかと言うことを説明すると、

**ちょうどそれは、50年前の遊園地のパンフレットが、
50年を経過して変化した同じ遊園地で、今も、配られているようなものです。**
料金表示もそのまま、注意書きもそのまま、
利用できる乗り物や施設も、50年も前の記載のまま。

●ところが、現実には、料金も何倍にもなっており、利用できる施設は、新しく近代化
された部分もあるものの、逆に、本来の「面白さを失ったもの」も多くある。

しかも、何よりも間違っているのは、注意書き、そして、
「この惑星の人間体験だけから得られる、斬新な経験をどうぞ」、

と広告を打ってあるその部分の「内容」です。

「Cグループ」が管轄していた昔には間違っていなかったのですが、
自我が分割された後からは、
根底からして、広告の通りにはいかなくなった部分が多々あります。

●ただし注意が必要なのは、
ちょうど、皆さんが、何処かの観光地に行く前の段階で、
そこについて情報を得るのは、おもに、次の「3種類」のルートです。

・そこへ実際に行った経験者からの「伝聞や薦め」をあなたが聞いた場合。

・そこを宣伝するように言われている「業者」が作ったものや、
「世間に累積した噂」をあなたが聞きつけた場合。

・そこを管理経営している現場で作られているパンフレットを読んだ場合。

しかし、そうした噂や広告の「最も重大な欠陥」は、次のことです。

「良い事」しか書いていない。

どんな商業的な広告もそうであるように、
説明書きには、良いことばかりが並んで書いてあります。

一方で、「注意書き」というものは、必ずと言っていいほど、
目立たないように小さな文字で、わかりにくく書いてあるか、

もしくは、説明された側には「その意味が、よくわからない」、
という方法で説明されることも多々あります。
皆さんも生命保険の契約書の裏面の記載が、小さな文字で、
意味も分かりにくく書いてあるのを見たことがあると思います。

第5章 / 私が地球で語ったこと（前半）

●例えば、一例として、真偽は別としても、ロバート・モンローが開いた
「TSIクルージングのファイル(ロート)」の中には、
注意書きとして、「このツアーは中毒性を有する事に注意」
とあったと、彼は書き記しています。

このように、地球に初めて来た生命体にとっては、
「地球のシステムに固有の中毒性」が「何のことか」すらも、
そもそも全く理解できません。

そして、そういう初回体験者が、その部分の注意書きを、
「必ず読み飛ばす」「理解できない」、ということを、
入星管理局の契約事務官は、知り尽くしています。

●皆さんが、噂、他人からの薦め、
そして、古びて、全く事実と違ってしまっているこの惑星の、
「古い説明書」には、おそらく次のように説明があったはずです。

＊＊＊＊＊＊＊＊＊＊＊＊＊＊＊＊＊＊＊＊＊

【ツアーとしての地球体験の主な特徴】

◆思考によっては、簡単には変化しない物質にまで安定していますので、
　より現実感のある経験が出来ます。
　　今までに、思考によって環境や感覚が変わるような不安定な環境に、
　　長くお住まいだったお客様にとっては、安心して生命経験が出来ます。

◆その物質安定の副産物的効果として、他者の思考集合体とは断絶されて
いますので、安心して、今までよりも、個人として、何でも自由に思考が
できます。

◆生命間での情報伝達の大半が断絶されていますので、
　今まで、集団意識の状態では接触できなかったような異種族と出会うことも可能で

247

す。

◆人間の五感の神経信号は、その感度は非常に悪いですが、
　内容の質としては極めて複雑で、その結果として、
　映像、音楽、香り、味、触感に関しては、
　珍しいほどに、独特の多種の創作物が生まれています。

◆自我と不自由な身体という閉塞的な環境の中に閉じ込められますが、
　この経験は、経験密度を加速的に変化させます。

◆食べる、排泄する、性交渉をする、痛む、その他の「感情経験」が、
　今までに極端に少なかったお客様にとってはスリリングな経験となります。

◆下降して誕生する際には、契約形態により、差はありますが、
　生まれる地点の座標、生まれる親、生まれる時間の選択はもとより、
　一回の生存において目的とする経験内容を、
　限定的に設定していただくことも可能です。

◆また、御自分の子孫を残して教育するかどうかの決定や、
　ご自分の死亡日時などの細かい設定も出来る契約形式もございます。

◆契約期間中は、お支払いとして、
一定量の感情を提供していただく事になります。

◆注意事項◆

◆帰宅困難(帰還困難)者になることがある。

◆中間状態での記憶の大半を喪失する。

◆ご自分の他のユニットやメンバーとの連絡が出来なくなるために、
学習や記憶の蓄積は、極度に非効率になる。

◆心身の色々な種類の痛みや、飢えや、不快感と呼ばれる感覚を伴う。

◆中毒に陥る者もおり、繰り返し何度も経験したくなるケースもある。

◆予定外のアクシデントこそが、このツアーの重要な一部であり、醍醐味であるので、一部、御希望と違っていても、当社では一切の責任を負いかねる。

＊＊＊＊＊＊＊＊＊＊＊＊＊＊＊＊＊＊＊＊

●確かにこれが大昔の地球の広告文ならば、そう間違ってはいないのですが、現在では、全く異なります。
何しろ、これらの説明書には、「**希釈された自我の製品がある**」などとは、契約書のどこにも書いてありません。

強いて言うと、乗り込む製品の「シリアルナンバー」の中に、
「希釈率を示す数値」の表示があり、

「これですと、順番待ちでも、あまり歳月を待たずに、早めに地球に生まれられますよ」

というのが、この詐欺の「常套手段」です。

●しかし、最も詐欺的なのは、もう二度に人間に生まれたくないと思っていても、実際に、死ぬと、逆に、地球での生活が、「懐かしく、かつ、面白かったように」、
「見えてしまうシステム」が準備されている事です。

たいがいの人は、「もう二度と騙されるか」と言いながら、
死んだとたんに、「視点の位置そのもの」が変わってしまうために、

人間の世界を、「面白そう」に感じて、再び契約してしまい、
結果として、ここへ、「労働家畜」または「農作物」として送り込まれます。

●そして送り返された地上で、人間に強制的に義務づけられた、
主な生産物(生成物)は、「**感情エネルギー**」です。

とりわけ、その中でも、「収穫者たちの側」に珍重されているのが、
人間が発生する「恐怖心」です。
ただし、この恐怖心の多くは、実際に恐怖の原因となるものがそこにない、
「仮定と仮想に基づく妄想」であることが殆んどです。

「もしも、ああなったら、ああなってしまうに違いない」という類です。

他にも「偏執狂的な、執着心」「死と痛みを恐怖し、生にしがみつく」
など、その他、人類から発生する独特の「薬品用の原材料」がありますが、
それは「本書の前半部」で、ざっと羅列しておいた通りです。

●むろん、かつて古い時代には、契約状態は、決してこういうものではなく、
もっと自主的に、ここでの経験を選んでいたのですが、

「自我の分割・希釈」という不正行為が起きてからは、
皆さんが、今、その目で見ているように、
この惑星の人類の思考状態は、もう目も当てられないほどのカオスです。

この期に及んでまで「そのカオスこそがいい」などと言う者がいたとしたら、
「生命経験の味覚音痴」を引き起こしていると見ていいです。

カオスという、一種のスパイスにも「適量の配合」というものがあり、
その限度量を超えたら、ただの「不細工な激辛フーズ」です。

●むろん、ごく個人的なレベルで、
この惑星のようなゲテモノ好きの変わり者も少数は、いるでしょうが、

ただし、皆さんが、いつか全員死んで、向こう側の世界で、
「地球は、いろいろ大変だったけど、

予定どおりの成果があったし、まー、面白かったよな」

などと本心から言えるのは、現在この惑星に生息している人類のうち、
10％以下、よくて５％程度です。

皆さんの近くの周囲にいる人たち、ゾンビみたいな人たちを見て、
その者たちが、生命や意識に「何かの貢献」をしたと本気で思えますか？

そのゾンビみたいな人たちは、確かに、労働用の「感情発生生物」としては、
よく育って、泣きわめいて、「良い収穫物」と「燃料」にはなったでしょうが、
本人が、その代価として受け取ったものは、ほとんどないはずです。

★分割自我復元★その113

全自我に復元した後、どうやって脱出するか

●これについては全自我に復帰した人や、自我率の修復がかなり進んだ人は、
本書にある**「死後のミッション」**の**「１から４」**を行えばいいです。

ここでの問題は、「別の星系」というときに、多くの人が、
天文図鑑で見るような宇宙を想像してしまったり、
別の銀河や恒星や惑星、ということに過度にとらわれていることです。
現在、名前が知られているような星を目指しても、
脱出は、中途半端に終わります。

●なぜならば、そもそも地球での、物理的かつ心理的な「知覚の制約」を
受けた情報に基づく「星の名前」は皆さんの行先では役に立たないからです。

大体、プレアデスがどうのこうの、アンドロメダがどうのこうの、
オリオンがどうのこうのは、地球に固有の神話と結びついたものとして、
確かに、現実に起きた宇宙的な神話の一部ではあっても、
そのルートは、少なくとも、私の体系では全く無視します。

というのも、もしも、それをやったら結局は、他人や集団が作った信念体系
や価値観や未来像に依存することになるからです。

●「個人」で出来ることはむろん限られていますので、依存が悪い
とは言いませんが、不注意で安易な「契約」だけはしてはなりません。
その契約に不注意だったことが、
現在の皆さんの現実を作ってしまったからです。

宇宙では、万事が「契約」だと覚えておいてください。

この「契約」とは、幾つかの多層の意味を持ちますが、
大体概念としては、いわゆる「契約」と思っていいです。
契約というのは、「**同意**」によって**成立する**ということです。

●宇宙での個々の契約と地球のそれとでは、雲泥の差がありますが、
同意に基づくという一点では、共通しているので、
この世界で、面倒な法律について少しだけでしたが、それを学習することは、
私にとってはかなり役立ちました。
そして、うかつな契約書や同意書には気をつけろという事も、かなり学習できました。

●そうした私が得た成果を今回は、
宇宙規模で、皆さんの脱出にも応用します。

個人で可能なことに限界があるという前提を踏まえても、
それでも、意識が引き出せる限界まで可能性を引き出せば、
「宇宙像」そのものを、もっと違う視点から見るエリアに到達できます。
移動の中には時間の移動も含まれます。

●個人個人が、もっとも親しめる別の宇宙というものは、
別の天体名を意味しません。そのような「路線地図」は不要です。
必要なのは、皆さんの最も奥にある意識が、それぞれに固有に共鳴できる

エリアは、皆さんが勝手に自分を制限しているよりも、
ずっと広範囲または、多岐にわたるということです。

●皆さんが宇宙について考えて、想像していることは、
そのほとんどは、他人や本からの受け売り、アニメの影響、天体写真の影響、
などにすぎません。

しかし、一度、意識と意識でないものの深淵を覗き込むと、
ほとんど、何も際限がないような領域があります。
そこから宇宙そのものに対する概念を皆さんが再構築することも可能ですが、
ただし、そういうことを先駆的に今までやってきた種族は確かにいます。

●私が、最も親しいのは、そういう種族です。
ただ、そのせいで、どこの宇宙に行っても、私や、その種族は、
大抵は嫌われます。

あるいは、体裁よく距離を取られます。
むろん、相手から距離をとってくれるほうが、
こちらも面倒がなくて楽ですので、助かってもいます。
どこの宇宙でも、私達が嫌悪される最大の理由は、
誰しもが、「一番質問して欲しくないこと」を、平気で質問するからです。

例えば、

相手の生存目的、
相手の快不快の定義、
相手の宇宙観の定義と、
それを支える知覚制限域、
そもそもの宇宙の無目的性、
または、可塑的目的性の定義、
また新陳代謝の基礎となる食物、
などについて。

要するに、
「お前さんが、鼻息荒く、力説している宇宙なんてものは、
　お前さんたちの、想像上の産物に過ぎないと言えないか」

ということが常に、全ての論議の「前提」の「議題」となるからです。

この癖は、気の遠くなるような過去に私が獲得したものですが、
現在の私にも、まだ残っています。

それは、
「使用される用語の定義を論議しないで論議をするな」
という私達(私と彼らの間にある)に固有の大きな特性です。

普通は、前提となる「概念の定義」もなしに、いきなり、押し付けがましく、
「宇宙」だの「宇宙意識」だの「次元」だの「神」だの「愛」を
口にする人が、ほとんどですが、
私のいた世界では、それは絶対に「許されないこと」でした。

●なぜならば、そういう根幹的な事を「考えざるを得ない境遇」に彼らは
宇宙で、幾度となく接してきたからです。

地球で、人間が思考の中で、
「そもそも、どうして生きているんだろう。
　死んだら悪い理由、なんてものには何の根拠もないだろう」

という、ありがちな「生存不満」「生存不安」「生存目的の疑問」が、
「極大の時空間の範囲に拡大したもの」であると想像すればいいです。

●ただし、想像してもそれは想像できないと思います。
現在の皆さんの生や死への不安や苦痛を、
どう頑張って「拡大想像」をしてみても、不可能だと思います。

大抵の苦痛に対しては、生物というものは、慣れる事が出来ますし、
拷問に対しても、気絶して意識を切断したり、
さらには、肉体的死亡することで、その苦痛から開放されますが、
それが、全くかなわない世界というものがあるからです。

皆さんが、地球で人間の生をやっているかぎりは、
決して、知り得ない事実があります。

それは、苦痛でも、快楽でも、
**その構造と起因が「単純」であるほど「絶対性」を持っているが故に、
それは、普遍性を持って「恐ろしい」ということです。
つまり、個別の「事象の連鎖による因果関係」によらない世界ほど、
圧倒的に、抵抗不可能で、定義不可能だということです。**

●彼らは必ずしも、星座図鑑に出てくる名前のところにはいません。

彼らは「不幸」なことに、宇宙で、相当に「長生きしすぎた」らしく、
かなり疲れていますし、一部の存在たちは、ノイローゼにもなっていますし、
実際、宇宙的な意味での自殺、(私達の間では「結合崩壊」または「焦点崩壊」
と呼びます)をした者も多くいましたが、
私は唯一、彼らとしか、本当には思考を開いて親しくはしません。

ですから、この地球に今回生まれて、
本気で自分の考えを「人間」の誰かと、話をしたことはありません。

●「中間管理的な立場」の、いろいろな存在たちは沢山いますが、
私は、そのどれとも「短期契約」でのかかわりです。

ただし、そうではない長い付き合いをしている「彼ら」と私は、
現在の宇宙が滅びるか、それとも、私個人が滅びるか、
そのどちらかまで、ずっと、その付き合いは続くと思います。

●さて、我々の「肉体以外の身体」もまた、当然のこととして肉体と同じく、
ある程度、この天体構造の制約は受けますので、
その構造をまったく無視することはありませんが、
皆さんが重視しているほどには、実在の天体名には、こだわりません。

また、皆さんが、ここにある情報を元に、勝手に想像している
異星人のイメージも、捨てた方がいいです。

断片的には過去にそうしたものと関わった記憶は、各自にあるでしょうが、
今回の脱出には、その回路は役に立ちません。

詳しいことは、本書の前半部に「**死後のミッション**」として記した通りです。

★分割自我復元★その119

●無神論者で、かつ、オカルティストであるという生き方●

うちの読者は無神論者である方がいい

●今、とんでもない事をやろうとしています。
それは、はじめて、外人さんに、自我復元を試させてみること。
通訳も準備出来たので、これからいよいよです。

ところが、相手の外人さんは、日本での私のスタンスや、考え方や、
やっていることや、難しい論理など、全く何も知らない。
もともと、動画投稿サイトを通じて知り合った人だからである。

しかし、相手は、家庭で、幼児期から問題を抱えており、
自分で何かを決定、決断できない自分を嫌悪しており、
自分で決断できないくせに、他人の決断に乗って失敗を繰り返している。

そんな自己嫌悪から、自殺したいと思うことも、しばしばあるようだ。

別に、他人が自殺しようがどうしようが、私は全くかまわないが、
それなりにその人の問題は、私も把握しており、
縁がなかったわけでもないので、
「最後の手段」を使わざるを得なくなった。

●問題なのは、自我復元というものは、DVDでその方法だけを聞くと、
これは、おそろしく奇妙で奇異であるという点。

さらに、どうしてそのような方法が生まれたのかの、その論理背景となると、
とてもではないが、普通の人に信じられるような論理基盤ではない。
何しろ、事の発端は、紀元前よりはるか前までさかのぼるのだから。

では、全くの「でたらめ」なのかと言われれば、
その紀元前に起きた、人間を管理する側の組織が起こした不正事件について、
私には、何も証明するすべはない。

ただ、理論物理学のように、ごく論理的に考えてゆくと、
現象から見るかぎりは、人間の何かが年数とともに劣化し続けており、
その正体は、「自我それ自体のキャパシティー」の劣化である。

おそらくは、自我復元という方法によれば、分断され、希釈された自我は、
補充し、元どおりに修復できるのではないかという推測から始まった、
ということは、皆さんもよくご存知の通りです。

●希釈自我という事件が、私の認識の中で明らかになったのは、
「宗教に汚染された地球人」 を執筆していたときですが、
その草稿は、「有料購読」の時期に出来たものでした。

おそらくは、皆さんの中にある根本的な疑問である、
「この世界は、どうしてこうも醜いのか。精神世界の美辞麗句など聞きたくないから、
その本当の理由が知りたい」 というものを、

私が潜在意識の中で拾い上げて、それに共鳴して、調査を開始したのかもしれません。

●その結果、当時、いきついたのは、「**生物管理法令**」というもので、
自らよりも下層次元に存在する生命体に対しては、
違法性のある生命操作や、からかいや、教育、つまりは
「干渉をしてはならない」という、古くから存在する協定がありました。

しかし明らかに、その協定に違反する行為が地球ではまかり通っていました。
しかし、そうした宇宙話の内容を含む「**宗教に汚染された地球人**」を
書いたときには、まだ、修復法はなく、自我に希釈率があるという現実に
対しては、ただただ、その現実の中に、あきらめるしかなかったのでした。
ゾンビは、どう努力しても、死ぬまでゾンビのままで、
ゾンビでない人も、自分の自我率は、生まれついたときに決定し、
死んでから「再契約」でもする以外に手立てがない、と諦めていた。

●しかし状況が一変したのは「**分割自我復元**」のDVDからだった。

その前に、いくつかのテストを行い、確かな結果が出たために、
読者の皆さんに協力をお願いしました。

自我復元という前代未聞の試みは、
そもそも、自我が不正に分割されたという認識も論理も、
この地球にこれまでに、ただの一度も存在したことがなかったために、
その修復などというものは、地球上で、ただの一度も行われたことはなく、
したがって、データが何もありません。

何度か言いますが、
「分割魂」という曖昧な言い方は、うちでは適応しないでください。
分割魂という用語の定義なると、自主的な分割（分身作成による定着法）も
含まれるので、話が「面倒」で煩雑な状態になります。

●さて、私は、発見者や、開発者かもしれませんが、

私も、そして自我復元をやっている皆さんも、
同じ「研究室」の中にいる、「共同研究員」だと思ってください。

私は皆さんからの報告を見て学び、現状分析をし、考え続け、
そして、皆さんは、復元を自分の回復に使っています。

これは「相互協力」の関係にある「実験プロジェクト」ですから、
私は、自我判定と、必要な助言まではしますが、それ以外は、
すべてが「皆さん自身」にかかっています。

●話を戻しますが、何も知らない外人さんに言葉の壁や文化の壁もある中で、
いったい、どうやって、自我復元をやらせるかが難題でした。
ただ、幸いに、今回の人が「無神論者」だったことは救いでした。

本人は、凄い狂信的なキリスト教のお婆さんと母親に育てられたのですが、
せっかんや、暴力もあったので、本人は無神論のままでした。
西洋人が、有神論者の場合は、狂信的な面と頭の悪さにおいて、
人によっては、日本人よりも始末が悪いので、私も関わりたくないのです。

欧米社会では、キリスト教からイスラム教に改宗したり、
無神論者が増加しているようですが、
さりとて、彼らも、そのあとは、すぐに、ビートルズみたいに、
インドの瞑想だの、ネイティブアメリカンだの、あげくには、
アセンションだの、宇宙連合だの、天使の守護だの、シュタイナーだのと、

その「信じたがり症候群」の矛先が別のものに向かうだけで、
いっこうに、その稚拙さは、軽減されず、増加するのみです。

●そもそも、無明庵サイトというのは、無神論者が読むべきものです。
このサイトでは、さまざまな精神世界の問題は扱いますが、
一貫して、宇宙そのものに対しては否定的なスタンスです。
だから、このサイトは、そもそも、スピリチュアルと呼ばれる分野を

ほとんどすべて、コキ下ろしてきました。

人間は、無神論でも生きてゆけます。
否、無神論者の方が、はるかに、正常な知性だといえます。

ただし、私のように、無神論者であっても、オカルティストである事は出来ます。

たとえると、それは、
人間を作ったり、支配したり、助ける、そんな神仏など信じない。
だが幽霊は、いるだろうし、その他にも、人間には認識できない領域には、
知性を持つ生物が無数にいるだろう、というのに似ています。

誰かがこの世界の善悪や、正しさなど決めてはいないが、
ただし、幽霊のような現象は起きる。
つまり、自分が知覚している世界は、物質的現象だけではないという認識。

よって、私は幽霊も信じますし、
人間が死後になると、いろいろな問題を抱えるとも認識しています。

●ただし、そうした世界を支配したり、統率したり、
こうしろああしろという、そんな野郎どもが、何かの権限や正義や、
正しい認識を持っている、などとは一切信じていないということです。
宇宙には、不思議な現象は沢山あり、人間の知りえないことは
無限ほどに転がっています。
そういう現象に対して何とか法則性や規則性を見つけて応用をしようとする、
自分に苦痛が生じたら、それを軽減したいと思うこと。
それが「オカルティスト」の立場です。

扱う現象が物理学になれば、科学になるだけで、
扱う現象が霊的な分野であるので、オカルティストになるだけです。
ただし、オカルティストは、サイエンティストと同様に、
神や創造神を信じる必要などないのです。

●無明庵の認識と、基本的な宇宙観というのは、

「**宇宙は、その当初から、トラブル続きである**」という絶対的な確信。

その理由も簡単で、
「**宇宙は、その最初に、まずトラブルから始まったから**」ということ。

トラブルから始まったことが、正常な形で終わるわけがありません。
終わるどころか、その過程もすべて、トラブルだらけになります。

●つまり、いわゆる精神世界や宗教が、
「この世界には、何かの進化の目的がありそうだ、
人類もきっと何かのために存続しているんだ」と考えたい、
そういう、甘ったれた、ご都合主義の夢物語を、かまわずに踏みつけて、

「**人間どころか、宇宙にも、それが、無理をしてまで、存続する意味はない**」
と明確に言っているのです。

●さらには、神学上、よく問題になる、
この世界を作ったり管理している「何か」は存在するのか？
存在しているとしたら、何をしているのか？
それは、最終的に何がしたいのか？

といった命題については、それが「何か」は不明だが、
明らかに「知覚」を開始した「コマンド」としての意思と意識があるようだ。
ただし、宇宙のその後について、
そいつが何かの責任や義務を持っているという証拠は何もないということ。
失敗作の宇宙を作ったまま、当人が、とんずらした可能性すら否めない。

●**したがって、仮に創造の宇宙の意識があったとしても、**
そいつに正しい判断が出来るという証拠は何もなく、

そいつが正しかったという物的証拠も何ひとつもない。

宇宙に形をもって生まれてしまった多くの意識や生命体が、
自分たちのいる宇宙について、
さんざんにいろいろな「推論」をしてゆくうちに、
それぞれの宇宙では、勝手な「宇宙観」や「思想」や「生の目的」
と称するものは生まれたものの、

結局のところ、私たちにとって役立つのは、空想上の理念や、
勝手な人間の期待から捏造された「善意があるはずの神」などではなく、

実生活で、新陳代謝をして生きて、知覚をしてゆく中で、
それが物理的な身体として生きてゆくのであれ、
別の次元の身体として生きてゆくのであれ、

何か困ったこと、つまり「苦痛」が生じた場合に、
自らの力で、それをなんとかするしかないのである。

どこかの神仏や、守護天使や、宇宙人が助けてなどくれはしないのである。

●だから、必要なのは、信仰ではなく、宗教でもなく、定義も曖昧で、
実験室で、ただの一度も物的証拠とともに証明されたことのない、
そんな神仏への依存心や信頼心ではなく、「オカルト技法」だけなのである。

だから、私は、無神論者のオカルティストであり続けている。
ずっと太古から、そして、これからも。

●確かに宇宙の次元には、いろいろな者たちが存在するので、時には、
自分たちの先輩や、先住種族を、超越的な存在と誤認することはあるだろうが、
どんな存在であれ、この宇宙では、「被造物」という立場であるかぎりに
おいては、奴隷的であることには変わりない。

第5章 / 私が地球で語ったこと（前半）

●仮に、「現在の宇宙は、前の宇宙にいた私たち自身が、
望んだり計画したものだから」といった、一目して「詐欺師」の言い分だと
分かるような説明を受けても、
残念ながら、宇宙のどのような種族であっても、
宇宙それ自体と「対等の立場」で張り合えるわけではないので、
「この宇宙もお前ら自身の責任だ」などという、そんなイカサマ師の説明に
納得するほど、被造物の私たちも、そこまで馬鹿ではない。

●そして、このトラブルが発端で出来た宇宙で、
今も絶えず起き続けるトラブルについては、
あまりにも、次から次へと「困ったことばかりが起き続ける」ので、
私の知る、ある種族たちは、私をも含めて、
もう、「うんざり」しているのだ。

●宇宙は、確かに、
とてつもない時空間にまたがる「大企業のような組織」かもしれない。
しかし、そこの社長や会長は、あきらかに「**トンマ**」だったのである。
こうした「**宇宙はマヌケなり**」という宇宙観が根底にあるために、
無明庵では、「正しいことなど、この宇宙にはない」、とする。

唯一、正しいことがあるとしたら、
この宇宙が、**跡形もなく滅びて、「元に戻ることだけ」**である。

しかし、その原初に戻るまでの、気絶するほど、気の遠くなるような時間を、
私たちは、苦痛を軽減しようとしながら生存するようにされている。

これが生命の基本である、
「飢える、苦しむ、悶える、動く」＝「動力生産」である。

●この「ひとつの現実の側面」に直面したとき、そこで必要となるのは、
精神的、ないしは霊的な意味での、サバイバル技術であって、断じて、
生きる上で「**自分の気休め**」の麻薬にするための、**心情や信仰ではない**。

基本的な宇宙像が、無明庵では、そのようなものに設定されている。
むろん、そういう厳しい現実を見るよりも、
何か自分の生きていることに、救いのある意味を与えてくれそうな事を
言ってくれる信念体系があるならば、
皆さんは、存分に、自分の気の休まるところへ入り浸ってください。
そういう人達の邪魔をするつもりはありませんので。

ただし、うちでは、

・「**魂が進化する**」だの、(おいおい、「進化の定義」からやり直せよ)

・「**宇宙は高次元に移動する**」だの(いつまでその移動をやっている気だ？？)、

・「**生命は何度も生まれ変わるんだから、あれこれと学習しろ**」だの
(何のため？、誰のためにだ？)

・「**月の食物になれだの、月の食物になるな**」、だの
(だったら、この太陽系から出ればいいだけだろう)

・「**魂の分割の後には統合の喜びが味わえるから、
もう少し我慢して頑張れば、いいのよ**」、だの。
(あとで褒美を取らせるから、という典型的な「詐欺」の手口である)

こんな言い分や、言い訳や、主張は、無視します。

●唯一、私たちに、無視ができないのは、
「**現実に被害を被っている問題**」と「**我々の主観が認識している問題**」のみであり、

1. ひとつは、**今回のこの宇宙、それ自体の「発生時」におけるトラブル**ですが、
   これは、もうどうにもなりません。

2. 次の規模のトラブルは、宇宙全体ではないにしても、
   その原型がかなり大きな意識だったものが分断されてしまったことですが、
   これは、実は、何とかなります。

しかし、それを扱う範囲は、銀河系を1700も包含するほどの範囲以上に広いので、
この地球上にいたり、個人の力や権限では、なんとも出来ません。

3. また、**地球の人の発生する感情という資源を、
   別の生物が搾取したり、摂取する「鎮静剤や活性剤などの麻薬原料」に
   利用している、いわゆる「ルーシュ生産・加工業」については、**

   そこに根本的な**違法性（協定違反）**があるので、
   これもやめさせる手立てがないわけではありません。

4. ただ、今、皆さんが、宇宙の遥か辺境の地、ド田舎のこの地球にいて、
   「個人の力」で、なんとか出来るのは、当面は、
   **違法に希釈されて販売された、不良品の「自我という乗りもの」を、
   元の「正規の製品」の「自我の容積」にまで「修復」することだけです。**

★分割自我復元★その130

●死後の行く先は選択できるのか？●

そもそも、輪廻はあり得るのか？

●この問題は、何度か掲示板で書いたことがありますが、
もう一度、簡単に「疑問点」だけ、復習しておきます。

私は現在、地球からの「緊急脱出」を、ひとつのテーマにしていますが、
自我復元は、それとは「別に」考えておいてください。
自我復元の方が、皆さんにとって、今はメインであり「最優先課題」です。

分割自我の復元は、不確定なものではなく、確実な効果を出していますので、
信頼のおける「手法」として位置づけていいです。

それをオカルト的な、「トンデモな話」と「あまりにも怪しすぎる手段」と
考えてもいいです。
また、自己暗示的な、精神療法として効果をもたらしたのだろう、
と考えても全然構いません。

どのみち、効果が抜群なのですから、存分に使ってください。

●一方で、死んだ後の問題となる、輪廻とか転生の問題には、
常に「**基本的な疑問**」が、いくつもあります。

私も、何の前置きもなく、いきなり、転生の話を書くことも多いですが、
きちんと、前置きをするならば、次のような手順を踏むことになります。

例えば、まず、第一に、

輪廻が「あると仮定した場合」には、

我々は、自分が身勝手に望んだような世界に、自由に移行できるのか？
という疑問です。

例えば、死んだあとに、「完全な主観を見せる機械」の中に、
放り込まれることになったとしても、

とりあえずは、自分の見たい夢の世界だけを選択できるのかどうか？
という問題です。

●もしも、これが可能なのであれば、世界中の主な宗教のうち、
やれ「生前の行い」がどうのこうの、天罰がどうのこうの、
善悪がどうのこうの、などということを教義の一部としているものは、

すべて崩壊します。

なぜならば、生前に何をしようが、何をやろうが、何を思おうが、
死んだあとは、「自分が望む夢だけ」を見ていられるのですから。

この可能性を私はゼロだとは思いませんし、ないと断定はしません。
つまり、そもそも、誰もあなたを裁いてなどいないし、
誰も、あなたをコントロールもしていないという「考え方」です。

これに極めて似た「考え方」に、
「唯物主義」「唯物論的無神論」があります。

「人は死んだらおしまいで、次などない」

と「考える」のであれば、この社会や人生の中で、何をしようが、
死後には、誰も「存在すらしていない、あなた」を裁けませんし、
支配も管理も出来ませんので、やりたい放題やって無になればいいだけです。

もしも、これが通用するならば、皆さんは、
かなり、気楽に人生を送れるはずです。

●以前にも言いましたが、この考えに陥ると、
自分は無になるから、そのかわりに、生きた証を、
「歴史や子孫の中に形として残す」という、唯物論的な考えに、
かなり執着することになります。

●ただし、「そうは問屋が卸すまい」、
という「考え方」の方が、私にとっては現実的である。

つまり、現実は、

死んだ後に、無になれるほど甘くもなく、

死んだ後に、自分の好きな夢だけ見られるほど甘くもない、

という「考え方」です。

●これがより現実性を持っている理由は、
そもそも、地球の人類が自由に生きるように作られた形跡が、
ほとんど見当たらないからです。

設計条件を見ると、あまりにも脆弱で、
かつ心身ともに、快楽よりも苦痛経験が多すぎるからです。

自我の希釈という被害ひとつとっても、あきらかにそれは、
人間が責任を取れるような問題ではなく、私の認識によれば、
それは不正分割をした側こそが、その責任を取るべき「加害者」ですから。
●このように、人間が死後に自分勝手にイメージした世界に移行する、
または、死んだら、責任も評価もなく、そこでおしまい、と考えるよりも、

生前も、死後も、何らかの制限を受け、
特に死後は、ある「共通のシステムの管理下にある」とみなしたほうが、
よさそうである、というのが私の「考え方」です。

この考え方のほうが、私個人の「宇宙観」にとっては、
いろいろな点で「整合性」がありますので、これを採用しています。

●次に、これは以前にも話しましたが、

そもそも、死後について、主観的に我々が描くイメージは、
時代や地域や宗教的イメージ(の教育)によって、かなり違います。

8種類の死後の世界のイメージ

1. 西洋的な一神教で、しかも転生も否定しているならば、
死後の移転先は、天国か地獄しかない、「という思い込み」になります。

2. 仮に、西洋的な宗教に、やや神智学的な立場を混ぜたスタンスにすれば、
死後は人間の世界に戻ってくることはないが、霊的な階層のどこかに移動するのだろう、「という思い込み」になります。

この神智学的な体系の中には、
古代から連綿と連なる、OOBE（体外離脱）の体験談や、瞑想による体験や、
さらには薬物使用による体験内容が、ごちゃ混ぜになっているので、
どうしても、ある一定の共通した「絵柄」があります。

私の目から見ると、それは、相変わらず「古い時代」にあった、
欧米の宗教や、インド思想の作り出した「進化の為の精神の学習」という、
かなり「宗教に汚染された」デザインですが。

3. 一方で、宗教的教義とは関係なく、ごく単純に、輪廻転生を「素朴に肯定するスタンス」を取れば、ここの**地球の人間に再び生まれる**」、「という思い込み」になります。

この際に、「人間は、他の動物に生まれることもある」とする派と、
「人間は、他の生物には生まれない」とする考え方があります。

4. また、チベット仏教やその他のローカル色の強い宗教ですと、
死者は、「**自分たちの村に**」生まれ変わって戻ってくると、
「という思い込み」になります。

例えば、これは、体系的な宗教が介在せず、
ヤノマミのような原始的な、民間信仰だけがある村でも起き得ることです。

少し前の投稿で、動物の死後の話で書いたことを人間に転用するならば、
その人が日常的に見てきた風景が、その人の全世界であり、
それこそが「臨死体験の幻影の素材」を作るのだしたら、

日本でも、昔、山林にずっと住んでいて、一生そこしか知らずに、
そこで死んだ人は、死んだときに経験する臨死体験には、
山の神様が出てくるだけ、といったものになります。
次に生まれる場所も、その同じ山林のような場所になり得ます。

さらには、そうした原始的な民間信仰さえ知識として持つ前の、
7歳前後の子供が、その山林の村で死んだら、
その子供の経験するであろう臨死体験には、山河の神様すら出てきません。
その場合には、**他界した親族だけ**が臨死体験に出てくるかもしれません。

5. ところが、日本国内に限るならば、私たちが、中国大陸以外に「外国というものがある」と、庶民レベルで認識して、単に書物だけではなく、
   実際に欧米人を見るようになったのは、黒船の襲来以降です。
   (それ以前は、一部の地域でオランダ人などと接していただけ)

その時代を境にして、江戸の庶民は、
海外にも大陸があり、肌の色の違う異人種の人間がいる、
ということを認識した時点で、
死後に選択する領域は「日本人だけではない対象」にまで拡大します。

つまり「次は欧米人に生まれてみたい」という願望の発生です。
日本人以外の生も選べるらしい、「という思い込み」の誕生です。

6. これと全く同じ事が、「他の惑星に生まれる」というイメージにも該当します。

地球の人達が、地球上での転生だけではなく、他の星に生まれる選択がある、
ということを知って、それをイメージできるようになったのは、
近年では、ジョージ・アダムスキーの影響が最も大きく、

それ以前には、一般的ではありませんでした。

それ以前の時代では、
スウェーデンボルグがこの太陽系の他の惑星の人達の特徴について、
その霊的な性質の「象徴的な印象」を述べたのみです。

ただし、個人レベルでは、そうした外部の情報が一切なくとも、
他の世界の住人と接触した人達も多くおり、
それは、物理的に他の星の者と接触した事だったこともあれば、
体外離脱や、幽霊や幻影を見るような形での、
他の霊的な次元の者との接触だったかもしれません。(妖怪伝説など)

いずれにしても、**他の惑星の住人に生まれるのもアリかもしれない、**
「という思い込み」が追加された事になります。

7. これ以後は、ジョージ・アダムスキーのいう金星人やら土星人情報とは、
いくつかの基本情報が対立する形で、ビリー・マイヤーの情報などが続き、
一気にプレアデス星団がメジャーデビューしました。

そしてこの時代に、矢追系のＵＦＯ情報がテレビや書籍で多く伝わりはじめ、
やがて、一般庶民も、ハッブル望遠鏡による他の遠くの銀河系を見る機会を
得ました。
さらには、有象無象のチャネラーと称する人達の、
かなり信頼性の低い「イタコ情報」が続き、現在へと至ります。

死後は、もしかすると、かなりいろいろと選べる余地があるらしい、
「という思い込み」です。

8. 現在では、さらにここに、時間旅行という概念が加わっていますので、
人は、パラレルワールドを世界観の前提とするならば、
異なる未来や過去に転生する、「という思い込み」も、追加されました。

その上さらに、**フィクションの映画や、アニメの影響**までもが出てきています。
●このようにみれば、皆さんが現在、
死んだあとに、「転生するかもしれない先」として、
「想定」または「期待していたり」、
あるいは、勝手に脳内で「夢想」している行き先というのは、明らかに、

その時代に得られた「外部情報」に依存している部分が大きいものです。

もしもあなたが、明治の時代に生まれていたら、はたして、子供のあなたが
「ウルトラの星に行きたい」とか、思ったかどうかを、考えれば、
すぐに分かるはずです。
(ただし外部情報とは別に独自に経験した事を根拠とするケースもあります)

●では、これらの、大雑把に部類した、
「1から8」の項目の「思い込み」のうち、**あなたは、どれが好みか?** という事と

好んだ世界は、仮にそれが主観だけによって作られていた人工物だとしても、
観察主体の意識を感じながら、本当に経験できるものとして存在するのか?
それともすべては、ただの虚構か?

ということが、大きな問題となるわけです。
これらの事について、真面目に、自問をしている、
神秘主義者も、オカルティストも、霊能者も、学者も、
私は、ほとんど見たことがありません。

誰もが、自分が経験したり体験したことを根拠として、
あたかも、それが当たり前であり、誰にとっても真実であるかのように、
あれやこれやと「主張」するのみなのです。
●むろん、分割自我について持論を語ったり、
宇宙での知覚発生と悟りの意識の本質的な「接点」について、
語ってしまったこともある、この私とても決して例外ではありませんが、

それでも、他の人達は、あまりにも、前提を疑うこともなく、
精神の世界やら、「人間がなすべきこと」と称するものを、自問自答もせずに、
自信満々に、真実として、堂々と語り始めるのには、
10代後半の頃から、私には違和感がありました。

●ちなみに、悟りというのは、簡単に言ってしまえば、

『見ていない事　を見ている者　を見ている　モノを見ている事を　見ていない…』

という「視点の連鎖構造」のことです。

しかし、そんなことは、
全自我になってから、他の世界に移動してから考えれば、
そこでは一瞬で体験的に理解できます。

何も、ここでの「せっかくの人生」を棒に振るほどの価値のある事では
ありませんので、まずは、別の世界に移動することが先にすべき事です。

「分割自我復元」に関する投稿類

★分割自我復元★その48★雑記とおたより

何度か、「梅の間」にも書きましたが、現状の「国民平均自我率」は、
1/6を下回る可能性があります。その点では、落胆することでもありません。
実際に初期値が「1/10自我」あたりから這い上がった人もおります。

自我復元の速度は、個人で違います。
1年の間に、とんでもない復元率を成し遂げた人も何人もいます。
また少しずつですが、着実に復元してゆく人たちもいます。

とにかく、もしも、残った寿命の中で、自我復元を途中で諦めてしまったり、
または、何もせずに、当庵の方法に、ただケチをつけているような人たちは、
(禅書・無無心の書などは別としても)「自我復元という分野」においては、
「当庵から得られるもの」は何もありません。

●どんな数値の自我率であったとしても、
自我復元というものに関心を向け、それを成し遂げようと
切実に、そして真剣に思うのであれば、それは復元され得ることは、
今日までの、多くの人達からの報告で分かりました。

何度も書いたことですが、自我復元がある程度された段階で、
他の体系のことを試してみれば、その体系が本当に正しいのかどうかということや、
もしも、その体系がその人にマッチしているのであれば、
それが以前よりも、ずっと作用するようになったという事もありますので、
無明庵では、自我復元の実習者が、他の体系を行うことは禁じません。

ただし、既存する「瞑想」と呼ばれるもののほとんどは、
全自我になるまでは、何の役にも立たないので、
ごく異例な「僅かな人」を除いては、私からは瞑想は禁止をしています。

その他の、いわゆる、望んだことを叶えたいという、
「ご利益主義」の魔術的技法や、OOBE(体外離脱)法や、ただのイメージ法でしたら、

テスト用(自我復元のチェック用)に、ご自由にやってください。

●自我復元に必要なのは「**分割自我復元のDVD**」一枚のみです。
自我判定というものは、本当に確信できるような変化があったとき、
または、その後変化が再び、起きたときに、皆さんの判断で依頼をするものです。
それは何ヶ月かに一度でも良いのですし、一年に一度でも構いません。
変化を感じなかったのならば、依頼されなくても構いません。

自我復元による効果であろうと、はっきりとした自覚できる変化が出たときに
判定依頼をしないと皆さんの大切なお金がもったいないです。

ちょうどそれは、武術などの検定試験と同じです。
御自分が上達したと確信を持てた時にテストを受けるものです。

むろん、「初回の判定」も、そのように復元によると断定できる変化を確信できた後
であるほうが、良いに決まっています。

単に、スタート地点の自我率を知っても、それだけではどうにもならないのですから。

そもそも、全自我の人は、まずほとんどいないと考えていいです。
私が見たところ、いわゆるヒーリングビジネスや霊感商法や
占い師といった中で自我率の高い人は、見たことがありません。
よくもまー、他人様に、瞑想指導ごっこや、人生のアドバイスなど出来るものだと、
呆れるばかりです。

●そういう状況の現実なのですから、
その中で、スタート地点が1/2だったら
「まー、それぐらいあればいいや」と人生の半分もの可能性を投げてしまって、
やらないという人がいるのでしょうか?
あるいはスタート地点が1/8なら、もう駄目だと諦める人がいるのでしょうか?

●自我復元法は、DVD一枚以外のものを必要としません。

「**分割自我復元理論**」は、あくまでも、理論背景の記録として欲しい方や、
モチベーションを保ちたい人だけが購入すればいいのであり必需品ではありません。

●さて、皆さんが、今までに経験したかもしれない、カルト宗教や霊感商法は、
貴方に対して、「先に進むために、次は、これだ、次はこれをやりなさい、
次のステージに行くには、これを買いなさい、これを信じなさい」と
詐欺まがいのことを、皆さんに対して、してきたかもしれません。
それにつられて、皆さんは、「次はあれが必要かもしれない」と
何かを買わせられたり、次のセミナーや瞑想会に参加しないと
「いけないような気」にさせられ続けたかもしません。

また、もっとひどい宗教の場合には、他人を教団に勧誘すると、
あなたに利益があったり、ステージが上がったりする組織に、
貴方は、以前にいたかもしれませんが、

無明庵では、そんな愚かしいことをしても、全く何も評価されませんし、
あなたには何の特権も生じません。

●「分割自我復元法」は、私がDVDで解説した以上のことは、
全く何も、秘密がありません。のちに追加した、**クーラーボックス**や、
呼びかけの範囲を拡大することの追加も、DVDの中に、
ワードの文章として「テキストファイル」を入れてあります。

●これ以上の方法論は、何もありませんから、これが出来ないからといって、
次に、何かの秘密の方法や教室が待っているわけではないのです。

これにあなたが「飽きたから」といっても、あなたの、そのような「飽きっぽさ」や、
あなたの「怠惰」な姿勢を甘やかしたり、あなたの「退屈感」を満たすような、
「次のステップ」も存在しませんし、次の支払いも存在しません。
●たった一つしかない、この「自我復元」の方法を、
あなたが、真剣な姿勢で、出来るかか、出来ないか、
ただそれだけが、あなたにとっての大問題になります。

そして、最後まで、飽きることを自分に許さずその同じ方法を、続けてゆくのみです。
途中で飽きて、他の体系の方法に手を出しても結局は時間の無駄なのですから。

●では、自我復元法をやらないと、あなたはどうなるのでしょうか？

どうにもなりません。今の、あなたのままです。

ですから、今の自分に不満のない人は、
私がそれをどのように低い自我率だと言っても、復元などやる必要はありません。
本人が満足しているのですから、そのレベルで満足していればいいのです。
●その点で、霊感商法というのは、よく信者に対して、
「そのままだと、不幸になる」と脅迫するようですが、

真実は、「そのままだと、そのまま　であるのみです」
こんなのは、当たり前のことです。

そのままだと「今後、不幸になる」ような人は、
そもそも、過去から現在も、ずっと不幸だったに過ぎないのですから。

また、不幸か幸福かも、よく分からないほど鈍感な人も、そのままであるのみです。
別に、あなたが自分を、そのままにしておいても、
少なくとも、現状の生を生きている間は、
何かが、現在以上に悪化するなどということすらもありません。

●しかし、ご自分の現状を変えようとして、出会ったあらゆる方法を試してみて、
それでも、自分が納得できる結果、自分が納得できる自分になれなかった、
そういう人だけが、無明庵の提示した自我復元法をやればいいのです。

「他の玩具」で、その人の好奇心が間に合うという人は、
それで、ずっと間に合わせていればいいのです。

●そういえば、面白い話、または奇妙な話ですが、

かつて、無明庵が「悟り」をテーマとした時代には、

**「完全に打ちのめされるほどの　巨大な不幸と絶望がそこになければ、
悟りは起きない」**
という言葉の、ごく簡単な真意すらも理解できないような、稚拙な人たちが、
「自分一人の力では、不幸にすらなれない」と思い込んだようで、

死人禅を行じれば、自分が追い込まれるような不幸や苦がやってくるかもしれない、
という動機でやった人もいるようです。
なんという馬鹿な人達なのでしょうか。

そもそも、不幸や苦などというものすらも、
それを受け止めて背負える資質を持った人にしか訪れません。
しかもですよ、その馬鹿者たちは、
不幸や苦と「全面対決する勇気」などは、これっぽっちもなく、
不幸と苦のあとに、いつになったら、悟りが来るんだと、
そういう「下心のある醜い精神状態」で、苦や不幸を取り扱おうとしていたわけです。
そんな「不名誉な扱い」をされる「苦や不幸」も、たまったものではありませんし、
それでは、苦すらも、その人間に訪れることは絶対にありません。

喩えて言うならば、本命の異性は他にいるのに、
別の異性に気があるフリをしているようなものです。
それでは、そのフリをされた異性すらも、あなたを見捨てることでしょう。

■そういう人たちを、私は、「悪い意味」で、
「幸福からも不幸からも、その両方から見放された人々」と呼びます。

つまりは、ただ、人生や物事に、麻痺しただけで、
ついには、不幸と幸福の違いも、感じられないほどの「不感症」となり、

無気力のまま、たいした関心も持てずに、
足かせにつけた「生を、ずるずると、引きずって」そのまま老いてゆく人達です。

★分割自我復元★その51★禅書へのおたより

【自我復元・改善点の提案】

自我復元法を行っている方で、2度目以後の自我判定で、特に、復元率が10％未満
という結果だった人へ、私からひとつ、提案があります。

何が復元率が良好な人とそうでもない人を分ける問題かは、そこに向ける「関心」の
大きさに比例するという事は確かですが、それが明確には分かりません。
そこで、復元速度をもっと改善したい人は次のことを試してみてください。

●呼びかけるときに、必ず呼びかけたあとに下降して、
ターゲットとコミュニケーションを取ろうとしてください。

つまり、ふんぞりかえって、ただ上にいて、下方に、しかも大勢に呼びかけて、
その位置で下から何かが来るのを待っている、といった怠惰な状態ではなく、
呼びかけて、どこかに、反応らしきものがあったらば、
あるいは特に、実感できるような反応はなくとも、上から「下へ降りてゆき」、
ターゲットを探し、ターゲットとコミュニケーションをきちんと取ろうと意志して
ください。
そしてそのあとに睡眠に入ってください。(起きたときの回収時の注意点は、
寝たままでは絶対に行わないこと。最低3分から5分は丁寧に行うこと)

●そもそも、皆さんが何をしようとしているのかをよく自覚してください。
皆さんは、ターゲットとコミュニケーションを取ろうとしているのです。
皆さんは、雲の上から「釣り」をしているのでは断じてありません。

呼びかけたらば、自分の方から、ターゲットに会いにゆかねばなりません。
向こうから上ってくるはずはありません。

●以前に(震災前に)梅の間の投稿で、
自我復元で行っていることは、「募金」と同じだと言いました。

その募金は、自我率にすれば、どんなに多くても一人のターゲットからは、
僅か0.5％しか集められませんので、相手に害はありません。
（ターゲットが、かなりの低自我であっても、0.5％ならば、
　通常の自我境界の振幅範囲（３〜５％の範囲）に含まれますから）

しかし、その分、皆さんは、沢山のターゲットに「直接に会って」
頭を下げて、お願いをしなくてはならないのです。

●もしも実際に、街角に立って、皆さんが募金箱を持って募金をしたらば、
確実にそこには、募金が集まる人と、集まらない人が出てきます。

その両者の違いは、積極的に通行人に語りかけ、積極的に通行人の目を見て、
ときには通行人に歩み寄って語りかける、そういう人の方が集められます。

だからといっても、復元作業は、募金という行為と全く同じではなく、
違う点も多くありますから、募金のたとえは完全には正しくはないのですが、要は、
「他人とコミュニケーションを取ることに消極的」であったり、
「呼びかければ、それだけで、自動的に集まるんだ」とは思い込まないでください。

本来、これは、ターゲットに「お願い」をして頭を下げて行うことですから、
相手の同意があってのことなのです。

ですから、くれぐれも、上にとどまったままではイメージをやめず、呼びかけた後に、
下方へと自分から進んで降りてゆき、その世界の人達に語りかけ、関わってください。
（関わろうとする心がけと、ストーリーのイメージだけは持ってください）
遠く離れた位置にいて、ただお題目のように、何かを唱えて、
漠然と何かが自分のところに来るのを待っているといった状態では、
復元の素材が集まるはずはありません。

●自我復元法をやっている人の中で、
復元速度が速い、遅い、あるいはどこかで復元が停滞する、

その違いを生むひとつの要素は、その人が、プロであっても、アマチュアであっても、
自分の独自の表現法を持っているかどうかです。

●ただし、ちょっとした趣味でやっている、という中途半端なものではなく、
その人が、自分の人生のかなりの時間と歳月をそれにつぎ込んでいるといった、
表現分野である必要があります。

ちょっと、他人を真似て模倣しただけとかでは全く駄目で、
その人の生活の一部になっているぐらいのもので、
しかも、単なる「趣味」ではなく、「表現法」です。
これに属するものは、基本的には「アート」の分野、または「物づくり」です。

楽器演奏などもこれに入りますが、
ただし、趣味のレベルであっても、高度に本格的である必要があります。

なぜ、中途半端な表現方法であってはならないかは、
その表現方法とその人が、一体になっているぐらいでなければ
「その表現の中に、自我率の変化が現れたとき」に、自覚できないからです。

自分の表現法に現れた、繊細な変化に、繊細に気づくためには
ふだんから、その表現方法を駆使している必要があります。

ですから、「久々に」楽器を弾いたとか、
たまに歌ったとか、そういうのでは駄目なのです。
たまにであっても、昔、かなりの歳月、それに本格的に関わっていた
という、自分の手足のような分野でなければなりません。

●そして、そういう表現法を今までの人生の中で培ってきた人たちは、
自我復元に、減速が起きにくいようです。
おそらくは、それらのアートや表現法を持っていることに、
フィードバック機能があるのだろうと思います。

★分割自我復元★その52★お便りと、自我復元報告など

■私から、自我判定を依頼者されてきた人に、
「文面を見る限り、変化はありませんので、「もう少し、延期した方がいいです」
と返信があった場合には、原則として、それに従う方が「賢い」です。

そもそも、私は「**依頼の要綱・条件**」の中に、
「**本人が明確に、自覚できる変化があった場合**」、と明記してあります。

むろん、「初回の判定」は、スタート地点の確認の為もありますので、
ある程度は、しかたありませんが、
それでも、出来ることならば、本人に自覚的な変化があった場合のみに、
私は受け付けたいと思っています。

であれば、「二度目以降の判定」ならば、なおさらのこと、
自覚的な変化なしには、判定依頼をしないほうがいいです。
単に「それでは、お金がもったいないから」という私からの配慮だけではない、
「別の問題」も、ここにはあります。
私としては、依頼されたのであれば、どんな人でも判定する、というほうが、
ビジネスとしては、遥かにいいですが、そういうことは、私には出来ません。
ですから、判定依頼人に、延期を薦めることが、たまにあります。

■それにも関わらず「自分では変化が分からない」
「他人からは、変わったといわれた」とか、その程度のことで、
判定を依頼するのは、本当に、馬鹿げていますし、
何よりも、そういう人は、「自己評価」が甘すぎる人であることがほとんどです。
自己評価が甘いのでなければ、感覚が鈍感すぎるといった方が正しいかもしれません。
例えば、復元で確認できた報告が、
印刷した場合に、Ａ４用紙、１枚か２枚にしかならない、
そんなことは、まっとうな自我復元報告の中で、一度たりともありませんでした。
多い場合には、何十ページもの内容で、しかもコンテンツがしっかりとしていて、

リアリティーに満ちているものがほとんどです。

■また、そもそも、この自我復元というプロジェクトは、
単に私が、依頼を受けて、判定するという一方方向のものではなく、
皆さんの側も、データを提供し、それを他の実習者の人と共有する
という、「共同研究」という要素を持つことは、
何度も過去ログに書いてきたとおりです。
従って、報告内容が、あまりにも、薄く、内容のないものであれば、
それは、そもそも、この計画には、価値がありません。
また、報告内容が薄くて、自我率が10％以上変化していたことなど、皆無です。

■しかし、たまにですが、変化報告内容のコンテンツも、ほとんどなく、
また、あっても、リアリティーが全くない、そうしたケースであるのに、
「自我率が知りたい」という動機で依頼してくる人がいますが、ほとんどの場合に、
私は断るか、延期をお勧めしています。

すると、そういう人は、必ず、判で押したように、同じことを言う
という点でも、**個性というものを、まるで感じませんでした。**それは、
「**どんな自我率でも、それを知ってモチベーションにしたい**」という言葉です。
しかし、そのような消極性が、
本人の自我復元のモチベーションになり得たことは、ただの一度もありません。
その人達は、変化ゼロでしたとか、自我率が1/10でしたと言えば、
それで、自らのモチベーションが高まるとでも言うのでしょうか？

自我復元をしないかぎりは、それが自分に出来ないかぎりは、死ねもしない、
他のことなど、どうでもいい、
そういう、関心の高さと、集中力以外のものは、モチベーションになどなりません。

そして、どういうわけか、**自己評価が甘すぎる**、アマちゃんにこの手の人が多く、
親に頼っていて、切羽詰まっていないボンボンとか
また、かなり、多いのが、**瞑想をやってきたと称する人たち**です。
前にも書きましたが、そもそも、この世界の、ほとんどの瞑想ごっこなど、

どんなに権威があったり、ちんけな、小さな効果があったところで、それは、
「(自我ではなく、悪い意味での)エゴを肥えさせる」以外の効果はありません。

前に指摘したように、どうして「瞑想やってます」という人間に限って、
こうも、自我復元が出来ない人や、ほとんど復元出来ない人が多いのかは、
そもそも、彼らのやってきたことが、「心を閉じている」ことだからです。
うたい文句では、「ハートがオープン」とか笑ってしまうような事を言っていますが、
いいかげんに、彼らは、自分が瞑想を始めた「動機」を自己分析すべきです。

瞑想を始めた動機が、「自分を破壊し、自分を殺す、自分を捨てるため」でなかった
のであれば、**すべての瞑想ごっこは、「自己防衛」と「自己肯定」と「自己正当化」という**
「自衛」として機能する以外にありません。

故に、私は、瞑想してきたと称する人が、
オープンであったことなど、ただの一度も見たことがなく、
願望を、本当の意味で、きちんと実現しているのも見たことがなく、
どんどんと**「単なる、鈍感な者」**になってゆくのを沢山見てきました。

●自己防衛、自己肯定したくて、あるいは人よりも偉く見えるようになりたいとか、
人の出来ないことが出来るようになりたいとか、
そんなにも「安っぽい、汚れた動機」で、瞑想を始めたのであれば、
そこでは、「自己防衛機能」しか作動せず、
従って、**基本的なコミュニケーション障害を必ず引き起こします。**
それが故に、自我復元は、進まなくなります。

自我復元で、私が、ほんとうに「希な少数の人」に対してだけ、
死人禅を補足的に薦め、それ以外は、一切の瞑想を禁じるのは、それが理由です。

●自我復元が本当に機能してるのかどうかを、チェックするのであれば、
自己防衛しているだけの瞑想などやるよりも、
逆に、がんがん、「創作的なこと」をした方が、遥かにマシです。

オープンと称して、偽善的な自己防衛をしてきた人達ではなく、きちんと、
自分のことを意識的に防衛してきた人しか、他人にも手を貸すことは出来ません。

他人に手を貸すというのは、
その人が「**自分で自分のことを出来るようにすること**」であって、
そのためには、まず自分ひとりが自分をどうにかできなくては、話になりません。

もっとも、「自分のことは、どうにか出来ていると勘違いをしている人達」が、
蔓延しているので、精神世界やら、セラピーやら、うんたらヒーリングの世界というのは、私から見ていたら、
「**よろよろの病人が、よろよろの他人を治療している気分になっている、
気持ち悪い汚物**」という、まさに、魑魅魍魎並みの世界です。

■話は戻りますが、
自我判定のときに同封される「滲み書」というのは、
自我復元を、やりとげていこうとして、それを実現できている人達に対して、
「本当に、よく、がんばりましたね」と賞賛し、「激励する気持ち」を込めて、
私が書いているものなのです。
それであるのに、ほとんど復元の成果もあげていないで、
変化報告の中身もほとんどなく、ただ、なんとなく自我率だけを知りたい、
そういう人に、私は、私が激励と賞賛の気持ちをこめて書いている「滲み書」を
売りたくはありません。

滲み書、それも特に、初回ではなく、「二番目、三番目、以降」の滲み書とは、
私にとっては、実習者の人達への「表彰状」のようなものなのです。
あるいは、検定試験や昇段試験の合格証書のようなものです。
そうした思いを私が込めている価値を、私は貶めたくありません。

だからこそ、変化の確かな実感もなしに、
「〇ヶ月、何回復元をやったんだけど、さて、どうかな？？」
などという軽い動機では、依頼しないで欲しいのです。

「これで、**自我率が変化していないはずはない**」というぐらいの確信を持って、
依頼してくる人が普通の神経の人なのであり、
実際に、自我率を変えることが出来た人たちの、ほとんどが、そういう在り方で
臨んでいたのです。

本人に、「明らかに、もう以前の自分ではなくなってしまった」
という明確な自覚がないのであれば、
どんなによくても、5%前後の変化しか起きていませんから。

★分割自我復元★その61★近況

奇妙な流れ

●「宗教に汚染された地球人」が、約100年後の地球を想定して書かれたものであったのに対して、「分割自我復元理論」は、1万年以上も前の地球の問題に遡っているというのは、今にして思えば、奇遇である。

奇遇というよりも、もともと、未来に振れたものは、過去に振れることになり、逆に
過去に振れたものは、未来に振れるという当然の物事の癖の結果であるのですが。

●「宗教に汚染された地球人」で想定されている、未来に生まれる少女、
つまり、私があの本を届けようとして書き記した対象になる子供の「ご先祖様」に
当る人は、たぶん予定どおり、2009年から2010年頃に梅の間にアクセスして、
無明庵と縁を持ち、現在、読者の中にいると思います。

あの本のデータは、人から人に渡って、その少女の母親の手に渡るのではなく、
連綿とひとつの家系の中を生き延びるはずですから。

●例えば、私達が「100年前の日本や世界」を想像しようと思えば、
そう困難であったり、実像と変わるものではないでしょう。
いろいろな歴史と文化の資料や映像がありますから。

しかし、100年後の人たちがこの2010年から2020年代を想像するという
ことは、それよりもずっと困難になっています。

その最も大きな原因は、**未来では教育と人類観が**、かなり変わったからです。
むろん理想的な状態に変化したのではなく、書籍でも書きましたように、
核戦争を引き起こしたことの反省から、管理社会化がかなり進んだという事です。

といっても、「梅の間」でも書きましたように、それは現在存在するような
アメリカ政府内の「超国境的」な支配階級の者たちの手に渡ったのではなく、
各国家の市民の手に主権が取り戻されたわけですが。

●現在よりも良くなった事といえば、人々が、本当にくだらないような事には、
時間を無駄にしなくなったという点ですが、悪くなったことは、私達が現在経験して
いるような**雑多な世界観**は、もうそこにはないということです。

●しかしそれも、現在の何倍も進歩した人工知能が実用化されるまでの
「つなぎ」の時代といってもいいでしょう。

いずれ、時代が進めば、現在の地球人類というのは、
死滅して一人も存在しなくなりますので。

そういう点からも、皆さんが自分の生というものを考えるときには、
**この惑星に限定した価値観や、この惑星の社会に限定した中での
善悪基準では、自分の未来設計をしないこと**をお勧めします。

●地球の歴史よりも、遥かにもっと長いスパンで皆さん個人は、
未来のご自分の計画を立てる必要がありますので、
そういう意味では、現在の社会学とかは役に立たず、
また現在のようなレベルのオカルト学や、あるいは宇宙に関する知識、
そして精神世界から得られる情報では、とてもその時間と空間の尺度の世界(宇宙)
には対応出来ません。

2011年での、現状の地球上で知られているような、スピリチュアリズムの持つ
「幻想」は、想像を絶するほど、「稚拙すぎる」からです。

●そのうち何かが変化するだろう、などと、だらだらと日々をすごしていたりしても、
その本人自身には何も起きずに、死んでは、また送り返されて生まれる
という事を繰り返しますし、
どこかの聖者や天使や宇宙人が貴方を助けになど、来てもくれませんから、
あなたは、自分で自分の未来を計画し、生存目的を自分で考えて、
生きる環境を選び取る必要があるのです。

●しかも、その未来とは、1000年単位のものですし、
自我復元を完了して、ここを離れる人たちにとっては、生活環境(つまりそこに
固有の価値観)は、この惑星に限定されるものではありません。

●そして、無明庵は「宗教的な幻想」など、皆さんに一切与えませんので、
死後に素晴らしい世界が貴方を待っているなどとも、言いませんし、
地獄で奴隷となる、とも言いません。

未来でも、皆さんが「どこ」に生まれるにしても、
現在と変わりなく、あるいは現在以上に、いろいろな物事の選択で悩み、
苦労も多いであろうことだけは断言できます。

●また、皆さんが、どこの天体や次元で、自分の生存を続ける場合にも、
その生存の「意味」「理由」は、
この地球で、他人や社会や宗教から洗脳されたようなものではなく、
**常に自分で、生存理由を自問し、生存する理由を創り出し、
それを自己管理し続けなければなりません。**

そして、今、この地球の、この時代に、唯一言えることは、
**「今、ここで、貴方があなたの千年先の自己像を思い描けない」のであれば、
あなたは、千年後にも、「主体性を持った意識」としては存在できない、**
ということです。

★分割自我復元★その67★自我判定/第回目以降の「滲み書」

自我判定が難しい人の特徴

●この話は、少し前にも書きましたが、私が自我判定をするときに、
なかなかチューニングできない人がいます。
大きくわけて原因が二つあることが、この1年で分かってきました。

ひとつは、私が再三言うように、その人の中で、自我を復元しなければという、
「知識的な認識」と、切迫していて自分を変えたい、という動機があるかどうかです。

知識的な認識については、「**分割自我復元理論**」のおかげで
維持できるようになったという人達も多くいますのでお勧めです。

そうした「切迫した問題意識」「なんとかしたい」という思いさえあれば、
たとえスタートしたときの自我率が低くとも、関係ありません。
実際、1/8自我から、見事に1/2自我を超えるまでに至った、
実習者の人からの報告を受けました。

●そしてもう一つの理由というのが、これが「難題」なのですが、
これも、自我率の高さには、関係のない事象なのです。
自我率がどんなに高くても、「ある理由」が原因で足をとられる人たちがいます。
その「ある原因」とは、
生まれる直前にした契約が、あまりにも曖昧で、ぼんやりしていた場合です。

●以下は、少しばかり面倒な話ですが、よく理解してください。

生まれる直前には、それこそ「生命保険」に加入するときのような、
あるいは、「賃貸住宅」の時の契約のような、
面倒な契約書類「のような」ものがあります。

それに「同意」をしたから、

皆さんは、今、そこで生きているという体験をしているわけです。
しかし、その契約書というのは、役場の側から「用意された内容」であるものが、
圧倒的に多いのです。
多くの場合に、モデルケースのような、
「既成のツアープラン」のセットが、既に組まれています。

その、ひとつひとつの項目について、カスタマイズした要望を出して、
それを断固貫いて、交渉をした結果として人間に生まれてくる人の方が少ないです。

●例えば、とても分かりやすい例は、
前世で、「激しい戦争地域に生まれて死んだ場合」です。

こうした人たちが死ぬと、ほとんどの場合には、
「次は、穏やかで静かな生活がしたい」と思い、
そういう土地や肉体の候補を選択します。
しかし、その人たちの希望事項というのが、なんと、「**それだけ**」なのです。

実際の契約書の申請項目には、

1. **誕生する時代**
2. **誕生する地域**
3. **誕生する両親**
4. **誕生後の生活環境**(恋人や知人、結婚や子供について、その他の希望)
5. **誕生後の仕事**
6. **死亡する時の死に方の希望**

その他、たくさんの希望申請項目があるにも関わらず、
その人たちは、自分の結婚相手や子供に関する項目にすら、
自分の希望を出していないのです。(要望を出せる「権利」があるのにです)

そして、あげくには、
「**次回は、とにかく、静かに暮らせる場所がいい**」とか、

「次回は、やさしい人が、そばにいて欲しい」とか、
「貧困は、もう沢山だから、食べるものに不自由したくない」とか、

まー、なんとも「理想の低い内容」しか提出せず、
しかも、その内容の薄い契約に同意をしてしまうのです。

●そうなったら起きることは、もう決まっています。

あなたが細かく指定しなかった部分については、
「適当な環境や運命」が、あてがわれるということです。
静かな環境に生まれたいと思って、この日本の静かな街に生まれても、
戦争や爆撃で家族が死んだり苦しむことはなくても、
結局のところは、社会の中で、対人関係などで「嫌な思い」をすることになります。

どこの世界に生まれても、「ただ静かならばいい」とか「平和ならいい」とか、
そんな、「具体性の全くないこと」を望んだらば、
今の自分の人生に、みなさんは、文句など言えたものではありません。

●だから私は言うのです。

出来る限り、具体的に、
うっかりミスの漏れのないように、望みは、正しく言いなさい…と。

ひとつのジョークにこんなものがあります。

ある男が、**「たのむから、宝くじが当たって欲しい！」**と強く思い、
何日も、断食して、滝浴びまでしました。

でも、彼には、宝くじは当たりませんでした。

なぜならば、彼は、

「宝くじが当たって欲しい、その人物の名前(自分の名前)を言うのを
まるっきり忘れていたから」です。

これじゃ、他の人に、当たるわけですよ。

●これは、ジョークに過ぎませんが、これと同じぐらいに、
願い事に「**主語が抜けている**」とか、そういった、とんでもなく重要な部分が抜けた
「契約書」に、同意してしまった人が、梅の間の読者の中にも、いました。

というより、まー人類の何十パーセントかはそういう人たちがいます。
逆に、細かい部分まで、人生設計の申請をして生まれる人のほうが、
少ないのかもしれません。

そこで必要になる「スケッチブック」

●「分割自我復元」のDVDの中で、私がやるように言っている、
「スケッチブックのワーク」を、自我復元をしている皆さんは、
きちんと、やっているでしようか？

あれは、自分自身の未来をデザインするものです。
その内容は、現実的であろうが、非現実的であろうが、
細部に至るまで、具体的で、細かくなくてはなりません。

絶対にやってはいけない望み方やイメージや、スケッチの仕方は、漠然とした、
イメージや、自分でも定義できていない望みや、曖昧な言葉を書くことです。

「次回は悟りたい」「次回は別の宇宙がいい」
「次回は幸福な人たちだけがいる場所がいい」
こんな、具体性のない「稚拙な望み」は、絶対に書いてはなりません。

●こんなことを望んだり、イメージしたらば、
あなたが「**望み忘れた内容**」によって、人生をボコボコにされるからです。

ですから、「自分の人生の一生の映画」を作るぐらいの気持ちで、
スケッチをして、自分だけの物語を、作っていってください。

ただ、生まれたい環境と、生まれたい姿をスケッチして、
それで、放り投げて、何もしない人が、いるはずです。
そうではなくて、あのワークは、
「**あなたを、この地球に推し戻そうとする連中と渡り合う、基礎を作るためのもの**」
なのですから。

●くれぐれも、「漠然」としたイメージや、
「漠然」とした、言葉を、自分の望みとして投影しないでください。
そうしないと、あなたは死んで文句を言っても、担当者にこういわれます。

だって、あんた、自分で、それを望むって、言ったじゃないか。
だって、あんた、そんな部分までは、指定をしなかったじゃないか。
だって、あんた、あれを望まないとは、言わなかったじゃないか。

■私はこの世界で、たくさんの人たちが、こう口にするのを聞きました。

「あー、望んだことが、叶うと、いいなー」
でも、私は、そういう人々に、こう問いたいです。

「しかし、そもそも、あなたは、望みを、正しく想い描く事が出来るのですか？」

＊＊＊＊＊＊＊＊＊＊＊＊＊＊＊＊＊＊＊＊＊

いつか、ずっと、以前にも話しましたが、
次の話は、ヨーロッパの古い民話なので、皆さんも知っていると思います。

望みを三つかなえてやるという森の妖精が、老夫婦の前に現れた。

旦那は、こう言った。
「美味いソーセージが、たらふく食いたい！」

すると、ソーセージが、たんまりと現れました。
それを見た、かみさんが狂ったように、旦那に向かって怒鳴りました。

「あんた、なんて、馬鹿な事を頼んだのさ。
なぜ、金貨を、たんまりと出せ、と言わないんだよ。
ソーセージなんか、あんたの鼻にくっついてしまえばいい」

すると、旦那の鼻にソーセージがくっついて、どうやっても、離れなくなりました。

そして残った、最後のひとつの望みは、
そのソーセージを旦那の鼻から取り去ることに使ってしまいました。

★分割自我復元★その68　★今後の流れ

死後と生前の逆転

●私も含めて皆さんは、この世界のこの次元の中で、今現在、暮らしていて、
その感覚にすっかり馴染んでいますので、これが当たり前であると思い込んでいます。
しかし、極論をあえて言うならば、
「今見ているものは、バーチャルで、本質は別」ということです。

●例えば、皆さんが、遊園地や、どこかの行楽地に遊びに行ったとします。
あるいは、旅行に行ったとします。

しかし、皆さんには、「帰る家」があります。
決して行楽地が皆さんの家なのではありません。
そこを訪れて、そこから帰って、ほっとする自宅があるのです。

●それと同じように、本来、この地球や、この次元での生活というのは、
自宅にいるわけではなく、**「出先の土地」**なのです。

極端に言うと、実際には、ここで今、生きているという感覚の方が
二次的なものであり、生命の本当のメインは、
この世界から見れば、死んだと言われている方の側にあることです。

●これは、大昔から、私の日常的な実感なのですが、
多くの本質的な作業が、いわゆる「死後」の方にメインがあり、
逆に、肉体を持って生まれてくるのは、その死後の世界で計画したことや、
その計画したことの確認の為に、生まれてくるといった感覚です。

ホームベースは、むしろ「向こう側」にあり、生きていると感じているここは、
あっち側での認識を「確認」する為の「作業場」、または「実験室」であるという
ことです。

作業場は、自宅ではありませんので、
自宅の感覚を知っている、または記憶している人にとっては、
ここが、どこか落ち着かないのは当然です。

●ただし、その自宅というのは、何も、お馬鹿な宗教や神智学が思い描いたような、
霊界というのとはちょっと違います。
あれらは、あまりにも、人間の「勝手な願望」を投影しすぎた代物です。

また、何度も釘を刺したように、
「進化」 とか 「魂の学習」 とか 「愛が大切」 などという方針は、
「あっち側の世界」にはありません。
それは、この地球上の身勝手な価値観に汚された妄想にすぎません。

実際には、肉体を持たない意識の世界というのは、明確な区分もされていますので、
制限はあるものの、かなり、何をやっても自由であるという一面も持っています。

別に、神々のような存在が、彼らの身勝手な善悪基準で、
その世界を統治しているのではありません。

●そういう意味でも、皆さん個人が、この地球で「上手く」死んだあとに、
それぞれに帰還する場所となる「自宅」は違います。

ただし、「上手く死ねなかった場合」は、かなりマズイ状況になります。
上手く死ねなかった場合とは、言うまでもなく、
自我が希釈されたままで、死んだあとも、ぽーっとしていて、
また、この地球のこの時代に「追い返される」というケースです。

それをなんとかして避けて、それぞれの自宅に帰還できるように、
この、地球という「行楽地に見せかけた、収容所」から、
皆さんを脱出させるお手伝いをするのが、現在の私の仕事です。

●ところで、もう一度、自我復元作業における大切な事を書いておきます。

睡眠する前であれば、(昼夜を問わず)どこの時間帯でもいいので、
呼びかけとクーラーボックスまでは行います。

しかしそこで一端区切って、回収作業は、睡眠から起きたときに行うのがいいです。
呼びかけと回収を、二つとも一度に通しでやってしまうのは、お勧めできません。

★重要な原則なので、何度も言いますが、
自我復元の為の、最も重要な交渉作業は、
かならず「睡眠中」に、そのほとんどが行われるからです。

私達が接触しようとしているターゲットの状態を考えれば、

私達自身も、睡眠という世界の中に行く必要があるのです。
顕在意識が覚醒している時よりも、睡眠中の方が絶対的に有利です。

多くの人が、寝る前の呼びかけを行うと、眠気が来るのは、自然なことです。
何しろ、自我復元法で接触しようとしている世界は、普通の世界ではないのですから。
ですから、無理に頭を覚まそうとせずに、
眠りに落ちる前に、作業を完了すればいいのです。

そして、昼か夜かという時間帯に関係なく、
起床した直後に、クーラーボックスからリングの中へと回収してください。

★分割自我復元★その70★

■自我復元をしてきて、復元が進むと、最も顕著に現れるのが「主客」の一致です。

つまり、本人がどれだけ「自分が外部からどう見られているるか」の自覚も
伴ってきますので、いわゆる「ひとりよがり」というものが、全くといっていいほど、

なくなります。

また、自分が見ている自分と、他人が見ているその人にもギャップは、あまりなくなりますので、その点でもコミュニケーション能力は改善されます。

そもそも、自我の希釈が酷すぎる人というのは、周囲の人が「引いている」ことすら全く分からないことがほとんどです。
必ずしも、一般常識による判断が正しいわけではありませんが、
最低限のコミュニケーション能力すら喪失しているのが希釈自我の特徴です。

■これまで観察してきて分かったことは、
8分の1自我以下の自我率の人たちの最大の特徴は、「妄想」の酷さです。
これゆえに、8分の1以下の自我の状態は、ゾンビと呼んで過言ではないと思います。

これが1/7自我や、1/6自我である場合には、少なくともそこに「自虐性」の自覚があります。「自分は、これでは駄目だ」という自責の心がまだあります。
しかし1/8自我を含み、それ以下まで希釈された自我の人の場合には、
「自虐的」にすらなれません。
そのせいで、妄想が暴走し、何事も独りよがりで、やらなくていい事ばかりをして、周囲にも迷惑をかけ続けていますが、自覚が全くありません。

■そもそも、自我というのは、外界と自己との境界線の明確さですから、
自我がある程度強ければ(少なくとも、1/7自我以上あれば)、
周囲との摩擦を自覚できますし、自問という行為を出来ます。

1/8自我の人たちは、他人への不平不満と、恨みばかりを向け、
自問自答や、問題意識を全く持てません。
それは、その人の社会的地位には全く関係なくゾンビであるのです。

以前に、日本の前首相を、1/8自我だと私は言いましたが、まさにあの、
「状況を全く理解せず、余計なことをして事故を悪化させたり、
あの軽薄極まりない様相」は、まさに1/8自我です。しかし社会には、政治家から、

一家の主人から子供まで、1/8自我の人たちは、沢山います。

●たぶん、1/8自我の人は、私ではなくても、ごく普通の1/6自我や、1/4自我の人から見てさえも「異常」に見え、また、関わることを他人は避けると思います。
その最大の理由は、「思い違い」「独りよがり」「妄想」の酷さです。

さらにこれが1/10自我あたりになると、一種、病的になってきます。

むろん1/8自我の人も、振幅が5％ある場合には、簡単に1/12自我あたりまで、
転落する事がありますので、このあたりの自我率は、いろいろな病理を持っています。

■一方で、自我率が、2/3あたりを超えた場合、または先天的にそうである人の場合
には、その人たちの間では、「認識」に、あまり大きな誤差は起きません。
つまり見解が一致することがほとんどです。

自我率が、まだ全自我ではなくても、ある程度高い場合には、
「状況認識」が一致する、という特徴があります。

人間はそれぞれに、異なる個性と、異なる意見と、異なる趣味を持っていますので、
意見といったものは、一人一人違って当然なのですが、
何かの現象や人を見たときに、少なくとも「状況がどうなっているか」
という見解の認識だけは必ず一致します。
つまり、客観性というのは、こういうことです。
客観性が一致するのが、自我率が復元された人の特徴です。
ですから、自我率が高い人が集まると、意見は違うのですが、
「状況認識」は一致しますので、それだけでも誤解の可能性は、かなり低くなります。

■一方で、自我の希釈が酷い人たちというのは、何かや誰かを見たときに、
たとえ褒めても、けなしても、どちらも、全くトンチンカンなひねくれた目でしか、
ものを見られないのです。

相手の人を褒めるポイントも、要点や事実を外していて、

けなすポイントも、まったくポイントを外しているという点で、
こういう人たちは、一般社会や家庭内でも、無視され、敬遠されていると思います。
平たく言うと、普通レベルですらも、話の全く通じない人なのです。

●以前に書きましたが、分割自我によって欠落している残りの部分を、
人間は、「妄想と思い込み」で埋めようとしてしまいます。

もしもその人が1/4自我であれば、何を見ても、何を聞いても、
何を他人から教わっても、認識できるのは1/4までです。
自我というのは、「許容範囲」のキャパシティーそのものだからです。
そして、残りの3/4は、その人の妄想で埋められてしまいます。

●従って、もしも自我率の高い人たちの中に、
自我率の低い人が混ざった状態で、何らかの「危機的な状況」が発生したらば、
自我率の高い人たちは、その状況認識、つまり危機という事実認識を共有できますが、

自我率の低い人は、視界そのものが1/4しかありませんので、
まず彼らが「最初にやる」のは「事実誤認」です。

希釈自我のせいで物事が1/4あるいは1/2しか見えないことは、必ず「事実誤認」を
引き起こしますし、「そもそもの前提からして間違う」という可能性が大なので、
ほとんどの場合に、最終的に間違った結論と行動に陥ってしまいます。

●これゆえに、特に「ゾンビ」を相手にすると、そのゾンビよりも自我率の高い人が
面食らうのは、「話が、そもそも出来ない」という点です。

普通に話すらが出来ないというのが、ゾンビの特徴なのですが、
それでも本人だけは、普通に話が出来ていると思い込んでおり、
相手にされないと相手を逆恨みします。
この情景は、自我復元が出来た多くの人たちが実感していると思います。

●一方で自我率がある程度高い場合には、話は出来ます。事実誤認もしません。

話がきちんと出来た、その上で、意見や意志や好みが違うというお互いの違いを、
対立としてではなく、違いとして位置づける事が出来ます。

しかし、この「単なる希釈自我による、わがままで、迷惑な言い分」つまり「病気」
を、「個性」と勘違いしてしまうような人々が次のような事を言うのです。
「それぞれの個性を認めるべきだ」とかですね。

しかし、「欠陥」は断じて個性ではありません。
個性というのは、少なくとも3/4自我を超えたあたりで主張されるべきものであり、
それ以下は、個性と呼ぶにはあまりにもあやういものです。

●それはちょうど、足が一本なくて、走れないことを、
「走れないのは、これも私の個性だ」と言っているようなものです。

あるいは、もっと分かりやすいのは、「臓器が一個ない」ことを、
「これも私の個性だから、それによる不具合をお前らは認めろ」と言っているのと
同じです。
病気は、運命の一部ではあるかもしれませんが、断じて**個性の一部ではありません。**

それは個性ではなくて、ただの欠落、機能不全、つまり欠陥製品です。

故障それ自体を「個性」などと呼んではなりません。
故障というのは、「本来の個性が発揮されない原因」そのものなのですから。

みなさんは、パソコンのキーが、いくつか壊れていて、入力出来なかったら、
それを**「個性的なキーボード」**と呼ぶのでしょうか？
いいえ、それは**「修理に出さねばならないキーボード」**であるに過ぎません。
そして、希釈自我という現象は、今では、生まれつきどうにもならないもの
「ではなくなった」のですから、それでも「健康な自我」になろうとしないのは、
誰のせいでもなく、その人のせいです。

●自我復元法よって、1/10自我から這い出した人もいるのです。

ですから、自我復元を、決して、諦めないことです。

この無明庵の掲示板を見ているにも関わらず、
自我復元をしていないとしたら、それは、本当にもったいないことです。

★分割自我復元★その84★「原則として他人には薦めないこと」

●これは「原則として」という意味です。

公認ブログの中に、彼女や、家族に薦めたという事例がありますが、
あの方に関しては、私は問題はないと思っています。

ただし、他のほぼ9割以上の人達に対しては、私は、「やめておけ」
と言う事になります。

●まず第一に、自我復元をやっている本人自身が、
(スタート地点にもよりますが)25％以上の復元を経験し、
確実性を実感していなければ、絶対に他者に薦めてはならない事は無論のこと、
仮にその人が90％を超えたり、さらには原型自我に戻ったとしても、
それでも、家族や身内や、親しい者に薦めてはならないケースがほとんどです。

●むろん、薦めた結果、すんなりと全く違和感も異論もなく、
実行し、効果を目の当たりにすれば問題ないのですが、
ほとんどの場合には、薦める動機が不純すぎます。

自分一人の事もままならないのに、他者に薦めるなど、もってのほかです。
私が皆さんに、かつて依頼したアンケートは、あくまでも無明庵に縁のあった人に
薦めるもの、つまりある程度の基礎的な知識や関心がある人を対象としたものです。

または、自分の人生全体の経緯に、疑問や不満をはっきりと自覚している人の為の
ものにすぎません。

●しかし、単に、同居しているからとか、
付き合っている異性だからとか、家族が死にそうだからとか、
そんな理由で、他人に自我復元を薦めては絶対にいけません。

無明庵は新興宗教じゃありませんし、普通の宗教ですらないので、

そもそも、関係のない、関心のない他人を引き込むことをしてはなりません。

それによって、自我復元というものに対する相手の誤解や、
思い込みや、偏見をもしも生じたり、植えつける結果となったら、
皆さんは、その全責任を取れるかといえば、取れません。
最後まで自分で責任を取れないような事を決してしないことです。
●他人から無明庵のサイトや本を紹介されるというのは、自然ですし、
また他人を通じて自我復元というものの存在を知るのは、全くかまいません。

ただし、身近にいる人に、それを薦められるのは、唯一、
その人に対して最後までケアを出来る人だけです。

また、家族や、瞑想仲間の中での自分の評価を高くしたい、
などという、そんな汚らわしい動機を絶対に抱かないで下さい。

●情報は与えて構いませんが、やるかやらないか、
切羽詰っているかどうかは、本人の問題ですから、無理強いは絶対にいけません。

●たとえば、自我復元が順調に進行した場合に、
必ず起きるのが、近辺にいる人、同居人、家族らとのズレです。

しかし、いったん自我復元を始めたら、同居人だろうが、家族だろうが、
誰であろうが、その人とは独立した別の道を進んでいると覚悟することです。

親しい人と、一緒に復元をしてゆきたいと思うのは「心情的」には分かりますが、
現実的には、私はそれを皆さんに許諾する気はありません。

また、自我復元は、競争ではありません。

●自我復元が、勤務先や、特に、それよりも身近な相手に対して
ズレを生ずる場合の、最大の原因は、
そもそも、その相手と関わったとき、出会った時に、

あなたが、不完全な自我、または希釈自我だったことです。

過去に、現在とは違う自我率の判断力の中で選んだ結果の現在の環境が、
その環境だけが、今も残ってしまっているわけですから、
それは、やりずらいに決まっています。

そういう点からも、自分が復元をしても、周囲の改善ということは、
出来ないと考えてください。

以前に自分が自我復元をしたら周囲に影響するかという質問や課題がありましたが、
現時点での私の結論は、ノーです。

自我率の変化に伴う周囲との誤差はより深くなりますので、
決して距離を縮めようとはせず、まず心の中では、他人として突き放してください。

●そうはいっても、30才、40才、50才を過ぎてしまった人達にとっては、
子供もいたりして、今さら離婚や別居が出来ないという人達も多くいます。

残念なことに、それらの相手を選んだのは、復元をしている人の場合は、
今の自我率で選んだわけではないので、次第に、全く馴染めなくなると思いますし、
無理をしてまで馴染もうとする必要もありません。

●現在までのところ、自我復元をしていて、順調に進んだ人の場合、
幸いにして、結婚などをしておらず、お付き合いをしていた人達は、
潔く、さっさと別れる事が出来ています。

この場合には、より自我復元を進められるような、
自分一人の環境をしっかりと取り戻しています。

問題なのは、低自我のときに作ってしまった環境に、
今も、家族やパートナーとして「縛られている人」ですが、
これは、復元をした結果、その流れが、どうなるかを見守るしか、術がありません。

ただし、自分がどれだけ全自我に近づいても、
相手との関係が改善されるとは、夢にも思わない方がいいです。
むしろ、ギャップは深まると覚悟してください。

★分割自我復元★その85★「雑記」

【現在の地球は、この数千年で最悪の状態である】

●かつて、全自我が当たり前であった時代に生産されていた、
高濃度の感情や凝縮した思考という、「作物製品」は、見る影もなく失われました。

今では、地球に住む人達のほとんどから発せられている養分は、
「生きている実感のない、ぼんやりとした感情」か、または「憎悪」のみです。
この結末、この醜態を作り出してしまったのは自我の希釈という**不正行為**でした。

この行為は、結果として、薬品原料となる地球の作物である**人間の成分すらも劣化させてしまった**ので、今では、全く存在している価値のない惑星、
あるいはその惑星上の生物となってしまいました。
●はっきり言ってしまうと、明日にでも、すべての人類を抹殺して構わないとすら
思う人もいるかもしれませんし、その方がすべてのものが正常化するという感覚も、
私は完全には否定できません。ただし、その場合には、一部の選民思想者らだけが
生き延びるのではなく、私も含めて、誰一人も、生き残らせることなく、
もしも消去するなら「全員」です。

むろん、もしも、そうしたことを執行する外部の生命体がいるとしたら、
その次の計画を設定した上でのことですが、
残念ながら、そうした計画すらもないので、現在の地球は、ほぼ完全に管理放棄を
されて、「**雑草だらけになった荒れ果てた農地**」といった状態です。

●それでも、自我が希釈された人間は生まれ、
雑草の間に生えている人間という製品も、まだ刈り取られています。

この結果現在人間から搾取できる「感情成分」は主に、
「生きている実感が欠如」し「早く死にたい」、というものが確実に増えていますが、
これは「**良質の振動製品**」になりません。

かつて、人間に自我を埋め込んだのは、それを計画した者が、
自我の中に閉じ込められた意識が、**喜怒哀楽**や、**自我と拮抗した外界**、あるいは、
**違和感を極限まで刺激され、それによって生ずる、感情や思考を、地球の管理者に
提供することを目指したもの**であり、

また、私達自身も、それをよしとして「**同意**」をした上で、
自ら、その、やや危険なゲームに参加したものでした。
(ただし、この「古き良き時代」は今から約3500年以上も前の事です)

●しかし、その大切な自我を、勝手に「希釈した者たち」は、そもそも、「自我」に
ついてすら、何も知らず、自我の重要性も、全くわかっていなかった者たちでした。

彼らは、何かの計画的な悪意によって、人間を苦しめるために、自我を希釈したり
分割したのではなく、単に、**製品の水増し**のために、そうしたにすぎません。

もしも、自我が何であるかを知っていて、
人間を「より苦しめるため」に計算してやったのだとしたら、
それはそれで、ある面では「評価」ができますが、

現在の結果を見れば分かるように、それは実際には、自我に対する、彼らのただの
「無知」によって、人間が**正常な精神状態で、苦しむための感性**すらも、
中途半端なものにしてしまったのです。
もとより、彼らは「自我の本来の価値」を知っていて、自我を希釈・分割したのでは
ありません。

●自我という設計されたソフトウエアの機能をよく知っていたのは、
「Cグループ」までであり、「Dグループ」は、

やって良いことと、やってはならない事も分からない、
のうたりんの「**下級の管理会社だった**」ということです。
【詳細は「**分割自我復元理論**」を参照。】

その結果、地球上の人類のほとんどは、**ちゃんと苦しむことも出来ないし、
ちゃんと、楽しむことも出来ない、不良品の自我**として大量生産され続けて、
薬品原料としての価値すらも、今では、どん底のレベルに落ちています。

●もしもこの実態の事実が、元請けまたは、クライアントに発覚すれば、
おそらく、地球の人類は、大量に処分されるか、または、何らかの整備と改良が
なされますが、それは、私達が生きている間には起きず、ダラダラとした、
陰湿で、中途半端な精神状態に置かれたままの時間が、今後も続きます。

●ですから、時間があるうちに、今回の生で自我の事には決着をつけて、
まず、とにかく自我を、元の形状と容積に復元してください。
自我が元に戻ったあとは、少しの時間だけ、個人的に遺り残した課題をするのは
いいですが、自我復元の本当のメインは、
「生き直し」や「人生のやり直し」ではありません。

●たとえ、全自我になったところで、
その自我を「飽和」するまで満喫して「生き終わる」には、
人間の時間で、60年の人生を、あと4回から6回は、重ねないとなりませんので、
そんな事を、この荒廃した地球の未来で行うことは、全く無意味です。

また、全自我から悟りにいたる道がようやく「始まる」といっても、
それは、気の遠くなるような、
「本来の正常な自我」による、強烈な生命経験を経ねばなりません。
そういうことは、「死んだ後」に、自分で選択した「別の場所」、「他の場所」で
やってください、ということは、繰り返し何度も私が言ってきた事です。

自我復元は、自力で、地球のプラントのラインから「脱出」する事のみを
その本当の目的としています。

★分割自我復元★その88

自我復元に伴う死人禅の捉え方の変化

自我判定が無料になる時期

●以前から考えていたのですが、自我復元を本当に地道に行い、その結果として、自我率が「98％」を超えた段階で、それ以後、その人の判定は、全自我まで「無料化」する事にしました。

その理由としては、自我率が約95％を超えると、そこからは、次図の「関数曲線」のように、たったの1％を進むのにも、時間がかかってきます。

↓参照

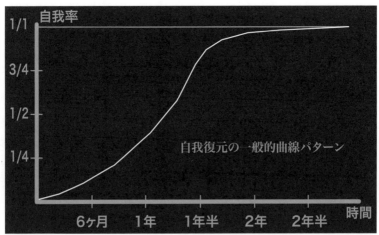

これは、自我復元をしてきた人達のデータをとって初めて分かったことでした。

●自我復元の最終段階が、空気が満タンになる前の容器内の圧力の高まりや、その時に送り込まなければならない空気に高い圧力が必要なのに似ていること。あるいは、登山の登頂の最後が、断崖を登るような様相になるのに似たものになる、とは予測はしていたのですが、それが物理現象のように、確実なパターンであることが分かり、そこに例外は、ほとんどないことが分かりました。

●また、仮に最初のスタート地点が、2/3自我や、3/4自我などの、
高い自我からのスタートであっても、最後の部分になると、
上昇率が低下する点では、例外なく、パターンが共通していました。

●そうしますと、98％に到達した人が、そのあとに、
あと1％や2％の最後の詰めの作業を、一ヶ月、二ヶ月、三ヶ月と行うときに、
それに対して、判定料を私が戴くというのは私自身が、申し訳なく思うからです。

もう、本当に「あと少し」なのですから、もう判定料金の支払いなどいいから、
とにかく「全自我に到達して欲しい」と私は思うわけです。

●また、自我率98％となりますと、私との信頼関係や、自我率の高さからも、
私が判定をする場合のラポール形成は、極めて楽になっていますので、
95％未満の人達の判定をする時のような、労苦や手間を、私が負担する必要が
なくなっているのも、その理由です。
ですから、この「98％」という自我率の段階以後は、判定料は無料化します。

その中で、定期的に無料で「自我判定」をしてみて、全自我に到達したかどうかを、
皆さんの感覚と、私の見解をあわせて、見定めて行きたいと思います。

●ずっと私からも言ってきた事ですが、
この自我復元というシステム自体が、初めての試みですから、
最後に、全自我に戻るときに、何かの自覚できるようなスイッチが「カチッ」と入る
感覚が、本人の中に起きるのか、
それとも、しばらくして「気がついたら復元が終わっていた」、
という、あっさりとした性質のものなのかが、まだ全く未知なのです。

ですから、それを今後経験するのは、98％を超えた人達自身ですから、
その「最後に起きる事の報告」を、貴重なデータとして私にも知らせて欲しいのです。

そういう「ギブアンドテイクの関係」がそこにある事からも、

98％を超えた人達は、その後の判定も、助言も、全て無料とします。

●ただし、言うまでもなく、これは「判定回数」とは全く関係ありません。
判定依頼回数が、例えば、7回を超えたら無料になる、というのではなく、
あくまでも、到達した「自我率」が無料化の基準です。

★分割自我復元★その97　●自我率についての話●

「自我率」についての話

●何かの交渉するとき、相手や双方の陣営の自我率が分かるのは便利です。
無益な感情対立やトラブルを起させる結果となる、無理なプレッシャーを、
相手にかけないように調整できるからです。

自我復元法というものは、一般社会に知られることは、「絶対にあり得ません」ので、
結果として、世の中は、「一生、変わらない自我率」の人たちで構成されています。

そういう点では、もしも私が、企業の人事部にいたら、
えらい重宝されるかもしれませんね。

面接する前に、主用な要素は、全部、分かってしまいますから。
また、何かの交渉をする時に、どちらが有利なのか推察できます。
確か、こういう事ってバブリーだった昔では、占い師とか、占星術師が、
よく企業のアドバイザーになっていた時期もありましたが、そんなものよりも
自我率が判明する方が、よっぽど、有能な社員や、必要な人材を集められます。
しかも、自我率が分かると、社内の部署別に、どこに、
どの社員を配置するのがいいか、全体としてどう構成すればいいか、
そして、特定の部署のチーフは誰にすればいいか、
そういった事を判断する、「ひとつの指針」ぐらいにはなります。

●それに、これを応用すると、結婚相談とかは、ごく簡単に出来てしまいます。
「星の配置とか、生まれの生年月日や、姓名に起因する相性」が合わない、

のではなくて、「自我率」が違いすぎて、これでは、まともな生活はできません。
したがって、「結婚したら、こういうトラブルが起きます」
という事が予測できるからです。

●いわゆる、「占術」が、顧客に対してあまり当たらないという場合には、
主に、二つの原因があります。
ひとつは、鑑定した人の自我率が低すぎて、過去のデータの適応が出来ない場合です。

何しろ、占星術、手相、人相、生年月日姓名判断、このどれも、相手の「自我率」に応じた
分量しか当たらないという、重大な観点(前提)が欠落しているからです。

多くの占術は、私の見立てでは、(完全に全てのが、ではありませんが)、
対象となる人間が「全自我である場合を想定」して、
その鑑定基準が作られているように見えます。
特に「歴史の古い占術」ほど、そもそも全自我である人間を、
基準にして、システムが作られているような気がします。

これ故に、たとえば、占い師が、相手に対して、
「あなたは、コンビニの店員なんかやっているべき人じゃないです」
とか、「あなたは、ファーストフード店でバイトなんかすべきじゃないです」
といった助言をした場合に、

これが全自我だったり、せめて2/3自我、理想的には3/4自我の人であれば、
即時に、転職をして、軌道修正し、その助言を生かすことが出来ますが、

自我率が、1/2自我以下の場合には、本人の気力のなさや、周囲の環境のせいにして、
決して助言されたことの「実行」が出来ないのです。
だから、占い師がせっかくしたアドバイスを、全く生かせない人が、
こんなにも、大勢いるわけです。

●さて、もうひとつ、占術の判定結果そのものが、
あまりその人には当たっていない人がいますが、

これは、その人が生きているベースが既に、惑星や太陽や月の配置、
といったものの影響を、受けにくくなっている場合です。

ただし、このケースは、稀であり、決して大勢はいません。
ごく限られた人たちだけです。
当たらないか、または1/4程度しか当たらないことの、ほとんどの原因は、鑑定される
側が、「自我率が低い」ためです。
また、占術理論の影響を全く受けないということは、原則としてはないですが、
「影響される程度」は、その人がどういうレベルにベースをおいているか、
によって、変わります。

●ちなみに、自我復元の実習者は、今後は、どう転んでも、
この太陽系の惑星への移転を選択しませんし、
また、仮にこの太陽系の別の惑星や衛星に、肉体よりも先行して、
意識のベースを移転すると、限定的ではありますが、意識や身体の、ある一面だけ、
ほとんど、すべての占術的な判定結果からは、無効になってしまいます。

●これを分かりやすく言いますと、普通の人たちが、飛行機や、自動車や、船に乗って
いるとすれば、もしも台風が来たら、影響を受けます。
怪我をしたり死ぬかもしれません。
しかしその人が、意識の核シェルターや、地下室のようなものを持っていたら、
その台風の影響を、少なくとも本人だけは、受けずに済みます。
ただしその分、地震がきたら、地下室も破壊されてしまい、その地下室はその人を
守らないという意味ではあくまでも「限定的なもの」です。

もっといえば、もしも肉体とは別の身体だけ、緊急時にワープできる構造を、
その人が持っていたら、その人は、惑星や恒星の影響を受けないところに、
一時的に避難することが出来ます。

自我復元を、全自我まで、終わった人だけは、
本書にある「死後のミッション」をやっても構いません。

★分割自我復元★その101 【自我復元についての面倒な話】

下から上に移動する意識の「重心」

●まず、誰にでも理解できる話からします。

よく昔、私は人に、
「**あなたという自己意識の中心は、身体の、どのあたりにありますか？**」
と尋ねることがあった。
答えは人によって違い、「自分を指差す」ときに、
胸あたりを指差す人もいれば、自分の鼻を指差す人もいる。

厳密には、どこに自分という「視点の中心」の位置があるか？
あるいは自己感覚が想起されているかを探ってもらうと、頭の少し奥という人も多い。

●そもそも、人間の意識を、この話の中でどう定義するかと言えば、
注意力の分布のことであり、結果として、それは知覚の分布ということになる。

例えば、今、あなたは、PCの画面を見ているが、
そのときには、自分の身体など忘れているかもしれない。

また、この文を読むために、目に意識の大半があり、
あとはせいぜいお尻にかかっている自分の体重ぐらいしか意識していない。
さらには、今この画面をじっくりと読もうとしながら、なおも、部屋の中で
鳴っている音や、外の音を同時に聴いているという人はほとんどいない。

そうしろと、誰かに言われなければ、
あるいは、外で人の話し声や大きな音がしなければ、貴方の意識の大半は、
そのときに、自主的に意識しているものか、または、
無自覚のうちに、意識させられているものに振りまわされている。
(たとえば、テレビによって、あるいは他人の言葉によって、ぶん回されているだけ)

●さて、意識の分布とそれに伴う知覚の内容によって、
自分の意識が、今どこにあり、その焦点が、どう変化しているかが
自覚できるわけであるが、

大雑把に言うと、「意識の視点の中心位置」あるいは「意識の支点の位置」または、
「自己感覚」というものは、子供から大人に向かうときに、次のように、
下から順番に移動している。

1.【まだ歩行しない子供】

この段階では、排便や排尿の感覚と空腹が優性であり、
意識と感覚の大半は、腹部、排泄器官にある。皮膚感覚も優性である。

2.【歩行をしはじめた子供・足の時代】

この段階では言うまでもなく、意識と感覚の大半は、足に向けられる。
と同時に、並行感覚を発達させる為に視覚にも意識が集まる。

3.【手を使う子供・手の時代】

次の段階では、やたらに何でも手で触り、いじりたがることから、
この時期の子供は、手に意識と感覚の大半が集まる。

4.【尾てい骨の時代】

椅子であっても、床であっても、お尻をつけて「座る」ということが
生活の姿勢の中で大半になるこの時期から、
実は、いよいよ、人間の意識は、俗に言われるチャクラという中枢を移動しはじめる。

5.【性器の時代・勃起や性感】

男児でも女児でも、性的な感覚を生殖器に感じるのは、

遅くとも小学校のころからであるので、この時期に、他の中枢や感覚
とともに、性器の位置の中枢に集まりやすくなる。
ただし、思春期にまたがる時期には、女児は、性器だけではなくて、生理を通じて、
子宮も意識するので、この時期の子供は、必然的に女児の方が、男児よりも一段階上
のチャクラを既に使い始める。
このために、小学生から中学生の思春期には女児の方が男児よりも大人っぽい。

6.【腹の時代】

高校生あたりが、男女ともに、生殖器の上の腹の中枢に
意識と感覚が移動を始める時期である。

7.【胸の時代】

同時期に、恋愛や、不安や、動揺を通じて、胸に意識と感覚が集まる。

8.【喉の時代】

高校生から大学のあたりの時期であり、喉というのは、記憶能力と関係するので、
この時期には、知識と経験の蓄積というのが主流になる。

9.【眉間の時代】

ここは、おそらくは社会に出てから特に形成される中枢であり、
自主的な判断や、意志を、自分でつらぬくかどうか、
そして、相手や状況に対する「想像力」を形成しなければならない時期である。

10.【前頭部の時代】

眉間の時代が長く続くと、個人の意志だけではどうにもならない問題に
ぶつかり、ここで個人の意志や志向性を「わざと停止する」という事を
覚えるのが、前頭部に意識と感覚が集まった場合である。

社会の中で自他を同時に見る客観性が形成され得るのはこの時期である。

と同時に、前頭部では、思考が一時的にであるが停止するので、
そのときに入り込んだアイディアにより発明や発見に至ることもある。

むろん、一生の間、ここが発達しない人たちが大半である。

11.【頭頂の時代】

この中枢は、通常は一生、使われることはない。
普通は、唯一、死ぬときにのみ使われる。

ただし、無明庵のように、生きている間に、
前述の前頭部と、この頭頂部を、酷使する体系もある。

●以上の「意識と感覚」の焦点の移動をよく見れば、
本来、子供にはどういう「教育の順番」が必要であるかは歴然としている。
性欲と恋愛感情と不安や動揺が渦巻く、高校生あたりまでは、
いわゆる「知識の詰め込みの勉強」など、ほとんどさせなくていいのである。

「読み書き そろばん」以外には、
避妊法教育を含めた、性教育でもしておけばいいのである。
あとは、農法や、漁法や、調理法の教育だ。

●以下に記述した事は、不適切な時期に全くやってはならない、という事ではない。
やっても良いが、優先順位は厳守しろということです。

意識を向けるべきポイントを順番に言うと、

・第一段階
小さいときには、走り回り、
ものを投げまくり、ものを壊してもいいので、手足を使うこと。

・第二段階
よく食い(腹)、発情し、自慰もする(性器)、

・第三段階
前の二つの段階がきちんと心身に、ひととおり経験されるまでは、
とことん、子供は遊ばせ、スケベにしておけということ。
遊ぶことと、性欲や恋愛感情を、一切、何も抑圧しないことだ。

・第四段階
この正常な意識と感覚の集中が胸から下部のチャクラに対して
ある程度、行き渡ったあとで、ようやく、はじめて「記憶」をさせる。

つまり、何かの知識を、中身のない「ただの知識」として覚えさせる、
というのは、厳密には、高校生か大学生のときにのみさせるべきであり、
そんなことを、小学生や中学生の時には、絶対に子供にさせてはならないのである。
むろん、ある程度の知識の詰め込みは、中学生あたりからはいいが、
まだ、胸から下の中枢が発達していないのだから「やりすぎてはならない」。
またこの時期には、体育界系の「大きな声を出す」または「歌う」という行為も、
喉と記憶の中枢の発達にも影響してくる。

・第五段階
意志や、自主性、創作性といった要素は、早くても大学生になったころに
やっと生徒に要求してもよいものとなる。

つまり、ある程度、上っ面の知識を詰め込んだならば、
次は、それを自分の意志で、応用するというのがこの時期である。
そういう点では、知識もないのに、いきなりの応用は駄目である。
きちんと喉の中枢が使われたあとに、創作性への刺激が必要である。

・第六段階
自己意志と自己判断だけではない、ある程度の「客観性」や「社会性」が必要になるの
は、平均的には22歳から23歳ごろに社会に出たころである。

それまでの「眉間」という「主観」だけによる思考や判断をしていたものが、
多種の他人が存在する集団の中では、通用しない局面にぶち当たることで、
普通は、順調に発達するものなのであるが、

どうも、地球の二足歩行の人間の、ほとんどは、
意識の中心支点が、眉間で止まっているようである。

だから最近は、客観的な冷静な判断が出来る人が、社会にもほとんど存在していない。

●しかもその上、50歳や、60歳を過ぎても、まだ、性欲中枢すらも未熟で、
その自己管理の世話をした事もない人間も多く、さらには腹も、胸も、喉も、眉間も、
何もかもが「発達障害に陥っている人間だらけ」である。

こうした順番が、大切であるのに、それを無視したような、
「知識の詰め込み教育」を、他の中枢が未発達で「土台が出来ていない」のに、
なんと7歳とかから開始してしまえば、いびつな子供が育つのは目に見えている。

●だが、狂っているのは、教育現場ばかりではない。
カルト教団や、クンダリーニヨガやら、ラージャヨガやら、
バクティーヨガと称する、大勢の馬鹿者どもが、
ろくに、性器や腹や胸や喉や眉間や前頭部といった「基礎工事の土台」も作らずに、
ただやみくもに、上の方向を目指した結果、
その「構築物」は、どこかで、あっけなく、すべて転げ落ちてしまうか、
曲がって、歪んだままの、みっともないタワーになるか、
あるいは、偉そうな事や、出来もしない理想を口先だけで叫んだまま、
いつまで経っても、死ぬまで、性欲中枢の世話すらも出来ていない。

●さらには、ここに自我の希釈が、多大な悪影響をしているために、
もはや、この惑星に生息している、ほとんどの人間は、
かつて(古くは紀元前1500年ごろに)そうであった「プロトタイプの人類」ではなく、
現在では、それは、大量の「不良品」であり、
発達障害と、自我が希釈された、「病人の集団」だと言える。

しかも、治療法のある病棟の病人ではなくて、
単に病人が野放しになった、狂気の世界である。

●こういう世界にいる「現在の地球の現実」を認識や実感もせずに、
「地球では、それなりに学ぶことがある。経験できることがある」
とか、ほざく馬鹿が、もしもいたら、直ちに、そこを逃げ出してください。

あなたの人生の大切な時間が、
そのスピリチュアルと称する「与太話」のせいで、無駄になります。

●また、そこに理のない禁欲を強いるものも全部アウトです。
そもそも、すべての身体素材は、まずフルパワーで使い尽くす必要があり、
「フルパワー」で、全中枢を使えるようになったあとに、はじめて、
「調整」「節制」「浪費を抑える」ということが出来るようになる。

それ以前に行う、どんな禁欲も、溜めたエネルギーを腐らせるだけです。
「溜め」というのは、それを一瞬にしてフルパワーで出せる人だけが
行うものであり、また持久戦においての「ペース配分」というものも、
最終的には、フルパワーを出し切るためにこそある「計画性」のことを
いうのである。

●そういう説明や教授もなしに、節制や、禁欲や、何かの抑制を良しとしたり、
奨励するのは、「お馬鹿な武術家」と同じです。

禁欲しているだの、自慰やセックスをしてないだの、そんなことを恥ずかしく
もなく口にする馬鹿は、性的に不能か、早漏か、性の未熟者だと思っていいです。
性の未熟者は、いつまで経っても、下部チャクラすら制御できず、
歪んだ塔となり、そこで意識が、死んでも、ひっかかったままとなります。
●そもそも、原則として、どういう素材や、器官組織も、
まず「大きく体を動かし」、「フルパワー」を発揮し、
それが充分になされた後で、はじめて、力を無駄に使わない「技」を教えるのが、
当たり前の順番です。それを最初から、非力で、全力も出せないネチネチした人間に、

エネルギーの有効な使い方としての「技」など教えても、全く無意味です。

●これと全く同じことが、チャクラと言われるものを、
現実の生活の中で、自然に発達させるべきである事に通じます。
まずは、意識を向けて、その力を使いきり、発散しろ。酷使すらしろ。

無駄な動きをなくすための調整や、溜めり作り方や、
その他の「小技の使い方」を教えるのは、その「あと」である。

そして、その際に、通過する「中枢の順番」を間違えてはならない。
常に、精神世界では、低いと「勝手に思い込んでいる」、「下部の世界の力」から、
まず構築しろ。この場合の、下部とは、喉までを下部と言う。

他の身体の中枢全部と、上手く協調しながら、
本格的に「自我」が、自主性や創作性として応用されるのは、
眉間から上に意識の中心が、移動したころからだからである。

喉の中枢までは、「ただの基礎」である。
ただし絶対に無視したり、回避してはならない「重要な基礎」である。

●さて、そもそも、転生の主体となる自我はあるのか？
という問題については、「ある」としておきます。

ただしその「着物を着替える主体」となる自我は、現在皆さんが自覚しているような
「自分という感覚」や、その現在の自分感覚の根拠となっている「記憶」の集積に
よるものではありません。

つまり、皆さんが死んだときに、ここで生活してきた中で
自分の人生だったと記憶しているものによっては、死後の自我は出来ていません。
今の記憶を継続したような形や、今の自我の感覚をもって、次に行くということは、
有り得ません。

●では、服を脱いだ裸の意識は、どういう自覚のある自我であるのかというと、
まるっきり、何もかもの記憶がないわけではなく、
いわゆる俗に前世と呼ばれるものの「ソフトウエア」だけは、継続していることが
多いです。
つまり、データは吹っ飛んだり、管理者によって回収されますが、
人間になるとき、または、なる前に、搭載してきたソフトウエアまでは、
消えないことも多くあります。

●以下に私が言うことは、あまり正しい喩えではありませんが、
皆さんがここで生きて経験した記憶というのは、
ウィキペディアの辞書に収録されるものの「ようなもの」になります。

ウィキペディアという「共同作成の辞典」は、ネットでは、異論や間違いが、
利用者らの判断によって自然淘汰されて、「一般化した意見」にされていますが、
地球で人間経験をした記憶は、分類整理され、ファイルにいれられて、
契約時に、「他人が利用できる記憶」になります。
つまり、次にここに生まれる人が、ある程度の最低限のバックアップデータとして、
搭載できる商品になっているということです。

●一方で、その記憶を置いてゆき、次の生存の為の記憶を入れかえる
その「主体」は何かとなりますと、
「全自我」の人の場合には、もう一度、地球でリピートして、
ここに留まるか、それとも他にいくために出てゆくかの選択権があります。
しかし、たとえ、7/8自我であっても、その選択権は奪われます。

●肉体が死んだときに、全自我が起動した場合には、
原則として、その「自我1」を成立させている、「自我2」も起動します。

「自我1」は、地球型自我でしたが、
ここから出てゆくときには、いったん「自我2」を起動させ、そのあとで、
別の惑星系や、別の次元に固有の乗り物である「自我1」に戻ります。

この工程では、どうしても「自我2」を引っ張り出さないとならないのですが、
それは、全自我の人が、死ねば、おのずと分かりますので、
ここでは、くどくどとは、説明しません。

●ずっと前に、「梅の間」で書きましたが、死後に、記憶が入れ替わる様子は、
まるでビデオの「**クロスフェード**」にそっくりです。
現在の自分とは、全く異質な誰かの人生の経験の記憶であっても、
自分の記憶が消えるに従い、準備してあった別の記憶が流入してくるので、
記憶喪失という感覚は、ほとんどありません。

(消えてゆく記憶を無理に思い出そうとしたり、執着しないかぎりは)
そして、ケロっとして別人格に乗り換えて適応してしまいます。

ただ、そのプロセスでも、失われない自己同一性があり、
それは、現在の脳という限定された記憶よりも、一層上の記憶にも由来するのですが、
私の感覚では、それは記憶によるものというよりは、もともと、そこが本人の意識の
ベースだったために、単に本質と再度フィットするという感覚です。

●現在、自我復元をしていて、順調に行っている皆さんも、
取り戻しているのは、皆さんの「記憶」ではありません。
取り戻しているのは、かつての皆さんの人格ではないのです。

いわゆる人格は経験した記憶によって、出来上がっていますが、
皆さんが現在経験している、主体感には、個性はありません。
それは、「自我」という意味においては、地球に限定された中では、
普遍性を持っていて、誰が経験しても「同じ自己枠の感覚」として経験されます。
自分が自分の主体性と境界線管理を握っているという、単純な感覚です。

●生活や感覚に起きてくる、いろいろな「変化」は、その人が、たとえ希釈自我の
状態の時期でも、そこで、どれだけの力を出そうとしてきたか、そして、
どういう経験を今までしてきたかによって、雲泥の差があります。

●逆に言うと、今までの生で、うすっぺらな人生だったり、
経験内容が未熟であったり、または重篤な何かの欠陥がある場合には、
そればかりは、自我復元では、修復は出来ません。

自我復元に出来るのは、自我を元の容量に戻し、意識の明晰さを、
その容量に見合うまで復元することだけです。
従って、経験もしていない事を分かるようになることは決してありませんし、
理想が最初から低かった人は、いまさら理想が高くなることはありませんし、
さらには、希釈自我だったときに、精神が何かの事故に遭えば、
そこで失った、精神の片足や手は元には戻りません。

●そもそも、生まれるときに、両足がない身体(自我の比喩ではない)を
選んだ人は、いくら自我復元をしても、足が生えてくることはありません。
選んだものが先天的なものであれば、それは復元は無理です。

また、物理的な脳障害や、各種の先天的な「症候群」を持つ人も、それが物理的に
由来するものであれば、手足や臓器と同様に復元することはありません。
この話は、自我復元法で変えられる部分と、変えられない部分で詳しく後述します。

●いずれにしても、「自己同化システム」というのが、
宇宙における自我の定義であり、
それは、意識が何かを「知覚」できるための「枠」を形成しています。

その自我壁という「枠」との自己同化が、個人であるか、惑星であるか、
太陽系であるか、銀河系であるか、小宇宙であるか、
中宇宙であるか、大宇宙であるか、超大宇宙であるか、
それとも、限界極宇宙であるかによって、異なる「自我枠」があります。

●それぞれに、保存された、ソフトウエアや記憶データがありますので、
現在の自我枠や、現在の記憶を失っても、転生の「主体」は維持されます。
転生の主体というと、これは、実は言い方が間違っていて、
厳密には、「経験の主体」または、「知覚の主体」の意味あいです。

現在の地球は、学習や経験の場ではない

●ただし、ほとんどの人が、全自我でない状態にある現在の地球では、
死んだ時に、最低限の主体性を維持したままで移動できる可能性は皆無です。

死んだあとで、どうなるかといえば、どこかの、仕事に怠惰で、身勝手な、管理会社
によって、かなり適当な記憶のデザインと、希釈自我という乗り物が、死んだ人間に
押し付けられて、「養殖場」または「農地」のようなプラントに、戻されます。

●昔は、訪問者の意識が乗り込む「人間の記憶の構成」についても、
「こだわりのある記憶デザイン」がもっと多くありました。
しかし現在では、地球に入るときに売られている「記憶作品」は、
まるで、手抜きの、**インチキ商品**です。

●私達が、主体性を持って、数回の人生を満喫して経験する場であったのは、
はるか昔の話であって、その後、幾たびかの、不正な経営と、品質とサービスの劣化
によって、現在は、ただの「家畜」または「農作物」として人間が栽培されている
という表現が正しいです。

この現実を認識しない人は、いつまでも、本当は信じてもいないポジティヴ思考や、
スピリチュアルな幻想によって「地球人は、どこかの神々から見守られている」
というチープで、子供しか信じないような御伽噺に、一生しがみついたままの状態と
なります。

●皆さんが、ご自分が住んでいるこの惑星や、自分が選んだ人間については、
「なるべくならば、人間の可能性や夢や、
 人間には生存している価値がある、という傾向の定義をしてほしい」
と思ってしまう、その「人間に固有の心情」は、分からなくはありませんが、

そんなことを言っていたらば、
「放射能に汚染された地域」にしがみつく人々の言い分と同じことになります。

第5章 / 私が地球で語ったこと（後半）

「なるべくならば、自分が住んでいる惑星を悪く言わないで欲しい」、
「ここに住むことには、価値があり、地球の人間が復興できると信じたい」と。
しかし、そんなことは、でたらめです。

●自分が住んでいる惑星や、国や、個人や、人間の価値性そのものを否定されるのは、
決して、気持ちの良いものではないのは分かりますが、
放射能の危険性を、真剣に言う人たちがいるように、
誰かが、地球についても、本当の現実を言わなければ、どうにもならないのです。

●たとえ過去の地球の幻想を妄信している人たちや、
うすっぺらな教義の異星人教の信者になってしまっている人達や、
今、地球にいる普通の人間に恨まれたり、嫌われたり、
分割自我理論など、でたらめだと、どれだけ否定されようとも、

「ここは、あなたたちが、昔の映像資料で見て知っていた、
あの当時の地球と、あの当時の人類ではありません。
もう危険だから、ここから出なさい」

と、私が言う必要があるのです。

★分割自我復元★その117　●公認の自我復元ブログ●

自我復元のすすめ

●以前に、自我復元をある程度行って、効果を確信している人たちから
アンケートという形で、2度ほど自我復元の「推薦文」を書いていただいて、
桜の間に掲載したり、一部を本に編集して入れたことがあります。

しかし、開発者の当人である私が、自我復元を「推奨」するどころか、
自我復元を「やれ」「やらないならば、無明庵のサイトを見たり関わるな」とまで
言い切る理由は以下の通りです。

かつて、悟り系の分野に関しては、私は、「覚悟もなく関わるな」「ほとんどの人には、関係なく、必要もない」と、強く釘を刺しましたが、

「自我復元」となると、真逆です。
どれだけ低い位置にいようが、どれだけ困難な中にいようが、
あるいは、どれだけ自虐的な絶望の中にいようが、
切迫した危機感さえあるならば、必ず行い続けてください。

悪いことは、何ひとつも起きません。
「自我が希釈された状態で起きる事よりも悪い現象」など、
そんなものは、この世界に、あり得ないからです。

●私がそこまで、「やりなさい」と断定して、迷いなく押し付ける事すらする理由は、

■第一に…

自我を復元していない人は、私とばかりではなく
「他者との正常なコミュニケーション」は、一切成立しません。

自我復元をしていない、または効果を実感できていない希釈自我の人は、
他人とコミュニケーションが成立していると思い込んでいるだけであり、
もしも自我復元を少しでもやって、20％程度の復元をしてる人たちが
その人たちを見たら、話にもならないでしょう。
そして、このコミュニケーション能力とは、人間相手ばかりではなく、
他の動物や生物、あるいは地球外の何かとの接触能力も含みます。

そもそもコミュニケーションと聞くと、
「他人と、どう上手く付き合うか、意志の疎通を図るかという技術だ」、
と、とんだ勘違いをしている人が世の中には大半であり、
そのせいで、コミュニケーション能力の為のカルチャーセンターまであります。

しかし、コミュニケーション能力とは、そもそも、まず自分の中で、

他者への「反応」として起き続けている「自分自身の状態」への観察力と統率が
なければ、出来ないのですから。

■第二に…

自我復元をしていなければ、この世界にどのような体系があり、
仮にそれが有用で効果的であったりするものでも、
希釈自我の人には、それを使うことは、ほとんど出来ません。
その体系（魔術、瞑想、占術、その他何であれ）が優れていて、正しいほど、
自我復元をしていない人たちには、その体系を使うことは出来ません。

もしも自我率が全自我でならば、現存する中で、本当に効果的な体系であれば、
100％近く、その体系を応用することが出来ます。
魔術的手法でも、OOBE（体外離脱）でも、瞑想でもなんでも。
（その体系自体の中に不備さえなければですが）

一方で、希釈自我の人は、そうした専門家からアドバイスや教習課題も、
ほとんど何も生かせないで時間を無駄にします。

■第三に…

この世界には、100にひとつか、200にひとつぐらいは、
確かに有用な体系を含むものがありますが、その他99％は、
本当に、ロクでもないものと思っていいです。
そして、そのわずか1％以下の比率で、ここに存在している体系に関わる場合に、
全自我でない人は、必ずそこの主催者に迷惑をかけたり、「足手まとい」になる事を
しでかします。
そういう、他人や重要な体系組織の足手まといな行為をしてしまうような、
人間になりたくなかったらば、自我をまず復元することです。

■第四に…

自我が復元された人は、そもそも、本物の体系または、
一部に有用なものを含む体系の中から自分に本当に必要なものを正しく見分けて、
それ以外のものには、かかわりません。

ただし、そういう、有用な体系中にも、いわゆる「クソとミソの区別」のつかない
ような、ひどく希釈された、低自我の人たちが多く含まれますので、
すぐれた体系に、たまたま関わっていたからといって、それを理由にして、
本人の自我率が高い、などということは全くありません。

それは、「クリシュナムルティー」や「和尚」や「ラマナ・マハリシ」の本の愛読者や、
それに感化されてしまった人たちが、どれだけの馬鹿な人達ばかりだったかを見れ
ば、すぐに理解できます。
カルト仏教よりはマシなものを見つけた、からといって、それを見つけたり、
縁があった本人が、鼻がきく人間だったり、マシな人間などということは、
断じてあり得ませんので。
(その程度の超低空のプライドで生きて行けるとは、何たるレベルなのだろうか)

●それに、実際、無明庵のような前衛的な所を見つけてさえも、
救いがたいほど、「鈍感に麻痺してしまっている人たち」も沢山いましたので、
何を見つけたか、という事などは、全く価値を持ちません。

希釈自我の人は、何を見つけ、そこに、現実に、どれだけ関わっても、
かかわったという自尊心以外には、何一つも持って帰れないで終わるか、または、
その人の自我の希釈率に応じた、全く取るに足らないほど微量な成果しかありませ
ん。

以上の４点が、私が**「何を差し置いても、自我復元をしてください」**という理由です。

★分割自我復元★　その123

●死後に、次の生を自主的に選択できるのは、全自我のみ●

●自我復元とは、そもそも、希釈された自我の状態では、まず選択するときに、
あまりにも無防備で、騙されやすいために、もしも普通の神経をしていたら、
絶対に選ばないような希釈自我の「乗り物」を選ぶというミスを犯してしまいます。
生まれたら生まれたで自我の容量が少ないので、常に外部の人達からの圧力に対して
拮抗できない状態となることは、自我復元の経験者ならば、よくお分かりの通りです。

●これを原型の自我にまで戻せば、少なくとも、今回、死んだ場合には、
夢遊病の患者、または、眠りこけた病人を、らくらくと、勝手にベルトコンベアに
乗せるようなシステムからは「外れる」ことが出来て、
次の生の選択に関しては、きちんとした契約を自主的に結ぶ権利を行使できるという
ことです。
それは、すなわち、地球外の別の「星系」や「次元」を選択する権利そのものです。
いろいろと考えた結果、地球にもう一度生まれることを決定する、
そういう全自我の人も出てくるかもしれませんが、私は、お勧めしません。

●そもそも、地球に現在のような自我の分割が起きる前には、
地球というのは、生の選択をかなり自由に出来る「駅」だったのです。
例えば、その人の個体意識が、アンドロメダからここへ生まれた場合、
地球に生まれてその生を終えた場合には、アンドロメダに戻ります。
来たところへ戻る、元の故郷の家に戻るというのが、一般的な意識旅行です。
そもそも、来る目的そのものの設定が、オリオンから来た人ならば、
オリオンで決定した目的をもって、地球に生まれますので、ミッションが終われば、
その成果を、元の故郷のオリオンに持ち帰る必要があります。

●ところが、地球の場合には、個体意識として、地球に来て、
そこで生まれ、死んだ場合に、必ずしも来た場所へ戻らなくてもよく、
地球から、全く別の天体または次元を選択することが出来ます。
正確にいえば、**「かつては、それが出来た」**、という意味です。

ちょうど、それは、原宿駅から、東京駅に到達した人がいたとしても、
その人は、そのあと、原宿駅に戻る必要はなく、東京駅から別の路線を選んで、
大阪まで行ってもいいわけです。

「死んだあとに行く場所を当初予定していた帰還から移動へと変更するターミナル」
としての機能が「かつての地球」にはありました。
その機能が、まだかろうじて地球の全域に残留していたのは、
紀元前800年ごろまでで、紀元前600年ごろに、異変が起きました。
もっと「欲目」で見れば、自我の分割化が、絶望的なまでにひどくなる少し前の、
産業革命の前後あたりまでは、地球の「乗り換え機能」を使うために、
自覚的に地球に生まれ、ここを去るときに、やって来た元の世界とは違う世界を選択
した人達も「少数」いました。
それは、その当時では、魔術師とか、アーティストに多かったのですが。

●既にいったように、通常、星間での生まれ変わりでは、
来たところへ帰るという、単線の電車のようなものが主流でしたが、
地球という駅に到達することで、そこで死んだときに、他にはない、
かなり多くの種類の「別の生」を選択することが出来ました。
それが、地球がかつては、
「次元の交差点」と呼ばれていた時代の名残です。

むろん転々と星から星へと移動することは、どのルートからも可能ですが
地球という駅からでないと繋がっていない「路線」も少しあったのです。

●しかし、おそろしいことに、その旧世代の地球を、いまだに昔のように、
そのような機能があると思って「地球での出会いの可能性」を力説するマヌケな
チャネラーとかが、大昔にアメリカの西海岸にいたと思います。

「おいおい、あんたら、どこの次元に幽閉された亡霊だよ？
さもなければ、ただの時代遅れのポンコツかよ？」と、いいたくなります。

●かつては、路線が交差するターミナルだった、その地球は、

第5章 / 私が地球で語ったこと（後半）

今では、その「駅の構内」に、「無数のホームレスたち」が住んでいるのですよ。

移動路線へのゲートは閉じられ、自我を分割して、地球の人口を増加させた結果、
はっきり言って、それは、駅の構内に70億もの人間がひしめいており、
そこから出られず、駅の構内をうつろき、やがては記憶も失い、
衣服も汚物に汚れきっていて、臭いこと、この上ないです。

●もっといえば、それはまるで、「空港」に取り残された、
希釈された人達の群れのようなものです。

空港とは本来は、「乗り換え場」であるはずなのに、
その空港に、これまた、何十億ものホームレスが住みついているのです。
住みついているだけではなく、「**無益な労働**」までさせられているとさえ言えます。

●むろん彼ら(皆さん)の本来の意志で住み着いたのではなく、
ある意味では、完全に騙され、洗脳され、地球がもともとは、乗り換えターミナルの
駅や空港のようなものであったことを、完全に忘れてしまっただけです。

●この悪臭のする、駅や空港の現状を打破するためには、自我復元をやると決めた、
ごく小数の人だけでいいので、まずこの地球というターミナルの「もともとの機能」
が残っているエリアにアクセスし、全自我ならではの「選択権を行使」して、
別の次元や、別の宇宙への生を、きちんと再契約することだけです。

そのホームレスの群れとなった、空港や駅に、どんな理由や、執着心があるにしても、
せっかく、今回、これから死ぬというときに、
地球は、わざわざ戻ってくるような場所ではないことを、心に刻んでください。

●また、今の希釈自我のまま死ぬ人は、古い時代の地球に生まれていた当時の人達が、
当たり前に行使していた権利を行使できませんので、
ただ「何者か」に言われるままに、洗脳されるままになります。
そして、何よりも、死んだときには、**そのシステムの「雰囲気」に流されるままに、**
今の自我率か、それよりももっと低い自我率で、臭い地球という駅の構内に、

放り込まれる可能性があることを覚悟しておくことです。

●自我復元の目的とは、生まれる座標を、ある程度は自由意志を持って、
選択する権利を回復するのが、その最大の目的です。

今後、あなたが死ぬまでの、あなたの生活や、恋愛や、セックスや、職業や、
あなたのやり残したこと、そんなものは、はっきり言って、
「私」にとっては、どうでもいい事です。
ただし皆さんにとっては、経験し残したことは、もったいないですから、
限られた時間の中で優先順位を決めて、やっておくことを絞り込んでください。

●私が「トラウマを絶対に解消しておけ」と、トラウマ堀りを重視するのは、
それが自我復元の過程で大きな障害になったり、
もしも全自我復元をしたあとになって、そんな代物が発覚したりすると、あなたの
残り少ない生の時間を、くだらないトラブルの処理で無駄に使ってしまうからです。

★分割自我復元★その125　■自我復元実践者の実状■

自我復元者の分類

■実際には、もっと、かなり細かい分類の区分がありますが、
今回は、ざっと説明しておきます。
どういう状態にいる人に対しても、私はそれぞれに提言をしておきます。

■全自我に復元した人■

2012年の秋には、2人の全自我復元者がいましたが、
一人は私がトラウマの問題に付き添いましたが、
もう一人は、私がそういった細かい助言をしていません。

したがって、後者の方の場合には、トラウマが残っている可能性も完全には否定は
できませんが、仮にあった場合には、それが大問題になるような事がこの先あれば、

それは、自分だけの力で掘ることが出来るはずです。

全自我の人は、もしも関心があるならば、この後に続く、脱出者のために本書にある
「死後のミッション」の1から4をテストしてみてください。ただし、その内容は、
全自我「以前」の人は、誤用をする可能性が大で、
しかも「復元が遅れるかもしれない弊害」があるので行わないほうがいいです。

■かなり低い自我率からスタートして現在90%を超えている人■

かなりのトラウマ深部が掘れてきている人がほとんどです。
この人たちは、そのまま自我復元と実生活での変化が平行して、
体験されてゆくと思います。

■元々が2/3自我以上の自我率から開始し、その後10%程度の復元をした人■

これはすんなりとそのまま80%や90%に移行した人もいれば、
途中で極端に減速する人がおり、後者はおそらくは、トラウマの掘り忘れです。
トラウマ「以外」の問題がある場合もあり、それは産まれた時点で欠けていた自我が
経験していない事に対する、免疫のなさや、あるいは、簡単なことに気づけないこと
も多いのですが、少しの助言で問題が理解に至ることも多くあります。

■自我率が、70%を超えているにも関わらず変化に欠しい人■

稀にですが、最近になってこれは、二重人格的な障害があり得ると判断しています。
極度なトラウマがあった場合には、制圧された人格の一部が、
せっかく復元されているはずの自我を、使いもせずに、
ただ奪って「保存」だけしているように見える事例が数例ありました。

■低めの自我率からスタートして現在50%近辺というかなり変化をした人■

実は、このケースが最も多いです。
この人達には、とにかく先に進んでください、とエールを送るのみです。

また、自我復元に関するものであると、私が認識したかぎりにおいては、
困り事は、何でも相談を受け付けます。

■1/2自我～1/4自我の領域から始まり10％程度しか変化していない人■

やる気がないだけで、怠惰で、時間を無駄にしていると思います。
また、自我率が原型から、たったの５％欠けても大きな問題が出るという事実を
全く理解できておらず、自分を甘く見ています。
その無自覚さにおいては、1/7自我以下「並み」の人も、ここには含まれます。

■1/8自我またはそれ以下に属し、二度目の判定で変化がない人■

復元の、やり方を根本的に間違えている可能性が最も大きい。
たとえば、ほとんど眠ってしまっていたり、イメージがいいかげんなどが多い。
そもそも、あれほどに初歩的なイメージ法はなく、
あれが出来なかったら、他のどんな瞑想すら出来るわけがありません。

実際に、1/10自我からでも、復元が立ち上がって進んでゆく人もいるのであるから、
自我率の低さそのものは、今となっては、復元作業を出来ない言い訳にはならない。
(当初はハンデがあるかもしれないと予測していたが、ハンデはないと判明)
むしろ「自分は問題なんかない、という、居心地のいい幻想」から、
目を覚ましたくないというタイプの人が、この領域には、うごめいている。

■自我率が幾つであるかに関わらず、前回の判定から、1年以上が経過しても、「中間報告」や、または「判定依頼」がない人■

劇的な変化があったのに、報告をしてこない人などいませんので、
「変化をしていない」とみなせます。
本気で真剣にやっていても、変化がない人の場合には、原因としては、やり方に問題
があるか、さもなければ、問題意識が続かずに、中途半端なまま終わって、
それまでに何をやってもそうであったように、諦めたか、飽きたとみなせます。

■判定依頼が一度もない人■

無明庵を古くから見ている人も、最近になって見た人も、どちらの場合にも、
現在、必死に復元作業をしている人の場合には判定依頼を私は、楽しみにしています。
「古くから私のサイトを見ていたのに、何やっていたんだ？」という違和感は、
確かに私の中にはありますが、そんな程度のことで、恥だと思う必要はないので、
しっかりと自我復元作業を進めてください。

■時間とチャンスと情報が、これだけ膨大にありながら、
きちんと自我復元を「半年間」すらも、続けてもみないで投げた人■

これは、前にも言いましたが、このサイトに来ないでください。
このサイトを、見ることすらしないで欲しいのは、そういう人達です。
そういう人には、このサイトから、提供するモノは何もありません。

■復元を頑張っていると自己申告しているのに、変化率が低い人■

もう一度、DVDを見るか、またはDVDに付属しているワードのファイルをよく
読んで、呼びかけの「文言」に間違いがないか確認してください。
今まで散々に、本を読んだり、瞑想ごっこのスクールにいっては、やれ願望実現の
イメージだの、自分のオーラをイメージするだの、そればかりか、勝手に自分の頭の
中で都合のいい妄想をするときには、頼まれてもいないのに延々と妄想にふけるの
に、どうして、自我復元のような、あのような簡単な事が出来ないのか、私は不思議で
す。

ただし、この瞑想処女とも呼べるような、瞑想的な技法が極端に下手な人はいます。
傾向としては、感情が不安定か、またはKYというか、周囲に鈍感で、
何よりも言葉を額面どおりにしか理解できない事が多く、
致命的なのは「自分の考えと他者の言葉の区別」すらも出来ていません。

本などの他者の言葉を、まるっきり自分の考えたことと、混同していて、
しかも、それに対する自覚がゼロというのだから、重病です。

このタイプの人は、瞑想的なことをしても、眠ってしまうか、または、
大したことのない瞑想経験などでも、すぐに勘違いをして舞い上がってしまうとい
う、かなり子供じみた人が多い。この事例は、私は今までに確実なのは、3例見ました
が全員とも、50代から60代の女性で、その症状は、全員似ています。

■一方で、自我復元を、小馬鹿にして、やらない人。
または、俺様は全自我なんだ、とか思い込みたがっている人■

これは、人間が死んでから経験することに、全くの無知としかいいようがありません。
また、自分に不正直な生き方、無自覚な生き方をしてきたツケです。

特に瞑想だのやってきた人間は「チベットの死者の書」ぐらいは
目を通したことがあるはずです。
あの書が、真実のごく一部でも持っているとしたら、それは、さまざまな誘惑と、
そこで経験する道筋には、複雑な選択意志が関与しているということです。

あの書が、文中で、何度も繰り返し、死者に警告しているのは、
「そっちの光の方に行ってはならない」ということなのである。

■昨日だったかテレビで、死後に、次に「転生したい生き物」を紹介する「不動産屋」
というフィクションが出てきましたが、一部に私は、笑えない部分がありました。

まず、転生先を「不動産の物件」のように「扱っている」という点だけでは、
それはほぼ事実に近い雰囲気を持っていることがある点です。
次に似ていたのは、「そう簡単に、自分の望む物件はない」ということです。
結果、意志の弱い人、雰囲気に飲まれる人、そして、かっとしやすい人、慢心の人は、
必ず、「安い物件にひっかかる」ということです。

今、生きているときにやっていた、自己満足に過ぎない瞑想など、
死んだら、向こうでは、誰も評価しませんし、何の点数にもなりません。

死んでから役立つのは、状況の把握能力と、相手や、その世界でまかり通っている

言い分を疑い、状況を把握するのに、必要な質問をしたり、意志を曲げない力です。
それは、今現在、ここで、生きているときに養うしかありません。

そして言うまでもなく、自我が「全自我」の状態でなければ、
ある程度の自由意志を行使出来ない可能性が、相当に高いということ。

死後の世界の領域を、舐めた目で甘く見ていると、
取り返しのつかない事態になるので要注意です。

●そして、最後に、自我復元が上手くいっている人も、
自我復元に無関心の人も、これだけは、死んでも覚えておくといいです。

重要なことは、たった2つのみです。

1．死んだあとに遭遇する世界は、まさしく**「役人の世界」**だと思え。
あなたの身分がどうあれ、誰も親切になどしてはくれない。

そして、正しく質問をしないと、彼らは何も正しく答えない。

あなたが質問をしないと、彼らは絶対に、何ひとつも、あなたに教えません。
なぜならば、質問されないと、答える義務が、そこに生じないからです。
役人のイメージが無理なら、ロボットだと想像してください。

あとになって「そんな話は聞いていない」と、いくら叫んでも手遅れである、

彼らは、**「あなたは、その事は、質問をしませんでしたから」**と必ず言います。

2．どんな世界でも、既成の知覚システムとの契約は、
すべてが「同意」や「許諾」という形の「合意」によってなされる。
それは、**「契約」**だと知り、その重大性をよく認識して、覚悟すること。

この点で、地球上に存在する悪徳弁護士を相手にするぐらいの覚悟が必要。

もしも、いったん、生や移転先に関する同意をしたら、
相当に正当な理由がないかぎりは、その契約内容は変更出来ない。

すなわち「悪魔」と契約するぐらいの、慎重さが常に要求される。

■総じて言えば、どういう生き方をして、どういう死に方をしたとしても、
「優しいお迎えが来る」などとは、間違っても妄想しないことである。

何しろ、労働者であり、囚人にも等しく、どんなに良くても「ただの顧客」にすぎない、
あなたを「優しく出迎える義務」など、
死後の世界のシステムには、存在しないのですから。
死の「入り口」では、そういう幻影を見ることはあっても、
最大の難関は、その先の「役所での手続き」である。

ボケーっとして、うかうかしていると、
冷淡かつ、淡々と、事務的に処理されると、覚悟しておいて下さい。
注意力が欠落していると、「これならば、あまり待たずに次の生が手に入りますよ」
という文言によって、「安い物件」の「希釈自我」の「乗り物」を掴まされます。

その非情なシステムに、生きている間に感覚として慣れておかないと、
死んでからでは、とても間に合いません。

■それとも、皆さんは、自分が死んだら、
あなたが、なんとなく、妄想していたような、「守護天使」でも現れて、あなたを、
暖かい光で包み込んで、安楽な場所に運んでくれる、とでも**幻想**を抱いていたほうが、
ここで、日々を生きていく支えにするには、心地良いでしょうか？

たぶん、多くの人達は、その「**漠然とした期待**」を、
大した信念背景もなく、もんやりと、期待しているはずです。
だが、そういう人達こそが誰にとっても、最も騙しやすい。
異次元の者たちどころか、その人たちは、この地上の同じ人間たちにすら、
簡単に騙されてしまうでしょう。

なにしろ、人の、欲望や、願望や、不満のはけ口や、
身勝手な妄想を一時的に満足させ得るような、
「現実と区別のつかない」ほどの「人工的な幻影」は、向こうの世界には、
いくらでも腐るほどの、「ストック」があるのですから。

例えば……
☆「**安らぎの世界へようこそ**」または、「**快楽の世界へようこそ**」、

あるいは、カルト信者の馬鹿どもがよくひっかかるのは、
☆「**瞑想の寺院にようこそ**」である。

そして、一般市民が最もひっかかるのは、
☆「**まだ、やり残した思いがあるはずですよ**」の殺し文句と、
☆「**あなたは次は、恩返しに、他人に奉仕する人生をしませんか**」、
という詐欺師の常套句である。

もっと「初歩的な騙し」は、

☆「**次回は、とても良い恋愛と結婚が出来ますよ**」

これだけで、ほとんどの人がイチコロです。

●どの条件も「ある意味」では確かに契約違反ではないのですが、
ほとんどの人が、契約条件に細部まで注意しないために、
生まれてから、「こんなはずではなかった」となるのが常です。

そうやって、にっこり笑ってあなたを手引きし、あなたを、地獄に送り返すことなど、
まったくもってして、ちょろいのですから。

●ですから、なんとしてでも、まず全自我になり、
そして、絶対に、自分が望む世界だけを厳密に選び、精査して、
自分が望む世界に移動してください。

もしも、昔の地球でそうであったように、あなたが、「原型自我」でさえあれば、
あなたには、あなた自身の望むとおりの生を選ぶ「権利」があるのですから。
人間を「管理する側」の者たちは、人間を調教することにかけては、
皆さんがここで経験した、「毒親」そして「政治的陰謀の首謀者」など、
その足元にも及ばないほど、洗脳に長けています。

多くの人達は、ここで今回生まれて、自分の親にすら、簡単に調教されてしまった
のですから、「人類そのものの親」にも等しい、あの詐欺師どもの手にかかったら、
もしも、何も警戒していなかったら、ひとたまりもないです。

●こういう、私が語る、「**厳しい話**」と、

心を暖めてくれそうな、「死後には、楽になれるという御伽噺」、
そして死後の、あなたの魂の「復興神話」。

そのどちらを好むかは、むろん、あなたの自由です。
自己責任において、自分が信じたい方を信じればいいだけのことです。

それは、「放射能汚染は、ただのデマの風評被害だ」、
「医学的に、発病との関係は、証明されていない。だから心配ない」、
という言い分を、あなたが信じるか、それとも、過度の警戒であってもいいので、
「危機管理」に、あなたが気を使うか、というその違いにも、よく似ている。

●しかし、大多数の人達が、たいした根拠もなく、曖昧なイメージを持って、
マスコミに言われたことをそのまま信じている結果として、
この世界で起きてきた事象というのは、たいていの場合には、その原因は、
デマを信じた私たちの側の「無知に起因していた」ということは、2011年に、
日本で起きたの原発事故を、きっかけにして、痛いほどよく分かったはずです。

●そして、この世界のすべては、「縮図」や相関関係図になる傾向がありますので、
「この宇宙」もしかりです。
つまり、これまで、皆さんが、全く疑うことも出来ずに、

当たり前のように信じてきた「精神世界の安全神話」などは、
その根底から疑ったほうがいいです。

この地球は、とっくの昔から、排水溝から垂れ流されてきた、
「宗教に汚染されていた」のですから。

●私が今回、人間として生まれたのは、
これらのことを、縁のあった皆さんにだけ伝えるため、というのが、まず第一の理由。

第二の理由としては、このような「地球残酷物語」といえるほどの、
残酷な地球の状況を招いた責任の所在、または原因を「調査」し、
ある程度の範囲の「公権力を駆使できる次元」から、

もしも手を打てるような「修正法」があれば、それを執行「させる」ことでした。
その執行作業そのものには、私は直接には関与しませんが、
地球、そして地球ばかりではなく、ある範囲の他の次元や星系の世界すらも、

このような「異常事態」になった、その基本的な原因について、「報告書」を提出し、
法律の立案を提言するつもりです。
むろん、後者は、私が死んだあとの私の仕事です。
現状の、この宇宙の、その「無法」さ加減は、度が過ぎているからです。

●最後の最後になりますが、次のことも覚えておいてください。

我々に先行する、どのような進化を遂げた種族であっても、
彼らにとっても、**「宇宙については、いまだに分からない事が多い」**という事実。

しかも、いつか紹介した、アレックス・コリアーの言うアンドロメダ星人などは、
聞いていると本当に哀れです。

彼らは高次元が幾つも先にあると信じて、ひたすらそれを目指して移動しています
が、結局は、どこにも到達しないことは、明白です。

彼らの信念体系のひとつは、次元上昇ですがそれは一種の「鼻の先のニンジン」です。

しかも、異常事態に直面しなければ、それに疑問を差し挟むことも思いつかない、
という状態です。

私は、アレックス・コリアーの言った種族が、本当にアンドロメダの種族の全部の性質
だとは思っていません。一部にはその性質もあるのでしょうが。

とにかく、宇宙については、いまだに、多くの種族が、疑いを持ち、不満を持ち、
いつも、何かしらのトラブルをかかえて、四苦八苦している。
それが「宇宙の本当の現実」というものです。

**したがって、どのような異星人や、次元人であっても、
何かを「断定的に言える状態」にはありません。**

私にしても、誰にしても、宇宙の何者であっても、明確に断言して言えるのは、
常に、「限定的な現象」に対する「暫定的な解釈と応用のみ」です。

例えば、自我復元というのは、明確な効果を上げていますが、それは、
「氷点下の世界に出るときには、防寒具をつけてください」というのと同じである。
「物理的な装備をしろ、そうしないと、命を落とすぞ」という、
ごく当たり前の事を言っているだけです。

●たとえ、「暫定的な現象」であっても、その体験をやり過ごすには、
普遍性というものが曖昧であることを知っているだけでは、不十分であり、
あなたは、何かを分かったかのように、偉ぶって、屁理屈を言い続けていても、
物理的に炎にさらされれば、あっけなく、あなたが火傷をするのと全く同じです。

ただし、本当の意味で、「普遍性」や「絶対性」に耐え得るような理論も証拠も、
この宇宙にはありません。

よって、

宇宙という世界の中で、「友を持つのは、悪くはない」

だが、「あなた以外には、誰もあなたの主人とするな」

これが、私から皆さんへの「最重要メッセージ」です。

無明庵 EO シリーズ

A5 版 / ソフトカバー / 本体価格 2500 円
2019 年 5 月より随時刊行

1. 廃墟のブッダたち 銀河の果ての原始経典　※既刊

本書はかつて誰も語らなかった地球人類の歴史、宇宙史全体の内幕を解説する。
ただし、これは SF ではない。
全宇宙を管理する統率システムがファシズムのごときものであり、全生命体は宇宙の単なる実験生物、家畜、穀物であるというこの事実の中で、我々がどう生きて死ねるのかを真剣に問う。カルトが蒼ざめた EO の初期法話集。

2. 続 / 廃墟のブッダたち 輪廻なき絶対無への帰還

我々のあらゆる希望が死滅する時、その時にのみ人類は『正気』に戻る事が可能になる。
「人は夢と希望によって生きるのだ」などというチンプな人生論を徹底的に叩きつぶしながら展開する、前代未聞の『死の美学』と『無力の哲学』。前著の補足として編集された貴重な質疑応答集。

3. 地球が消える時の座禅 真夜中の禅寺

真の大悟者とは人類のエリート的頂点にいるような覚醒者のことではなく、良寛や寒山のごとく、無知と大愚を深く愛する者のことである。
人間が人間であることなどを、すっからかんに忘れ去ってこそ、本当の原始仏教、TAO イズムと禅の法脈は、再びその「神秘の息」を吹き返すのである。

4. ひきつりながら読む精神世界　※既刊
　　間抜けな宇宙の支配者たち

白熱する人類と神との壮絶な問答。白熱する猿と賢者「荘子」との問答。
心霊、オカルト、宗教、セラピー、瞑想、チャネリング、UFO問題の
何もかもを網羅したと自負する者が、本書によって受けたショックと刺激は計り知れない。人々が漠然と教え込まれた宗教の主張する神の矛盾、精神世界の矛盾、そして宇宙全体の存在理由について深く考えさせてくれる貴重なエッセイである。

5. 廃墟のブッダたち / 外伝　狂気の法脈

『廃墟のブッダたち / 続 --- 廃墟のブッダたち』、『地球が消える時の座禅』『ひきつりながら読む精神世界』には編集されなかった、いわばEOの「場外乱闘問答集」。
前半で繰り広げられるおなじみの毒舌と精神世間への批判もさることながら、後半の禅の説法における『悟後の修行』としての愛の定義には多くの禅師と瞑想者たちが感嘆の息を漏らしたと伝えられている。また本書は行法についてとりわけ詳しく解説されている。

6. 小さなブッダの大きなお世話
　　続廃墟のブッダたち / 外伝

ただ一人の弟子だけに向かってEOが語り続ける、きらめくような法話と雑談集。一人の弟子だけに語ることでのみ生まれる、その凝縮した法の言葉の「結晶」。幸福感や嫌悪感、そして殺意、罪悪感、盲信、偽善などを始めとする人間の性（さが）にEOの洞察が深く切り込むとともに真の悟り、解脱とは何かを明らかにする名作である。EOの青年時代の回想なども、ここで初めて語られる。「死人伝」の一部を再編集。

7. 反逆の宇宙 非存在への旅

希望が砕かれた時、そこに無心がある。
仏教徒たちを「宗教オタク」とそしり、輪廻する魂の無駄と進化の絶望を説き、探求の旅の本質を克明に解説する哲学書。
上座仏教、和尚のサニヤシン、その他の宗教徒たちへのEOの生前のメッセージが激しい口調と独特の深淵な洞察によって語られて行く。また世間で横行しているような幻想と欺瞞の「ポジティブ思考」を拒否して、知性的に物事を解析してゆく広大な宇宙論。
なお本書には、EO師が大悟する直前までメモをしていた宇宙に関する「苦悩時期」の貴重な記録が掲載されている。

8. 虚無の微笑 悟った人たちへの伝言

無明庵に門外不出の書として保管されていた、EOの悟った人にあてた珠玉のメッセージ。後半は死人禅実習者による、精神的な格闘と悟りにいたった記録が収録されている。

9. 闇のタオイズム

EOの既刊書8作品から、EOの言葉のみを内容別に厳選したオムニバス・ブック。他、未発表の原稿も約60頁追加され、本格的な行法の実習にはきわめて便利な一冊である。従来のTAOイズムや禅の概念をぶち破るもうひとつの『闇』の悟りの世界。

10. ゾンビ化する人々

「ゾンビ化する人々」、それはあなたのまわりにも沢山います……
本書は、「ゾンビ族」をふくめ、人類を4種類に分け、世間にいるその「ゾンビ」の識別法のマニュアルであると同時に「ゾンビ対策マニュアル」にもなっている。無明庵ホームページ「竹の間」に投稿された文章を再編集した、EOによるいまだかつてないタイプ論である。

11. 悟りなき悟り

私たちの日常の「現実に対する違和感」といったものから、「悟りに至る接点」を探る本。普通の本では決して語られることのない悟りの複雑な本質や、導師の周囲にいる者が注意すべき点、そして、かつてないシンプルさで「悟りの段階」を「再定義」し直している。個人で瞑想や座禅をしている人は、「必見の書」。

12. 分割自我復元理論　※既刊

地球史上のある時期を境にして、人間の「自我」というものが分割・希釈されたという理論を元に作られた「自我の復元法」を公開。
精神世界史上、前代未聞の「理論と方法」である。方法と概要も収録。

13. バナナを創った宇宙人 単位分割禁止法

もしも異星人に出会ったらば、たったひとつの頼み事をしようと思っている事がある。それは、「バナナを創った宇宙人に、ぜひ会いたい」。
この地球という惑星に存在する、食物の中でバナナほど見事な作品はない…。
本書では「分割自我復元」、「死後探索」など
前著からのテーマを引き継ぎつつ、著者による過去との記憶の断片を、
独り事のように綴られた貴重な論考集となっている。

14. 廃佛録

EOの遺品から見つかったオリジナル原稿「廃墟のブッダたち」を収録。同名タイトルの単行本とは異なる内容、編集のため、EOの新たな一面が垣間見えるだろう。大悟前の狂気のはらんだ文章から、茶目っ気のある雑話など、若かりしEOのエッセンスが凝縮されている。初単行本化。

著者略歴

無明庵　回小（むみょうあん　エオ）
1958年 東京にて製造完了。
14才の時に悟りの一瞥を体験して以来、23才まで各種神秘学、TAOなどに親しむが、特定の宗教や、団体には一切所属せず。

24才より33才まで探求の主軸が超心理学、魔術、幾何学、UFO問題に傾倒する。そして30才のころより偶発的に独自のチャネリングを開始し、銀河系の裏ネタ的情報を得る。
33才、それらへの統括的結論と思索の結果、全生命と存在に絶望する。

1992年2月17日、偶発的に大悟見性。
以後約1年間、瞑想センターのセラピストや瞑想者たちへの一方的文書の郵送が開始される。ほとんどの者たちが黙殺する中、3名の門下が誕生する。
1993年8月より指導と方便が突然に禅に傾倒し禅寺本山、地方禅道場の僧侶、師家への文書郵送が続く。その中より弟子が誕生。

伝統や形式にしがみつく禅そして導師を盲信的に信奉する瞑想センターとの絶え間無い摩擦や反感の中を流れつつ、ひそかに彼の文書は多くの瞑想者や寺の座禅者たちに個人的な手紙や機関誌の形で大切に保管され、仏法、禅、瞑想修行、TAOの裏街道ではカリスマ的存在として認識されている。

1995年、まんだらけ出版より「廃墟のブッダたち」シリーズ5作が発売される。
以後「反逆の宇宙」「小さなブッダの大きなお世話」「虚無宇宙からの伝言」が自主出版される。

2017年2月入滅。

※編集部より
生前はEO師の意図で鈴木崩残と名乗っておりましたが、EOと鈴木崩残は同一人物です。
EO師の死後、許可を得ましたため、本シリーズは、著者名をEOと統一しております。

バナナを創った宇宙人 単位分割禁止法

2012 年 12 月 1 日　CD-R 版初版発行
2019 年 8 月 15 日　初版発行
著　者 :EO
発行者 : 古川益三
発行所 : まんだらけ出版部
　　　　〒 164-0001
　　　　東京都中野区中野 5-52-15
　　　　Tel 03-3228-0007(代表)
印刷所 : 大日本印刷株式会社

©Mandarake
2019 Printed in Japan

ISBN978-4-86072-165-7 C0011